21世纪法学系列教材

民商法系列

担保法

杨 会 著

图书在版编目(CIP)数据

担保法/杨会著. —北京：北京大学出版社，2017.2
（21世纪法学系列教材·民商法系列）
ISBN 978-7-301-27825-3

Ⅰ. ①担… Ⅱ. ①杨… Ⅲ. ①担保法—中国—高等学校—教材 Ⅳ. ①D923.2

中国版本图书馆CIP数据核字(2016)第297090号

书　　　名	担保法 DANBAO FA
著作责任者	杨　会　著
责任编辑	周　菲
标准书号	ISBN 978-7-301-27825-3
出版发行	北京大学出版社
地　　　址	北京市海淀区成府路205号　100871
网　　　址	http://www.pup.cn
电子信箱	law@pup.pku.edu.cn
新浪微博	@北京大学出版社　@北大出版社法律图书
电　　　话	邮购部 62752015　发行部 62750672　编辑部 62752027
印　刷　者	北京虎彩文化传播有限公司
经　销　者	新华书店
	730毫米×980毫米　16开本　17印张　324千字 2017年2月第1版　2021年1月第2次印刷
定　　　价	35.00元

未经许可，不得以任何方式复制或抄袭本书之部分或全部内容。
版权所有，侵权必究
举报电话：010-62752024　电子信箱：fd@pup.pku.edu.cn
图书如有印装质量问题，请与出版部联系，电话：010-62756370

谨以此书献给我的父亲母亲

作者简介

杨会,男,安徽省宿州市灵璧县人,成都理工大学文法学院副教授。1998年考入西南政法大学,先后于2002年和2005年获得经济学学士学位和法学硕士学位;2008年考入北京大学法学院,2012年获得法学博士学位。硕士毕业后到天津师范大学法学院工作,从事民商法的教学与科研,直至2016年底调入成都理工大学文法学院。已经发表学术论文近五十篇,主持和参与课题十余项,出版专著一本,获得省部级奖励一项。

略 缩 语

1. 《民法通则》——《中华人民共和国民法通则》
2. 《民通意见》——最高人民法院《关于贯彻执行〈中华人民共和国民法通则〉若干问题的意见》
3. 《担保法》——《中华人民共和国担保法》
4. 《担保法司法解释》——最高人民法院《关于适用〈中华人民共和国担保法〉若干问题的解释》
5. 《物权法》——《中华人民共和国物权法》
6. 《物权法司法解释（一）》——最高人民法院《关于适用〈中华人民共和国物权法〉若干问题的解释（一）》
7. 《合同法》——《中华人民共和国合同法》
8. 《合同法司法解释二》——最高人民法院《关于适用〈中华人民共和国合同法〉若干问题的解释（二）》
9. 《买卖合同司法解释》——最高人民法院《关于审理买卖合同纠纷案件适用法律问题的解释》
10. 《民事诉讼法》——《中华人民共和国民事诉讼法》
11. 《民事诉讼法意见》——最高人民法院《关于适用〈中华人民共和国民事诉讼法〉若干问题的意见》
12. 《民事诉讼法司法解释》——最高人民法院《关于适用〈中华人民共和国民事诉讼法〉的解释》
13. 《公司法》——《中华人民共和国公司法》
14. 《海商法》——《中华人民共和国海商法》
15. 《民用航空法》——《中华人民共和国民用航空法》
16. 《矿产资源法》——《中华人民共和国矿产资源法》
17. 《土地管理法》——《中华人民共和国土地管理法》
18. 《农村土地承包法》——《中华人民共和国农村土地承包法》
19. 《税收征收管理法》——《中华人民共和国税收征收管理法》
20. 《合伙企业法》——《中华人民共和国合伙企业法》
21. 《城镇国有土地使用权出让和转让暂行条例》——《中华人民共和国城

镇国有土地使用权出让和转让暂行条例》
22.《电信条例》——《中华人民共和国电信条例》
23.《城市房地产管理法》——《中华人民共和国城市房地产管理法》
24.《商标法》——《中华人民共和国商标法》
25.《票据法》——《中华人民共和国票据法》
26.《专利法》——《中华人民共和国专利法》
27.《著作权法》——《中华人民共和国著作权法》
28.《草原法》——《中华人民共和国草原法》
29.《拍卖法》——《中华人民共和国拍卖法》
30.《消费者权益保护法》——《中华人民共和国消费者权益保护法》

目 录

第一章 担保法总论 (1)
第一节 担保概述 (1)
一、债权的保障 (1)
二、担保的含义 (3)
三、担保的特征 (4)
四、担保的方式 (6)
五、担保的法律规范 (7)
第二节 担保的分类 (9)
一、约定担保与法定担保 (9)
二、人的担保、物的担保与金钱的担保 (9)
三、典型担保与非典型担保 (10)
第三节 担保人 (11)
一、自然人 (11)
二、企业法人 (12)
三、国家机关和公益性事业单位、社会团体 (14)
四、经营性事业单位和社会团体 (15)
五、其他组织 (15)
第四节 被担保的主债权 (16)
一、债权的种类 (16)
二、债权的发生原因 (16)
三、几种特殊的债权 (17)
第五节 担保的起止 (18)
一、担保合同的成立 (18)
二、担保合同的生效 (19)
三、担保合同的无效 (22)

第二章 保证 (27)
第一节 保证概述 (27)
一、保证的含义 (27)

二、保证的特征 …………………………………………………… (28)
　　三、保证的方式 …………………………………………………… (29)
　第二节　保证的设立 ………………………………………………… (33)
　　一、保证合同的当事人 …………………………………………… (33)
　　二、保证合同的内容 ……………………………………………… (34)
　　三、保证合同的形式 ……………………………………………… (45)
　第三节　保证的效力 ………………………………………………… (46)
　　一、保证人的义务 ………………………………………………… (46)
　　二、保证人的权利 ………………………………………………… (47)
　　三、主合同的变更、移转与保证责任 …………………………… (52)
　第四节　保证的消灭 ………………………………………………… (57)
　　一、保证消灭的原因 ……………………………………………… (57)
　　二、保证消灭的后果 ……………………………………………… (59)

第三章　担保物权总论 ………………………………………………… (61)
　第一节　担保物权概述 ……………………………………………… (61)
　　一、担保物权的含义 ……………………………………………… (61)
　　二、担保物权的特征 ……………………………………………… (62)
　　三、担保物权的社会作用 ………………………………………… (64)
　第二节　担保物权的分类 …………………………………………… (66)
　　一、法定担保物权和约定担保物权 ……………………………… (66)
　　二、自物担保物权和他物担保物权 ……………………………… (66)
　　三、动产担保物权、不动产担保物权和权利担保物权 ………… (67)
　　四、占有担保物权和非占有担保物权 …………………………… (67)
　　五、留置型担保物权和优先清偿型担保物权 …………………… (67)
　第三节　担保物权效力所及标的物范围 …………………………… (68)
　　一、担保物 ………………………………………………………… (69)
　　二、从物 …………………………………………………………… (69)
　　三、从权利 ………………………………………………………… (70)
　　四、孳息 …………………………………………………………… (70)
　　五、代位物 ………………………………………………………… (71)
　第四节　担保物权的取得与消灭 …………………………………… (71)
　　一、担保物权的取得 ……………………………………………… (71)
　　二、担保物权的消灭 ……………………………………………… (76)

第四章 抵押权 (79)

第一节 抵押权概述 (79)
- 一、抵押权的含义 (79)
- 二、抵押权的分类 (80)
- 三、抵押权的历史发展 (82)

第二节 抵押权的取得 (83)
- 一、设立抵押权 (83)
- 二、抵押权的善意取得 (100)

第三节 抵押权的效力 (102)
- 一、抵押人的权利 (102)
- 二、抵押权人的权利 (108)

第四节 抵押权的实现 (112)
- 一、抵押权的实现概述 (112)
- 二、抵押权实现的条件 (113)
- 三、抵押权实现的途径 (115)
- 四、抵押权实现的方法 (116)
- 五、变价所得价款的分配 (118)

第五节 特殊抵押权 (120)
- 一、最高额抵押权 (120)
- 二、共同抵押权 (127)
- 三、浮动抵押权 (131)

第五章 质押权 (136)

第一节 质押权概述 (136)
- 一、质押权的含义 (136)
- 二、质押权的社会作用 (137)
- 三、质押权的分类 (138)
- 四、质押权与抵押权的区别 (140)

第二节 动产质押权 (141)
- 一、动产质押权概述 (141)
- 二、动产质押权的取得 (141)
- 三、动产质押权的效力 (148)
- 四、动产质押权的实现 (156)

第三节 权利质押权 (159)
- 一、权利质押权概述 (159)

二、有价证券债权质权 (161)
三、股权质权 (167)
四、知识产权质权 (169)
五、应收账款质权 (170)

第六章 留置权 (173)

第一节 留置权概述 (173)
一、留置权的含义 (173)
二、留置权的特征 (174)
三、留置权的历史发展 (175)
四、留置权的社会作用 (176)
五、留置权与同时履行抗辩权的区别 (177)

第二节 留置权的成立 (178)
一、留置权的一般成立 (179)
二、留置权的特殊成立 (184)

第三节 留置权的效力 (186)
一、留置权的效力范围 (186)
二、留置权人的权利义务 (188)
三、留置人的权利义务 (191)

第四节 留置权的实现 (193)
一、留置权实现的条件 (193)
二、留置权竞合的处理 (194)

第七章 定金 (201)

第一节 定金概述 (201)
一、定金的含义 (201)
二、定金的特征 (202)
三、定金的种类 (204)

第二节 定金的设立 (206)
一、订立定金合同 (207)
二、交付定金 (209)

第三节 定金的效力 (213)
一、定金罚则的适用 (213)
二、定金与其他担保方式竞合的处理 (216)
三、定金与其他违约责任形式竞合的处理 (217)

第八章 担保法尾论……………………………………………(220)
第一节 非典型担保………………………………………(220)
一、让与担保 …………………………………………(220)
二、所有权保留………………………………………(227)
第二节 反担保……………………………………………(239)
一、反担保的含义……………………………………(240)
二、反担保的社会作用………………………………(241)
三、反担保的适用范围………………………………(241)
四、反担保的订立……………………………………(242)
五、反担保的实现……………………………………(245)
第三节 混合共同担保……………………………………(246)
一、混同共同担保的责任顺序………………………(246)
二、混同共同担保的追偿……………………………(248)
三、物保放弃后的人保责任…………………………(252)

主要参考文献………………………………………………(255)
后记……………………………………………………………(256)

第一章 担保法总论

> **本章导读**
>
> 为了保障债权的完全实现,法律创设了民事责任、履行抗辩权、抵销、债的保全、债的担保等制度;其中债的担保包括人的担保、物的担保和金钱的担保。担保合同的成立、生效除了合同成立、生效的一般要件外,还有自己的特殊要件。担保合同不论是因为自身的原因无效还是因为主合同的原因无效,都不发生担保的效力,有过错的当事人应当承担相应的缔约过失责任。
>
> 本章的重点内容包括:保障债权实现的法律途径,担保的含义,担保的方式,担保人的资格,担保合同无效后缔约过失责任的承担。

第一节 担保概述

一、债权的保障

担保又称债的担保或债权担保,它天然地与债、债权联系在一起。

债是指特定当事人之间请求为特定行为的民事法律关系,其主要内容就是债权和债务。债权是指债的关系中的权利人请求义务人为特定行为的权利。基于债权,债权人有权请求债务人为债之要求的行为,债务人有义务为该行为从而满足债权人。

在典型之债买卖中,如果买卖双方一手交钱一手交货,出卖人不会担心交货后收不到货款,买受人也不用担心交钱后收不到货物,该交易几乎不存在风险。但是,一手交钱一手交货的交易模式仅仅是社会经济生活中的一部分,甚至是少部分,大量的买卖不是如此,出卖人交货与买受人付款之间往往存在着时间差。在这种交易模式下,让渡商品与实现价值之间存在着时间差,双方的经济利益暂时没有得到平衡。此时,经济利益暂时没有实现的一方当事人(比如先交货的卖方,先付款的买方)对另一方当事人享有债权。由此可见,债在本质上为可期待的信用,或者说一方当事人授予另一方当事人的信用。

既然债是一方当事人授予另一方当事人的信用,那么它就比较脆弱,表现为债权就有不能完全实现的危险。不论是债务人主观上的不愿清偿,还是客观上的清偿不能,都无法使债权得到完全满足;如此一来,就会打破债权人设定之初的期待,损害债权人的利益,进而引发信用危机。所以,如何保障债权获得完全实现是法律上一个重要的课题。

主观上的不愿履行问题倒不是太大,因为民事责任制度通过人民法院的强制执行可以使债务人的耍赖无法实现;而客观上的清偿不能倒是非常棘手,它往往是债权获得完全实现的最大敌人。

几乎所有的债权最终都可以转换成金钱,所以,通过金钱上的赔偿就能使债权最终获得满足;如此一来,债务人的清偿能力对债权的实现就很重要;而债务人的清偿能力是和他的一般责任财产①紧密地联系在一起——当债务人不按照约定履行自己债务时,债权人有权要求债务人以自己的一般责任财产来向债权人承担责任,否则债权人可以申请人民法院强制执行从而满足债权。②

民事责任制度的确在一定程度上可以保障债权的实现,但对于特定债权人来说,这样的制度设计仍有两个不足:第一,债务人有权自由处分一般责任财产。债权发生后,债权人仅仅对债务人享有请求权,对于债务人的财产并无支配权;而债务人有权自由处分自己的一般责任财产,债权人必须容忍这点。如此一来,债务人的一般责任财产就处于变动的状态,既可能增加,也可能减少。如果增加,自然是皆大欢喜,对债务人和债权人都有利;如果减少,则可能会使债权日后不能实现:债务人没有钱,再怎么强制执行也无济于事。第二,债权的平等性。和物权的优先性不同,债权具有平等性:如果一个债务人有数个债权人,数个债权之间是平等的,不论发生原因如何、不论数额多寡、不论发生的时间先后,待日后履行期限届满,数个债权人只能根据债权比例(即自己的债权额在总债权额中的比例)参与到一般责任财产的分配中。对于某一特定债权人来说,尽管在债权发生之时债务人的一般责任财产较多,由于他不能阻止后来债权的发生,也就不能避免后来因众多债权加入而导致的"僧多粥少"的结果,他的债权获得完全实现的概率也会降低。

为了应对这两个问题从而使债权得以完全实现,民法又作出一些努力:债的保全制度、债的担保制度、履行抗辩权制度、抵销制度、甚至诉讼中的财产保全和先予执行制度③,其中债的保全和债的担保制度比较明显。

债的保全制度是通过维持债务人一般责任财产范围而保障债权实现的法律制度。为了阻止债务人不当地处分自己的一般责任财产,法律赋予债权人一定

---

① 通说认为,一般责任财产是指债务人的全部财产,但是已经设定担保物权的财产除外。对此,有的学者有不同意见,他们认为担保物也属于责任财产的范围,只不过不同类别的责任财产在清偿能力方面有强弱之分。详细论述参见崔建远、韩世远:《债权保障法律制度研究》,清华大学出版社2004年版,第29—41页。

② 也正是因为这个原因,所以,债务人用一般责任财产担保债权的实现又称为债的一般担保。

③ 有学者对债权保障法律制度的上述措施进行了详尽的研究。详细论述参见崔建远、韩世远:《债权保障法律制度研究》,清华大学出版社2004年版。

的权利,使债务人应该增加的财产增加、债务人不应该减少的财产不减少;对应的措施分别是代位权和撤销权。代位权是指当债务人怠于行使自己对第三人的债权并且影响到债权人债权的完全实现时,债权人享有的以自己名义向该第三人主张债务人原本享有的债权的权利;撤销权是指当债务人不当处分自己的财产并且影响到债权人债权的完全实现时,债权人享有的请求人民法院撤销该不当行为的权利。代位权的目的是让债务人应该增加的财产增加,撤销权的目的是让债务人不应该减少的财产不减少。就像有的学者所言,如果把债务人的一般责任财产比作水,那么债的保全就是将这些水围起来的大坝。① 所以,债的保全是从数量方面努力,通过维持债务人的一般责任财产,使债权人债权的实现获得保障。

债的担保制度就是本书的内容。

二、担保的含义

债的担保又被称为债的特殊担保,它是指按照法律规定或者当事人的约定,通过增加一般责任财产的范围或将某个一般责任财产特定化或丧失一定数额的货币等方式,来保障特定债权完全实现的法律制度。

由该定义我们可以发现:

1. 担保的手段是增加一般责任财产的范围或将某个一般责任财产特定化或丧失一定数额的货币

尽管债的保全可以维持债务人的一般责任财产,但它无法阻止债务人对其一般责任财产的正当处分;这样一来,债权的完全实现仍有危险。所以,债的担保就采用其他的方法。方法之一就是额外增加一般责任财产的范围,让第三人的一般责任财产也参与到债权的保障中来;当债务人的一般责任财产不足以清偿债权时,债权人的债权可以从第三人的一般责任财产上获得清偿。毫无疑问,此举大大增加了债权获得完全实现的可能。面对债权的平等性,债的担保制度采用第二个办法:通过设定担保物权,将某个一般责任财产特定化。基于物权的优先效力,对于该财产的变价所得价款,该债权人可以优先于其他的一般债权人获得清偿,即该特定财产的价所得价款只有先满足该债权人的债权后才能去满足其他的一般债权人。此举也大大增加了特定债权获得完全实现的概率。此外,第三个办法是让不履行债务的债务人丧失一定数额的货币,通过金钱上的惩罚来促使债务人履行自己的债务。此举也会增加债权获得完全实现的概率。

2. 担保的目的是为了特定债权的完全实现

不论是额外增加一般责任财产的范围还是将某个一般责任财产特定化抑或

---

① 参见崔建远、韩世远:《债权保障法律制度研究》,清华大学出版社2004年版,第19页。

丧失一定数额的货币,这样做的目的都是让某一个特定的债权得到完全的实现,都是为了某一个债权人的利益[①];特别是在将某个一般责任财产特定化时,通过担保物权的设定使特定债权人享有优先受偿权,成为不需要排队等候的 VIP。

这点和民事责任制度、债的保全制度不同。不论是民事责任制度还是债的保全制度,尽管着眼点都是保障债权的完全实现,但它们都是为了全部的债权人,全体债权人都可以从中受益,并不局限于某一债权人。

需要说明的是,通说认为担保是为了保障债权的实现,而本书表述为"保障债权的完全实现"。也许"保障债权的实现"意指"完全实现",但是本书认为加上"完全"二字更严谨、更科学。

3. 担保的来源是法律的规定或者当事人的约定

担保并不会平白无故而生,总是基于一定的原因。它要么来源于法律的直接规定,要么来源于当事人之间的约定。前者被称为法定担保,后者被称为意定担保。

法律之所以会摒弃平等性原则而青睐某一特定债权,是基于这类债权的特殊性,它需要法律的特殊保护;法定担保并不需要当事人作出意思表示,只要法律规定的条件成就,担保就会产生。而意定担保则是当事人对自己的债权债务所作出的安排,是意思自治的产物。

三、担保的特征

担保作为债权保障制度的一种,具有如下特征:

(一) 从属性

担保一旦成立生效后,就会在担保义务人(担保人)与担保权利人(担保权人)之间产生担保法律关系;在此之前,还存在一个被担保的债权法律关系。任何一种担保中,都会存在这两个法律关系。在这两个法律关系中,担保法律关系依附于被担保的债权法律关系,所以,担保具有从属性。这是由担保的目的所决定的:设立担保是为了保障特定债权的完全实现,是为特定债权而服务。所以,被担保的债权是主权利[②],担保权是从权利;被担保的债权债务合同是主合同,担保合同是从合同。《担保法》第 5 条第 1 款和《物权法》第 172 条第 1 款对此都作出了规定。

担保的从属性表现在以下三个方面:第一,设立的从属性。设立的从属性是

---

① 当然,定金比较特殊,它是为了双务合同中双方当事人债权的实现,并非为了某一个债权人的利益。——关于这点,本书第七章第一节中会详细论述。

② 这也是被担保的债权被称为"主债权"的原因。

指担保的设立以主债权的存在为前提,在主债权不存在、不确定、无效等情况下,设立的担保权无效。第二,移转的从属性。移转的从属性一方面是指主债权移转时,担保权也随之移转;另一方面是指担保权必须随被担保的主债权一起移转,而不能单独移转。第三,消灭的从属性。消灭的从属性是指当被担保的主债权消灭时,担保权也随之消灭,不能单独存在。

需要指出的是,随着社会经济的迅猛发展,新的交易方式不断涌现,新的交易方式及其衍生的担保方式对传统担保法理论发生了背离,使得严格的从属性理论显得过于呆板和滞后,为各国立法推崇的严格的从属性理论开始受到挑战,它慢慢出现缓和的趋势。担保从属性的缓和是指在坚持担保的从属性前提下对债权与担保权之间的关系作较为缓和的处理;其中以最高额抵押最为典型:放宽对抵押的设定、转移和消灭上的从属性,不严格要求抵押权与主债权自始至终地相伴相随。

尽管担保从属于主债权,但它还是具有一定程度的独立性:担保有自己独立的发生原因、自己独立的生效要件、自己独立的消灭原因,等等。

(二) 补充性

担保设定后,担保权人对担保人享有权利、担保人对担保权人负有义务,但是这些权利义务都隐而不现,担保权并不一定会实现,担保人也不一定会履行义务;只有在一定的条件下,担保权才会实现、担保人才会履行义务。通常的条件就是履行期限届满主债务人不履行自己的债务;易言之,在履行期限届满主债务人不履行债务的情况下,债权人才能去实现自己的担保权。如此一来,对于债权人来说,主合同义务是第一顺序的义务,担保合同的义务是第二顺序的义务。所以,担保具有补充性。

就像有的学者所言:"担保是主债关系原有机制不足以满足债权实现需要时,才发挥作用的……"①所以,担保人履行义务的顺序在主债务人之后,是为了弥补主债务人履行上的不足,它自然就具有补充性。

需要指出的是,有的担保,比如连带保证,并不具有补充性。② 当然,这属于例外,大部分担保都具有该特征。

(三) 单务性

单务合同是指一方当事人仅享有权利而不向对方负担义务,或者虽然负担

---

① 叶金强:《担保法原理》,科学出版社2002年版,第3页。
② 有的学者认为连带保证也具有补充性,因为保证人义务仍然是置于主债务人之后。详细论述参见叶金强:《担保法原理》,科学出版社2002年版,第3—4页。

义务但并非对待给付义务①的合同。担保合同正是这样的合同,担保人与担保权人之间的权利义务是单向的:担保人仅仅向担保权人负担担保义务而不享有权利,担保权人仅仅对担保人享有权利而不负有义务——当然,担保权人可能也会有一些义务,比如质权人对质押物的妥善保管义务、留置权人的实行催告义务;但这些义务大都基于诚实信用原则而生,不是担保人担保义务的对待给付。因此,担保具有单务性。

担保的单务性是由担保的性质决定的。担保就是为了保障特定主债权的完全实现。双方当事人订立担保、创设担保权的目的就是如此,双方当事人并非通过担保来交换利益。所以,担保的目的决定了其单务性的特征。

单务性在第三人提供的担保中体现得最为明显,不过即使担保人是债务人自己,担保仍然具有单务性。债务人为担保人,其设定担保固然是为了自己的利益,但其利益的实现是通过主债权债务合同,或者说通过主债权债务合同和担保,而非单单通过担保;单就担保而言,担保人(债务人)没有权利,担保权人(债权人)没有义务。

需要指出的是,单务性并不一定与合同联系在一起,有的担保,比如留置,担保人与担保权人之间并不存在担保合同,但在该担保关系中,担保人主要是负有义务、担保权人主要享有权利,担保人权负担的义务与担保人的权利并不构成对待给付,因此,该担保关系仍然具有单务性。

四、担保的方式

担保的方式是指担保人提供担保的方法或者手段。不同担保方式的法律规制存在区别,保障债权实现的方式也不一样。

关于担保方式,法律持法定主义的态度。易言之,有效的担保方式只能由法律规定,当事人只能从法律的规定中选择;当事人自行约定的担保方式不会获得法律的认可。之所以如此,归根到底是因为担保责任的特点。担保要么是将一般责任财产的范围扩展到债务人以外的本来不负有义务的第三人的财产上,要么在特定的物上设定优先受偿权或者支配权②,要么丧失一定数额的货币,这样都会对债务人以外的第三人(特别是债务人的其他债权人)产生重大的影响。为确保交易安全和保护第三人的利益,必须通过法定主义的方式对担保予以

---

① 所谓对待给付义务是指基于利益的交换而形成的双方给付互为依赖的义务关系,俗称"你与则我与,你不与则我亦不与"的义务对待关系。当事人负担义务的目的在于获取对方给付义务,义务的对待关系又被称为义务的对价关系。

② 在特定的物上为债权人设定优先受偿权或者支配权无疑会减少担保人的其他一般债权人债权的完全实现的概率。

控制。①

根据《担保法》和《物权法》，我国的担保方式有保证、抵押、质押、留置和定金。尽管其他法律规范也规定了其他的担保方式，但这五种是最常见的，所以，一般意义上的担保方式就是指它们。

保证是指债的关系之外的第三人向债权人承诺债务人日后肯定会履行自己的债务，否则该第三人将代替债务人向债权人履行或赔偿债权人的损失。

抵押是指债务人或第三人以自己可处分的财产，以不移转担保物的占有的方式而对特定债权进行的担保；当履行期限届满主债权未获完全清偿时，抵押权人有权从抵押财产的变价所得价款中优先受偿以满足自己的债权。

质押是指债务人或第三人以自己可处分的财产，以移转转担保物占有的方式对特定债权进行的担保；当履行期限届满主债权未获完全清偿时，质押权人有权从质押财产的变价所得价款中优先受偿以满足自己的债权。

留置是指因为某种债的原因债权人事先占有债务人的动产，当履行期限届满主债权未获完全清偿时，债权人有权扣留债务人的动产不予归还；宽限期届满后主债权仍未获得完全清偿的，债权人有权将扣留动产予以出售，并从变价所得价款中优先受偿以满足自己的债权。

定金是指为了保障合同双方债权的实现，一方当事人给付对方当事人一定数额的金钱；当交付货币的一方不履行自己的义务时，他无权请求对方返还已交付的货币，当接收货币的一方不履行自己的义务时，他向对方返还双倍数额的货币。

五、担保的法律规范

（一）担保法的含义

担保法是指调整担保法律关系及邻近关系的法律规范的总称。担保法的调整对象既包括担保法律关系，也包括担保法律关系的邻近关系。

担保法律关系是指担保权人与担保人之间的有关担保特定债权而产生的权利义务的法律关系。担保法律关系的邻近关系是指与担保法律关系相关联的法律关系，即第三人提供担保时担保人与主债务人之间的关系。担保人与主债务人之间的法律关系，又被称为担保基础关系②；往往因为这个法律关系的存在，才可能发生后来的担保法律关系。它肯定要受到合同法、无因管理法等法律规范的调整，但邻近关系与担保法律关系联系紧密，所以，担保法对此也予以调整，比如担保人的追偿权。

---

① 孔祥俊：《担保法及其司法解释的理解与适用》，法律出版社2001年版，第16页。
② 当然，如果是债务人自己提供物的担保，就不存在这个法律关系。

和其他法律规范一样,担保法有形式意义的担保法和实质意义的担保法。形式意义的担保法是以担保法命名的专门法律,实质意义的担保法是指所有调整担保法律关系及邻近关系的法律规范。

在我国,调整担保的法律规范主要有以下几个:1986年的《民法通则》第89条规定了保证、抵押、定金和留置,但没有区分抵押和质押;两年后的《民通意见》用12个条文对《民法通则》中的担保规定加以完善;1995年的《担保法》全面而系统地规定了保证、抵押、质押、留置和定金五种担保方式;2000年的《担保法司法解释》用134个条文详尽地补充了《担保法》的规定;2007年的《物权法》用四章规定了抵押、质押、留置三种担保物权。除此之外,还有《合同法》《民用航空法》《海商法》等单行法,对一些特殊的担保进行了规定。

在这些法律规范中,《担保法》《担保法司法解释》是形式意义的担保法[①],其他的法律规范都是实质意义的担保法。

(二)担保法律规范的适用

在《担保法》制定之前,主要靠《民法通则》和《民通意见》来调整担保法律关系及邻近关系。《担保法》出台后,不论是基于"特别法优于普通法"的法律适用原则,还是基于"新法优于旧法"原则,都应当优先适用《担保法》。

由于《民用航空法》《海商法》等法律规范规定了民用航空器优先权、船舶优先权,根据"特别法优于普通法"原则,在这些特殊情况下,《担保法》就不再适用,而是适用《民用航空法》《海商法》等单行法。

其实,在所有调整担保的法律规范中,最重要的是《担保法》《担保法司法解释》和《物权法》。《担保法司法解释》是对《担保法》的解释,二者的适用不存在疑问,较有疑问的是《担保法》和《物权法》之间的适用。关于保证和定金,由于《物权法》没有涉及,自然适用《担保法》。关于抵押、质押和留置,《担保法》和《物权法》都有规定,当两者的规定不同时,首先,不适用"特别法优于普通法"原则,因为《担保法》不是《物权法》的特别法;其次,适用"根据上位法优于下位法"原则,因为《担保法》是由全国人民代表大会常务委员会制定,《物权法》是由全国人民代表大会制定,后者位阶高;再次,适用"新法优于旧法"原则,因为《物权法》制定在后。基于以上三个理由,应当优先适用《物权法》。对此,《物权法》第178条规定:"担保法与本法的规定不一致的,适用本法"。

[①] 《担保法司法解释》是最高人民法院制定的司法解释,严格说来不是法律;但基于中国立法的现实情况,最高人民法院出台了大量的司法解释以解决司法实践中的问题。所以,在某种意义上,可以把司法解释视为立法。

第二节 担保的分类

根据不同的标准,可以对担保进行不同的分类;其中,重要的分类有以下几种。

一、约定担保与法定担保

根据担保发生的原因不同,担保可以分为约定担保和法定担保。

约定担保,又称意定担保,它是指由当事人通过协商而订立的担保,是担保人与担保权人合意的结果。比如保证、抵押、质押、定金。法定担保是指非由当事人协商产生,而是由法律规定而产生的担保。比如留置。

约定担保是当事人对自己债权债务作出的自主安排,是当事人意思自治的体现,较好理解;让人费解的是法定担保,法律为什么会不顾当事人的意愿而直接赋予某一类债权以担保呢?毫无疑问,法律直接赋予某一类债权以担保,肯定是为了保护该类债权的债权人的利益;当然,此举同时也会损害债务人的其他债权人的利益。法律之所以厚此薄彼,是因为该类债权的特殊性,其债权人需要法律的特殊保护。

需要说明的是,约定担保的产生虽然是基于当事人的意志,但是其生效、效力等都要受制于法律的强行规定。当事人的意志自由仅仅体现在是否在特定债权上设定担保、在特定债权上设定什么样的担保。易言之,如果当事人以法律以外的方式设定担保、为法律不允许的债权设定担保、设立与法律规定内容不同的担保,都不会获得法律的认可,并不发生担保的效力。

二、人的担保、物的担保与金钱的担保

根据担保标的的不同,担保可以分为人的担保、物的担保与金钱的担保。

人的担保又称为保证,它是指债权债务关系之外的第三人用自己的一般责任财产担保特定债权的完全实现;当履行期限届满债权人无法从债务人的一般责任财产获得完全清偿时,他有权从第三人的一般责任财产获得清偿。人的担保的最大特征就是增加了一般责任财产的范围:设定保证前仅仅是债务人的一般责任财产负责债权的完全实现,而设定保证后,不仅债务人的一般责任财产,第三人的一般责任财产也负责债权的完全实现。

物的担保又称为担保物权,它是指债务人或者第三人以特定物来担保特定债权的完全实现,当履行期限届满主债权未获完全清偿时,债权人可以从该特定物的变价所得价款中优先受偿。物的担保是通过赋予特定债权人以担保物权,用物权的优先效力打破债权的平等性,使担保物权人有权从担保物的变价所得

价款中优先于一般债权人获得债权的实现;只有该债权人获得完全清偿后,才能用剩余的变价所得价款来清偿一般债权人。物的担保是现代经济生活中最为活跃的担保方式。

金钱的担保又被称为定金,它是指为了保障合同双方债权的实现,一方当事人给付对方当事人一定数额的金钱;当交付货币的一方不履行自己的义务时,他无权请求对方返还已交付的货币,当接收货币的一方不履行自己的义务时,他向对方返还双倍数额的货币。金钱的担保与人的担保、物的担保不同的是,它不只是担保着某一个特定债权,它担保着给付货币和接受货币双方当事人的两个债权,不论是哪个当事人,只要没有按照约定履行自己义务的,都会受到金钱上的惩罚。货币本来是物的一种,金钱的担保本该属于物的担保;但货币是一种特殊的动产,它的"占有即所有"的特点使得它和其他动产区别开来,再加上它担保着两个债权;所以,金钱的担保是一种不同于物的担保的独立担保方式。

三、典型担保与非典型担保

根据法律是否对担保作出明确规定不同,担保可以分为典型担保与非典型担保。

典型担保是指社会经济生活中比较常见,法律已经作出明确规定的担保方式。《担保法》第2条第2款规定:"本法规定的担保方式为保证、抵押、质押、留置和定金。"所以,在我国,保证、抵押、质押、留置和定金这五种担保为典型担保。除此之外,《合同法》第286条规定的建设工程价款优先受偿权、《海商法》第21条的船舶优先权也都因为法律的明确规定而属于典型担保。

非典型担保是指社会经济生活中并不常见、法律没有明确规定、只是从实践中发展出来而后逐渐为学说或判例承认的担保方式。在我国,判例并没有承认法定之外的担保方式,反倒是学术界大多认可所有权保留、让与担保这两种担保方式。因此,可以说在我国所有权保留[①]、让与担保这两种担保方式为非典型担保。

需要说明的是,这种分类的标准是动态的。一些非典型担保可能会因为社会经济生活的发展变得更加常见和重要,从而不仅得到判例、学说的支持,还获得的立法的认可,也就变成了典型担保。

---

① 尽管所有权保留已经为《买卖合同司法解释》明文规定,但通说仍然认为其为非典型担保,本书从之。

第三节 担 保 人

担保对担保人不利,所以,并非所有的民事主体都可以担任担保人。设立担保作为民事法律行为的一种,民法中关于主体资格的规范自然适用于此。但设立担保又是一种特殊的民事法律行为,担保法有其特殊规定。

需要说明的是,物的担保中为他人债务提供担保的担保人与保证人的法律地位是一样的,都是担保债务中履行债务的第三人[1],在主债务人不履行债务时,债权人都有权向他们要求履行债务或者损害赔偿。因此,在保证中不能做保证人的,在物的担保中也不能作为担保人。[2] 此外,与保证不同的是,物的担保中的担保人必须对该物具有处分权。

一、自然人

具备完全民事行为能力的自然人,可以自由处分自己的财产,在设定担保上没有障碍。值得研究的是无民事行为能力人、限制民事行为能力人。

理论争鸣 无民事行为能力人、限制民事行为能力人能否作为担保人?

很明显,由于认知能力和控制能力的欠缺,无民事行为能力人、限制民事行为能力人自己无法单独作出提供担保的意思表示,即使单独作出也不能发生效力,需要法定代理人的追认。一些学者认为,法定代理人的追认应当是为了无民事行为能力人、限制民事行为能力人的利益,而担保只有让无民事行为能力人、限制民事行为能力人受损而无受益的可能,因此,法律应禁止法定代理人的追认,即无民事行为能力人、限制民事行为能力人不能作为担保人。[3]

本书并不赞同这种观点。如果无民事行为能力人、限制民事行为能力人利用自己的财产为自己的债务设定担保,这样的担保明显是为了无民事行为能力人、限制民事行为能力人的利益,若依上述观点却被排斥在外,不甚合理,并不可取。即使无民事行为能力人、限制民事行为能力人是为了他人的债务设定担保,本书也不赞同上述观点。

人们之所以为他人的债务提供担保,有很多原因。既有亲情、友情的考虑,还有为关联企业、上下游企业等长期交易的需要。在前一种情况下,表面上的无

---

[1] 因此,该担保人又被称为物上保证人。
[2] 参见李国光等:《〈关于适用〈中华人民共和国担保法〉若干问题的解释〉理解与适用》,吉林人民出版社 2000 年版,第 205 页。
[3] 高圣平:《担保法论》,法律出版社 2009 年版,第 16 页;郭明瑞:《担保法》,法律出版社 2010 年版,第 30 页。

偿担保是为了维系良好亲情、友情的需要,是自己日后能够从该良好亲情、友情中获益的前提条件之一;在后一种情况下,表面上的无偿担保其实是自己长期有偿交易中的一个环节。由此可见,很多情况下为他人的债务提供担保对担保人来说是有利的。比如10岁甲的伯伯乙是个企业家,乙年过七旬但是没有子嗣,对甲十分疼爱,赠与其房产多处,价值千万,并且向甲的父母多次透露去世后将所有遗产遗赠给甲的念头。乙的企业在2008年世界经济危机中资金链紧张,向银行贷款被要求提供担保,于是乙希望甲用价值千万的房产为自己的银行贷款设定担保。从这个例子可以发现:短期地简单看,担保对担保人不利;但从长远地看,担保对担保人是有利的。因此,本书认为,法律对此不应加以干涉,而应将是否同意无民事行为能力人、限制民事行为能力人为他人债务提供担保的权利赋予其法定代理人,由法定代理人自行判断。

二、企业法人

具有法人资格的企业为自己的债务设定担保,肯定没有问题,但它能否为他人的债务设定担保呢?和自然人一样,对外担保是否对自己有利,应由公司自己决定。关于这点,《公司法》第16条第1款规定:"公司向其他企业投资或者为他人提供担保,依照公司章程的规定,由董事会或者股东会、股东大会决议;公司章程对投资或者担保的总额及单项投资或者担保的数额有限额规定的,不得超过规定的限额。"由此可见,公司只要遵守章程的规定、按照规定的程序,就可以为他人的债务提供担保。[①]

公司是否对外担保取决于公司的意志,而公司的意志很多时候又是由公司的股东决定,其中大股东和实际控制人往往又对公司意志的形成起到了决定性的作用。为了避免大股东和实际控制人利用这种事实上的优势为自己谋取不当利益,《公司法》第16条第2款规定:"公司为公司股东或者实际控制人提供担保的,必须经股东会或者股东大会决议。"第3款规定:"前款规定的股东或者受前款规定的实际控制人支配的股东,不得参加前款规定事项的表决。该项表决由出席会议的其他股东所持表决权的过半数通过。"至此,《公司法》第16条用三个条款解决了公司对外担保的所有问题;所以,从这个意义看,《公司法》第148条

[①] 其实这样的规定多此一举,难道公司的其他行为就不遵守章程的规定、就不按照规定的程序?

第 1 款第 3 项就失去了存在的意义。①

另外,很多学者还提及了国有企业法人的担保人资格。本书认为没有必要讨论这个问题。因为国有企业法人作为一个独立的法人,有自己的独立意志,有权在公司章程范围内作出任何决定,包括对外担保。国资委代表国家对国有企业仅仅享有股权,不能直接决定公司的意志;国资委为了防止国有资产的流失,只能在公司章程中对国有企业的对外担保加以限制甚至禁止;如果国有企业的公司章程对公司的对外担保设有特殊规定,就和非国有公司无异。

此外,需要注意的是企业法人的分支机构和职能部门。

企业法人的分支机构是指企业法人申请设立的、经登记主管部门核准的、可以以自己的名义对外从事经营活动、但不具有法人资格的经营机构。分支机构虽然有权以自己的名义对外从事经营活动,但是它没有法人资格,如果自己经营管理的财产对外不足以承担民事责任的,应当由企业法人承担。关于企业法人的分支机构的担保人资格,《担保法》第 10 条和《担保法司法解释》第 17 条都进行了限制:原则上不能为他人的债务提供保证,但是经过法人书面授权的可以。有学者对此解释道:"企业法人的分支机构本属于'其他组织'的重要类型,理应具备从事保证行为的能力,但由于保证不属于一般性的经营活动,具有较大的风险,而企业法人的分支机构的财产只具有相对独立性,因而立法对企业法人分支机构提供担保进行了特别严格的限制。"②本书对此持有不同的意见。企业法人的分支机构从事的经营活动大都具有风险,但作为一个理性主体,分支机构能够根据自己的实际情况作出符合自己最佳利益的决策。既然分支机构能够独立对外从事经营活动,那自然有权对外担保,因为对外担保也是经营活动的一种,哪怕是一种具有较大风险的经营活动。③

企业法人的职能部门是指企业法人内部的执行某一职能的组织机构。企业法人的职能部门不仅没有法人资格,也没有以自己名义从事经营活动的资格,没有任何的民事权利能力和民事行为能力;因此,企业法人的职能部门当然不能作为担保人。关于这点,本书的观点和《担保法》第 10 条和《担保法司法解释》第 18 条第 1 款的规定一致。

---

① 当然,作为一种宣示性的规定,《公司法》第 148 条第 1 款第 3 项还有存在的意义。需要注意的是,如果公司董事或者高级管理人员违反公司章程的规定(可能是超过规定的限额,可能是没有经过规定的程序,可能是为禁止的主体,等等)为他人提供担保的,这与公司董事或者高级管理人员违反公司章程的规定购买他人货物本质上没有区别,应该用同一法律规范来解决。所以,本书是从这个意义上说《公司法》第 148 条第 1 款第 3 项失去了存在的意义。

② 易军、宁红丽:《合同法分则制度研究》,人民法院出版社 2003 年版,第 322 页。

③ 由此产生了一个疑问:企业法人的分支机构对外赠与的,是否也需要法人的书面授权?

三、国家机关和公益性事业单位、社会团体

国家机关包括国家权力机关、行政机关、司法机关、军事机关和党政机关。国家机关不能作为担保人,这是《担保法》第 8 条和《担保法司法解释》第 3 条所明确规定的。不论是为他人的债务提供担保,还是为自己的债务提供担保,都不允许。之所以如此,缘于国家机关本身的特殊性,国家机关属于国家和社会事务的管理机构,其职责是依法履行管理社会的公共职能;并且,国家机关的财产和经费都是来自国家的预算拨款,用以维持国家机关的公务活动和日常开支,从而保障国家机关正常履行其职能。因此,国家机关不能直接参与经济活动,否则就是变相许可它从事经济活动,这无疑与其宗旨、目的相违背。这就意味着,如果用国家机关的行政经费或者财产来承担担保责任,就会影响国家机关正常公务的进行、损害了国家利益,同时也会干扰国家的经济秩序。

但是有一个例外,为使用外国政府或者国际经济组织贷款进行转贷。之所以会出现这样的例外,主要是因为"目前,我们国家吸收外国政府或者国际经济组织贷款后,即将这些贷款按项目转贷给地方政府或者有关部门特定项目使用。由于这些贷款多用于交通运输、能源、环护、邮电通讯、城建以及农业方面等基础项目,不仅资金数量巨大,而且不盈利或盈利有限,仅靠项目使用单位无法偿还贷款,也没有单位或个人愿意为这些项目作保证人,所以,在使用外国政府或者国际经济组织贷款转贷的还款问题上,目前已经形成独特的还款及担保方式:中央政府将筹借到的外国政府或者国际经济组织贷款转贷给项目使用,同时要求地方政府委托其计划财务管理部门向中央政府提供还款担保,保证向中央政府偿还所用的贷款,中央政府和地方通过这种担保,共同维护国家偿还外债的信誉"[1]。同时,为了保障该担保的严肃性,国家机关对此提供担保要经过国务院的批准。

医院、学校等公益性事业单位、社会团体是为了公共利益而设立和存在,要履行一定的公共职能。和国家机关一样,它不能充当担保人。[2] 如果医院、学校等公益性事业单位、社会团体提供担保后履行期限届满债务人不履行自己债务的,教学楼、病房等社会公益设施可能就会被出售,那样就会妨碍教育工作、医疗事业等公益事业的进行,进而损害公共利益。所以,公益性事业单位、社会团体不能作为担保人。

这里也有一个例外,即以社会公益设施之外的财产为自身债务设定抵

---

[1] 全国人大常委会法制工作委员会民法室编著:《中华人民共和国担保法释义》,法律出版社 1995 年版,第 12 页。

[2] 公立医院、公立学校属于公益性事业单位、社会团体没有问题,但是私立医院、私立学校的存在就是以营利为目的,它们能否属于公益性事业单位、社会团体值得思考,其担保人资格也值得思考。

押——关于这点,本书第四章第二节第一部分将会详细论述。

四、经营性事业单位和社会团体

事业单位、社会团体本来都是公益性的,都是为了公共利益而设立和存在,不存在什么经营性事业单位、经营性社会团体。① 但我国的现实却展现出另一面:随着我国经济体制改革的不断深入,许多事业单位利用本单位拥有的技术或者知识,向社会提供有偿服务,取得了一点报酬,这些单位除了国家财政拨款外,尚有自己的经济收入。此外,还有些事业单位实行了企业化管理,自负盈亏;按照有关规定,有的事业单位既从国家核拨经费又从事经营活动。② 有的单位甚至领有《企业法人营业执照》《营业执照》。③ 既然如此,这些事业单位和社会团体就有了从事经营的资格,自然也就有提供担保的资格。所以,《担保法司法解释》第 16 条迁就中国的现实,作出如下规定:从事经营活动的事业单位、社会团体为保证人的,如无其他导致保证合同无效的情况,其所签订的保证合同应当认定为有效。

五、其他组织

在我国,其他组织是和自然人、法人并列的第三类主体,它可以以自己的名义独立地进行民事活动,只是在责任承担上不能完全独立而是要依赖其出资人。

对于其他组织的内涵与外延,学界意见并不统一;1995 年最高人民法院和国家科委共同研究起草的《关于正确处理科技纠纷案件的若干问题的意见》和 1992 年《民事诉讼法意见》对此也作过界定,但是二者规定并不相同。为了明确可以充当担保人(保证人)的其他组织的范围,《担保法司法解释》第 15 条又作了详尽的列举:"(一)依法登记领取营业执照的独资企业、合伙企业;(二)依法登记领取营业执照的联营企业;(三)依法登记领取营业执照的中外合作经营企

---

① 关于事业单位的性质,《事业单位登记管理暂行条例》第 2 条第 1 款规定:"本条例所称事业单位,是指国家为了社会公益目的,由国家机关举办或者其他组织利用国有资产举办的,从事教育、科技、文化、卫生等活动的社会服务组织。"《事业单位登记管理暂行条例实施细则》第 4 条规定:"本细则所称事业单位,是指国家为了社会公益目的,由国家机关举办或者其他组织利用国有资产举办的,从事教育、科研、文化、卫生、体育、新闻出版、广播电视、社会福利、救助减灾、统计调查、技术推广与实验、公用设施管理、物资仓储、监测、勘探与勘察、测绘、检验检测与鉴定、法律服务、资源管理事务、质量技术监督事务、经济监督事务、知识产权事务、公证与认证、信息与咨询、人才交流、就业服务、机关后勤服务等活动的社会服务组织。"关于社会团体的性质,《社会团体登记管理条例》第 2 条第 1 款规定:"本条例所称社会团体,是指中国公民自愿组成,为实现会员共同意愿,按照其章程开展活动的非营利性社会组织。"第 4 条第 2 款更是清晰地明确表示:"社会团体不得从事营利性经营活动。"

② 李国光等:《〈关于适用〈中华人民共和国担保法〉若干问题的解释〉理解与适用》,吉林人民出版社 2000 年版,第 105 页。

③ 参见《企业法人登记管理条例》第 27 条和第 28 条、第 35 条第 2 款,《企业法人登记管理条例实施细则》第 3 条、第 4 条第 3 项和第 4 项。

业；(四)经民政部门核准登记的社会团体；(五)经核准登记领取营业执照的乡镇、街道、村办企业。"[1]

既然其他组织可以独立地从事经营活动，那么它就有权作为担保人，为自己或他人的债务提供担保。《担保法》第7条、《担保法司法解释》第14条和《物权法》第181条或直接或间接认可了其他组织的担保人资格。

第四节 被担保的主债权

被担保的主债权是担保中的一项重要内容。毫无疑问，不论是约定担保还是法定担保，只有合法的债权才可能被担保，但并非所有的合法债权都可以被担保。那么，哪些债权可以设定担保呢？

一、债权的种类

被担保的债权以金钱债权最为常见，特别是金融借贷中的金钱债权。至于不能以金钱清偿的债权(比如提供劳务)可否作为被担保的债权，学界有不同见解。通说认为，非金钱债权只要最终能转换成损害赔偿之债，也可以成为被担保的对象。因为法律要求的是被担保的债权额一定程度的确定性，这是确定担保物的负担额、保护第三人利益及维护担保人的权利所必需的[2]；只要最终能够转换成金钱债权，就符合确定性的要求，就不会损害第三人和担保人的利益。

二、债权的发生原因

担保的设立以保障特定债权的完全实现为目的，至于被担保的主债权因为什么原因而发生不加以限定；不管是合同之债权、侵权之债权，还是不当得利之债权、无因管理之债权，都可以作为被担保的对象。

对于这个问题的态度，我国立法前后并不相同。《担保法》第2条第1款规定："在借贷、买卖、货物运输、加工承揽等经济活动中，债权人需要以担保方式保障其债权实现的，可以依照本法规定设定担保。"该规定把担保的适用范围限定在因经济活动发生的债权内，非经济活动产生的债权不能设定担保。尔后的《担

---

[1] 就像有的学者指出的那样，该规定存在这样几个缺陷：第一，经民政部门核准登记的社会团体均属法人，具有法人资格，不是其他组织。第二，正面列举但是没有兜底条款。参见高圣平：《担保法论》，法律出版社2009年版，第42—43页。此外，该学者还批评《担保法司法解释》第15条没有将企业法人的分支机构规定在内，并且质问法律将"企业法人的分支机构"和"其他组织"分别对待的理由。参见高圣平：《担保法论》，法律出版社2009年版，第43页。本书认为，《担保法司法解释》对于"企业法人的分支机构"的对外担保能力采取限制的态度、对于"其他组织"采取自由放任的态度，是分别对待；由于采取的态度不同，当然不能将"企业法人的分支机构"规定在"其他组织"里了，否则就前后矛盾了。

[2] 参见叶金强：《担保法原理》，科学出版社2002年版，第101页。

保法司法解释》第 1 条规定:"当事人对由民事关系产生的债权,在不违反法律、法规强制性规定的情况下,以担保法规定的方式设定担保的,可以认定为有效。"它把担保的适用范围扩大到由民事关系产生的债权的范围内。再后来的《物权法》第 171 条第 1 款规定:"债权人在借贷、买卖等民事活动中,为保障实现其债权,需要担保的,可以依照本法和其他法律的规定设立担保物权。"该规定和《担保法司法解释》第 1 条的规定相同,都是将范围限定为民事债权;像因国家行政行为、司法行为等产生的债权(前者如税款,后者如扣押产生的费用)不属于被担保的债权范围。

在合同之债权、侵权之债权、不当得利之债权、无因管理之债权中,稍微特殊的是侵权之债权。出于公序良俗的考虑,因侵权行为产生的债权不允许用事先设定担保的方式加以保障;至于因侵权行为已经产生的债权,则属于普通债权的范围,可以用设定担保的方式保障该债权的完全实现。比如甲殴打乙后,经公安机关的调解赔偿乙 1 万元,对于该 1 万元债权,甲可以为乙设定担保。

三、几种特殊的债权

(一) 将来债权

前文已述,担保的从属性日渐缓和,担保的设立不以被担保的主债权在设立时存在为必要条件,只要将来存在,就可以设立担保——当然在担保实现时,主债权必须存在且确定,否则无法行使——因此,将来债权可以作为被担保的主债权。《担保法司法解释》第 23 条规定的最高额保证、《物权法》第 16 章第 2 节的最高额抵押和第 222 条规定的最高额质押就是这种情况。

(二) 附条件债权

附条件债权包括附解除条件的债权与附停止条件的债权。前者是已经存在且生效的债权,设定担保并无障碍;关于后者能否设立担保,则需要讨论。本书认为,附停止条件的债权具有不确定性(条件最终成就的,债权就发生;条件最终未成就的,债权就不发生),它与将来债权性质相同,都是已经成立但没有生效且将来可能生效的债权;因此,它也可以作为被担保的主债权。

(三) 自然债权

超过诉讼时效的债务被称为自然债务,从债权的角度看,它就是自然债权。罹于诉讼时效的债权仍为有效的债权,只不过不受法律强制力的保护而已;债务人自愿履行的,债权人有权接受并保有,并不构成不当得利,债务人日后即使后悔也不能要求债权人返还。既然如此,如果债务人与债权人协商一致为自然债权设定担保的,从根本上来说相当于债务人的自愿履行,法律自无禁止的理由。所以,自然债权也可以成为被担保的债权。

即使担保合同是自然债权人与第三人订立的,效果相同。因为自然债权仍然存在,第三人对之提供担保,符合法律关于担保从属性的要求。事后第三人以债权罹于诉讼时效为由主张担保合同无效的,不应获得支持。因为设定担保某种程度上可以视为债务履行的替代,第三人为自然债权提供担保的,可以视为自愿替代债务人履行债务,这属于当事人意思自治的范畴,法律没有理由拒绝;事后第三人反悔的,违反了之前的意思表示,与诚实信用原则相悖,法律自然不会允许。对此,《担保法司法解释》第35条规定:"保证人对已经超过诉讼时效期间的债务承担保证责任或者提供保证的,又以超过诉讼时效为由抗辩的,人民法院不予支持。"

第五节 担保的起止

前文已述,现实生活中大部分担保都是当事人协商而设定的,法定的担保较为少见;而当事人协商设定担保就是通过订立担保合同的方式设立担保。这自然就会涉及担保合同的成立、生效和无效。①

一、担保合同的成立

(一)担保合同的含义

担保合同是指债权人与担保人订立的,通过一定方式保障特定债权完全实现的合同。

基于担保的从属性,担保合同为从属性合同,从属于被担保的主债权债务合同。基于担保的补充性,担保合同为补充性合同,担保人只有在债务人不能够履行主债务后才可能会承担担保合同的义务。基于担保的单务性,担保合同为单务合同,担保人仅仅向担保权人负担义务而不享有权利,担保权人仅仅对担保人享有权利而不负担义务。

(二)担保合同的成立

成立担保合同,需要当事人就担保事宜作出意思表示并且达成合意。

1. 当事人

担保合同的当事人有两个,他们分别是担保人与担保权人。担保合同的设立目的是为了保障主债权债务合同中债权人的利益,所以,担保权人恒为主债权债务合同中的债权人。担保人是担保合同中的义务人,他可能是为自己债务提供担保的主债务人,也可能是为他人债务提供担保的第三人。

2. 意思表示

担保人向债权人作出的提供担保的意思表示是要约,债权人的同意是承诺;

---

① 由此可见,本节的标题叫"担保合同的起止"更为准确。但为了与前面四节标题的一致,笔者还是使用了"担保的起止"。

一旦债权人承诺,就意味着双方当事人就此达成合意。该合意一般包括被保证的主债权种类和数额、主债务人履行债务的期限、担保的方式、担保的范围、担保物的范围等等。《担保法》第15条、第39条、第65条和《物权法》第185条、第210条对此作出了规定。但是上述条款并非都是必备条款,某些条款即使没有约定也可以为法律推定;担保合同的必备条款是被担保的主债权和担保方式,因为对哪个债权提供担保,采取什么样的担保方式只能由当事人决定,法律无法推定。《担保法司法解释》第56条对此也作出了规定。此外,如果是物保,担保合同的必备条款还包括担保物;因为没有确定的担保物,担保物权不能成立。

二、担保合同的生效

(一) 生效要件

担保合同成立后要想获得法律的认可、发生当事人意欲的法律后果,自然要符合法定的生效要件,在主体、意思表示和内容三个方面都符合法律的规定。此外,担保合同的形式也可能会影响到其效力。

担保合同的主体包括担保权人和担保人。担保权人由于只享有权利而不负担义务,因而其主体资格没有限制,需要考虑的是担保人。而担保人的资格,本章第三节已经作出详细论述,此处不再赘述。担保权人和担保人的关于担保的意思表示应当真实,担保只能为合法的债权提供担保,这两点也自不待言。

《担保法》第13条、第38条、第64条、第90条前段和《物权法》第185条第1款、第210条第1款要求担保合同采取书面形式。但是,这并非生效要件,如果当事人没有采取书面形式,那么该担保合同并不就因此而无效;因为法律对担保合同的书面形式要求是法律父爱主义[①]的体现,是为了减少日后的纠纷和保护无经验的当事人而非保护国家利益或社会利益,即使当事人违反了该要求,法律也无需否定其效力。[②] 由此可见,关于担保合同形式的强制性规定是管理性强制性规定而非效力性强制性规定。[③]

[①] 法律父爱主义又称为法律家长主义,它是指法律像父亲那样对待当事人,为了当事人的利益而给当事人提出强制性要求;最典型的体现就是法律要求驾驶机动车必须系安全带。

[②] 笔者认为,法律对合同形式作出要求的原因很多,因此,合同违反法定形式也应该被分成几类,每一类合同的效力也有所区别。笔者对这一问题的详细论述参见杨会:《论合同法定形式的欠缺》,载《苏东学刊》2004年第2期。

[③] 强制性规定包括管理性强制性规定和效力性强制性规定。前者是指法律及行政法规没有明确规定违反此类规范将导致合同无效或者不成立,而且违反此类规范后如果使合同继续有效也并不损害国家或者社会公共利益,而只是损害当事人的利益的规范。后者是指法律及行政法明确规定违反了这些禁止性规定将导致合同无效或者合同不成立的规范;或者是法律及行政法虽然没有明确规定违反这些禁止性规范后将导致合同无效或者不成立,但是违反了这些禁止性规范后如果使合同继续有效将损害国家利益和社会公共利益的规范。《合同法》第52条第5项规定的强制性规定就是指效力性强制性规定,对此《合同法司法解释二》第14条明确作出了规定。

当然,上面是针对一般的担保合同,如果法律对某些特别担保合同的生效要另有规定的,还要遵守这些特殊规定。比如《担保法》第 90 条规定:"……定金合同从实际交付定金之日起生效。"毫无疑问,交付定金是的定金合同的特殊生效要件。

(二) 法律后果

1. 三个法律关系

担保合同生效后,就会产生担保法律关系;加上原来的两个,一共有了三个法律关系。第一个就是最初的主债权债务关系,是主债权人与主债务人之间的债的关系。第二个是主债务人与担保人之间的法律关系,即担保基础关系,它是担保法律关系产生的基础。第三个就是担保权人与担保人之间的担保法律关系,正是它保障着主债权的完全实现。

2. 担保义务

担保合同生效后,在担保权人和担保人之间就产生一定的权利义务;其中最重要的就是担保人担保义务的产生。

担保义务又被称为担保责任[①],是指担保人对担保权人基于担保合同而承担的,保障特定债权完全实现的义务;具体说来,就是替代债务人向债权人履行债务人应当履行的义务或者债务人没有履行债务给债权人造成损害后对债权人的损害赔偿义务。一般将前者称为替代履行义务(责任),后者称为损害赔偿义务(责任)。

应当指出的是,替代履行义务仅仅适用于债权不具有人身专属性并且担保人有履行能力的情形,如果主债务具有人身专属性或者虽然不具有人身专属性但是担保人无履行能力,担保人只有承担损害赔偿义务。

3. 担保合同效力所及的债权范围

担保合同生效后,担保合同担保着主债权,担保合同的效力是否仅仅及于主债权? 根据《担保法》第 21 条、第 46 条、第 67 条、第 83 条和《物权法》第 173 条的规定,主债权、利息、违约金、损害赔偿金、保管担保物的费用以及债权人实现担保的费用,均属于担保合同效力所及的范围。[②] 本书认为保管担保物的费用应当由担保物权人自己承担,不属于被担保的债权范围——关于这点,本书第五章第二节第三部分将会详细论述——易言之,本书认为,担保合同效力所及的债权范围包括主债权、利息、违约金、损害赔偿金和实现担保权的费用。

[①] 在通常情况下,民法对义务和责任作出严格区分,此处是民法中为数不多的二者可以等同的情况。

[②] 当然,定金合同效力所及的债权范围并没有这么广,至多是主合同标的额的 20%——关于这点,本书第七章第二节第一部分将会详细论述。

(1) 主债权

主债权又被称为本债权、原始债权，是指担保合同所担保的那个特定债权。设定担保的目的就是为了保障主债权的完全实现，所以，主债权理所当然、毫无疑义地属于担保合同所担保的债权范围。

(2) 利息

利息是主债权的孳息，包括约定利息和法定利息。因为孳息基于原物而生，不论是当事人约定的利息还是法律规定的利息，都属于担保合同效力所及的范围。

在物的担保中，为了保护后顺位担保物权人和一般债权人，国外一些立法对于担保物权效力所及利息的范围加以限制。比如《日本民法典》第374条规定利息仅限于主债权期满后2年内、《法国民法典》第2151条规定担保的利息以3年为限。此举具有合理性，值得我国借鉴。

有学者认为利息还包括延迟利息，即延迟履行期间的利息。[1] 本书对此有不同的见解：从名称上看，延迟利息也叫利息；但从性质上看，延迟利息属于损害赔偿的范围，并不是利息。

(3) 违约金和损害赔偿金

违约金是指主债权债务合同[2]的当事人订立合同，约定[3]日后一方当事人如果不履行债务，要向对方当事人支付的一定数额的货币；损害赔偿金是指主债权债务的债务人不履行债务给债权人造成损失时向债权人支付的损害赔偿。违约金和损害赔偿金都是债务人在不按合同约定履行债务时应当承担的责任形式（只不过违约金是事先确定的，而损害赔偿金是事后确定的），都是主债权遭受侵害后的转化形式；根据债的同一性原理[4]，它们都是担保合同效力所及的债权范围。

(4) 实现担保权的费用

实现担保权的费用是指担保权实现时，担保权人为此而支出的合理费用，包括诉讼费用、仲裁费用、拍卖费用等。这些费用是担保权人为了实现担保权必须

---

[1] 参见丁南：《担保物权释论》，中国政法大学出版社2013年版，第19页；孙鹏、肖厚国：《担保法律制度研究》，法律出版社1998年版，第162页。

[2] 违约金只能发生在合同之债中，因为侵权之债、无因管理之债和不当得利之债都是法定之债，不存在当事人事先约定违约金的可能。

[3] 理论上，违约金既包括约定违约金，也包括法定违约金（比如《电信条例》第32条、第35条第1）。但实践中后者太少，一般著述提及的违约金都是约定违约金，本书从之。

[4] 债的同一性原理是指在债发生变更、移转等情形时，债的关系不失其同一性，其法律效力依旧不变，不仅其原有利益及各种抗辩不因此而受影响，而且其从属权利原则上亦仍继续存在。它主要适用于如下场合：买卖合同中标的物种类、数量、规格等的改变，合同履行时间的变化，合同的转让，因违约而使合同之债转化为损害赔偿之债等。债的同一性强调在债发生变更时，保持与原债相同的本质属性以区别于其他债的关系。

支付、无法避免的费用,是因为债务人不履行债务而引起;所以,它也属于担保合同效力所及的范围。[1]

当然,上述的债权范围仅仅是法律的一般性规定。就意定担保而言,如果双方当事人在担保合同中对担保效力所及的债权范围明确作出约定(比如将实现担保的费用排除出去),那么法律就应当尊重当事人的意思自治,按照当事人约定的范围来处理。就法定担保而言,在担保效力所及的债权范围上没有当事人意思自治的空间,只能是上述法律规定的范围。

三、担保合同的无效

(一) 法律后果

担保合同的无效既可能因为自身的原因(担保合同主体不合格,意思表示不真实[2],内容不合法,标的物不合法[3]),也可能因为主债权债务合同的原因[4](主债权债务合同主体不合格,意思表示不真实,内容不合法)。

1. 不发生担保的效力

担保合同无效意味着该合同自始无效、绝对无效、当然无效、确定无效,在当事人之间不发生担保的效力:担保权人不享有担保权,担保人不负担担保义务。

---

[1] 在物的担保中有实现担保权的费用,在人的担保中也有实现担保权的费用。在后者中,《担保法》第21条第1款的表述是"实现债权的费用",并且该法的立法者认为:"它指的是债务履行期限届满债务人不履行债务后,债权人为了使其债权实现而付出的费用,包括诉讼费、仲裁费、拍卖费用、通知保证人费用以及其他合理的费用。"参见全国人大常委会法制工作委员会民法室编著:《中华人民共和国担保法释义》,法律出版社1995年版,第28页。由此可见,"实现债权的费用"其实就是实现担保权的费用。

[2] 当事人关于设定担保的意思表示应当真实、自由,如果出现欺诈、胁迫、重大误解、恶意串通并且损害国家、集体或者第三人利益的情形,担保合同无效;如果欺诈、胁迫、重大误解、恶意串通仅损害当事人利益的,本书同样认为担保合同归于无效。根据《合同法》第54条它似乎应该是可撤销而非无效,并且《担保法》制定在《合同法》之前,根据"新法优于旧法"的原则,此时担保合同应该是可撤销合同。实际并非如此!将该种情况下的合同规定为可撤销合同而非无效合同,立法目的在于让受害人可以根据合同对其是否有利而作出是否撤销合同的决定,从而更好地维护自己的利益,而担保合同是单务性合同,担保人仅仅负义务并无权利,不存在对担保人有利的情形,立法目的不能实现;所以,此时的意思表示的瑕疵应该导致担保合同的无效而非可撤销。

[3] 在物的担保中,担保合同的标的物只能是自由流通物和限制流通物;如果担保物是禁止流通物,担保合同也无效。《担保法司法解释》第5条第1款对此作了规定。

[4] 基于担保的从属性,主债权债务合同的无效会导致担保合同的无效,但也有例外,即独立担保中当事人可以事先约定排除担保合同的从属性,使担保合同并不随主合同的无效而无效。这就是《担保法》第5条前段中的"担保合同另有约定的,按照约定"。《担保法》的立法者认为,"(但是)有些担保合同,特别是在涉外经济贸易中的担保合同,经双方当事人约定担保合同是独立于主合同的,不可撤销的担保合同,如凭要求即付担保。这已经成为国际贸易中的惯例。这种独立的担保合同,在主合同无效后,仍应当对债务人承担无效后的法律责任担保。为了适应实际需要,本条规定,担保合同另有约定的,按照约定。"参见全国人大常委会法制工作委员会民法室编著:《中华人民共和国担保法释义》,法律出版社1995年版,第6页。

2. 当事人承担缔约过失责任

普通合同的无效可能会产生缔约过失责任,担保合同也是如此。担保合同无效后受到损害的是债权人,债务人和担保人很难会因此而遭受什么损害。所以,担保合同无效后往往是有过错的担保人向债权人承担缔约过失责任。当然,如果债务人对此也有过错的,他也要向债权人承担损害赔偿责任。①

缔约过失责任是过错责任,应当根据当事人的过错来决定其责任的承担。对此,《担保法》第 5 条后段规定:"担保合同被确认无效后,债务人、担保人、债权人有过错的,应当根据其过错各自承担相应的民事责任。"②

(1) 主合同有效但担保合同无效时的缔约过失责任

这里又有两种情况:第一种情况是担保合同之所以无效,与担保人无关,担保人对担保合同的无效没有过错;第二种情况是担保合同之所以无效,是因为担保人的原因,担保人对担保合同的无效有过错。

第一种情况下,由于担保人没有过错,他就无须承担缔约过失责任;此时往往是债务人的过错行为导致担保合同无效③,他应当向债权人承担损害赔偿责任。第二种情况下,担保人有过错,担保人对于债权人的损失自然要承担缔约过失责任;至于责任的范围,《担保法司法解释》第 7 条后段规定为"不应超过债务人不能清偿部分的二分之一",对此笔者和有的学者一样有异议④,赔偿的数额应当根据具体的案件中受害人的损害后果和担保人的过错程度来确定。

本书以担保人有无过错作为分类标准,而不是像《担保法司法解释》第 7 条那样根据债权人有无过错作为分类标准,原因在于担保人的缔约过失责任为过错责任,应当考量的因素就是担保人有无过错及过错程度。《担保法司法解释》第 7 条的分类忽略了此种情形的存在:对于担保合同的无效,债权人没有过错并且担保人也没有过错,过错在债务人身上,如债务人胁迫担保人;此时,担保人怎么可能承担缔约过失责任?因此,《担保法司法解释》第 7 条前段"主合同有效而担保合同无效,债权人无过错的,担保人与债务人对主合同债权人的经济损失,承担连带赔偿责任"的规定并不妥当。

(2) 担保合同有效但主合同无效时的缔约过失责任

这里又有两种情况:第一种情况是担保人对主合同无效没有过错,第二种情

---

① 债务人并非担保合同的当事人,他向债权人承担的损害赔偿责任不是缔约过失责任。
② 对于担保合同的无效,债权人往往不会有过错。更何况,债权人即使有过错也不会承担什么责任,只是赔偿数额减少罢了。
③ 典型者如债务人欺诈、胁迫担保人提供担保。因为此时第三人欺诈和对方当事人欺诈一样,担保人作出的意思表示并非自己的真实意思表示。我国现行法律没有对第三人欺诈对民事法律行为的效力影响作出明确规定,有学者通过对《民法通则》进行分析后得出同样的结论。参见张淳:《第三人欺诈与民事行为效力瑕疵》,载《江苏行政学院学报》2005 年第 5 期。
④ 参见郭明瑞、房绍坤、张平华编著:《担保法》,中国人民大学出版社 2014 年版,第 15 页。

况是担保人对主合同无效有过错。①

第一种情况下,由于担保人没有过错,他就无须承担缔约过失责任;《担保法司法解释》第 8 条前段就作出了这样的规定。此时往往是债务人的过错行为导致主债权债务合同的无效,他应当向债权人承担损害赔偿责任。

第二种情况下,担保人有过错,担保人对于债权人因此遭受的损失自然要承担损害赔偿责任;担保人既要向债权人赔偿因为主合同无效而致的损失,也要赔偿因为担保合同无效而致的损失。关于此时担保人的责任范围,《担保法司法解释》第 8 条后段给出了答案:"主合同无效而导致担保合同无效……担保人有过错的,担保人承担民事责任的部分,不应超过债务人不能清偿部分的三分之一。"本书仍然认为,此时的赔偿范围应当根据具体的案件中担保人过错的程度来确定。

(二)解除主合同导致担保合同的失效

解除主合同与主合同无效的法律后果一样,主合同不发生预期的效力,担保合同也不发生预期的效力。但是,在担保责任的承担上,主合同的解除与主合同的无效有所区别,有单独论述之必要。

1. 主合同的解除对担保责任的影响

一旦主合同解除,基于担保合同的从属性,担保合同也随之消灭;那么,担保人是否就不再承担责任了?

合同解除后,合同虽然消灭,但是会产生新的法律关系,受到损害的当事人有权要求对方恢复原状或赔偿损失等;易言之,债权人对债务人享有的履行请求权变成了恢复原状请求权或赔偿损失请求权。由于二者具有同一性,因此,如果债权人对债务人享有恢复原状请求权或赔偿损失请求权,这种债权就在被担保的范围之内,担保人应该对此承担担保责任。

有的学者以保证为例对此加以论证,由于论述十分精辟,特摘录如下:"为主合同所设定的保证,与其说是担保因该合同所生的特定债务,不如说是在一般情况下,均是就该合同当事人因主合同履行或者不履行所负担的一切债务予以保证。""此外,保证作为一种担保制度,具有救济债权人的机能,在主债务没有保证担保的场合,应解为债权人不因主债务人不履行债务而蒙受损失,就主债务人所

---

① 担保人不是主合同的当事人,一般情况下主合同的无效与其没有什么关联,担保人对主合同的无效不会有过错;但是,如果担保人对主合同合同的成立起过中介或者促使的作用、甚至对主合同当事人实施胁迫或者欺诈,那么他对主合同的无效就有过错。一些学者认为,如果担保人明知主合同会无效仍然为之提供担保的,那么他对主合同的无效也有过错。参见曹士兵:《中国担保制度与担保方法》,中国法制出版社 2015 年版,第 99 页;何志:《担保法疑难问题阐释》,中国法制出版社 2011 年版,第 29 页;李国光等:《〈关于适用〈中华人民共和国担保法〉若干问题的解释〉理解与适用》,吉林人民出版社 2000 年版,第 73 页;叶金强:《担保法原理》,科学出版社 2002 年版,第 43 页。有的学者对这种观点进行了犀利的批评。参见程啸:《保证合同研究》,法律出版社 2006 年版,第 170—174 页。笔者对此批评意见深表赞同。

负担的一切的主合同履行或者不履行有关的债务均予以担保。如此理解合于日常生活的经验法则。"①

遗憾的是,《担保法》没有规定主合同的解除对担保责任的影响,庆幸的是《担保法司法解释》弥补了这一缺陷,其第 10 条规定"主合同解除后,担保人对债务人应当承担的民事责任仍应承担担保责任。但是,担保合同另有约定的除外"。

2. 担保人承担担保责任的条件

主合同解除后,并非所有情况下担保人都承担担保责任,其承担担保责任的前提条件是主债务人应当向债权人承担责任,即债权人对债务人享有恢复原状请求权或赔偿损失请求权。不论是基于协议解除中主合同当事人的约定还是基于法律规定,只有主债务人向债权人承担责任的(即债权人对债务人享有恢复原状请求权或赔偿损失请求权)情况下,保证人才承担保证责任。

因此,(1) 如果主合同约定解除合同后债务人无须承担责任的,担保人无须承担担保责任。(2) 债权人没有法定事由而解除主合同的,债务人无须对债权人承担责任,担保人自然也无须承担担保责任。(3) 主合同解除后,债务人自愿对债权人承担补偿责任的,担保人无须承担担保责任。(4) 如果担保人的担保范围是主合同履行后产生的债权和利息,而主合同在未履行前就解除的;由于主合同没有履行,被担保的债权没有发生,担保人也不承担担保责任。

理论争鸣 债务人承担的民事责任是否应当在担保人的担保范围之内?

很多学者还提及了另外一个条件:债务人承担的民事责任在担保人的担保范围之内。② 本书认为,这并非担保人承担担保责任的条件,因为"债务人承担的民事责任在担保人的担保范围之内"是一个没有实质内容的表述;合同解除后担保人承担的担保责任肯定不在事先约定的担保范围内,是否承担责任只能看法律的规定;而法律如何规定,取决于主债务人是否向债权人承担责任。所以,担保人承担担保责任的条件只有"主债务人应当向债权人承担责任",而不包括"债务人承担的民事责任在担保人的担保范围之内"。

---

① 参见高圣平:《担保法论》,法律出版社 2009 年版,第 179 页。
② 参见曹士兵:《中国担保制度与担保方法》,中国法制出版社 2015 年版,第 110 页;李国光等:《〈关于适用《中华人民共和国担保法》若干问题的解释〉理解与适用》,吉林人民出版社 2000 年版,第 80 页;苏号朋主编:《担保法及其司法解释的应用与例解》,中国民主法制出版社 2001 年版,第 9 页;高圣平:《担保法论》,法律出版社 2009 年版,第 180 页;何志:《担保法司法解释实例释解》,人民法院出版社 2006 年版,第 62 页。

3. 担保人承担担保责任的范围

如果担保人与债权人在担保合同中事先对主合同解除后担保责任承担的范围进行了约定,那就按照约定的范围来承担担保责任;如果双方当事人没有约定,担保人就要对债务人的全部责任承担担保责任。

当然,有学者认为要对担保人承担担保责任的范围进行限制,即担保人因此而承担的担保责任比主合同未解除时要小。① 本书认为,这种观点本身没有什么问题,但属于杞人忧天。根据合同法原理,合同解除后承担的责任不能大于合同履行后的责任;自然而然地,主合同解除后担保人承担的担保责任肯定要小于主合同未解除时的担保责任。

思 考 题

1. 除了本章所提及的那些手段之外,法律还能够通过哪些手段来保障债权的完全实现?
2. 企业作为担保人的法律限制是什么?
3. 担保涉及的三个法律关系之间的关系是什么?
4. 担保合同无效后的非缔约过失责任的损害赔偿责任如何承担?

延 伸 阅 读

1. 田土城:《担保制度的成因及其发展趋势——兼论我国担保立法的健全与完善》,载《郑州大学学报(哲学社会科学版)》2001年第4期。
2. 崔建远:《"担保"辨——基于担保泛化弊端严重的思考》,载《政治与法律》2015年第12期。
3. 高圣平:《公司担保相关法律问题研究》,载《中国法学》2013年第2期。
4. 程啸:《主合同无效时保证人的责任问题——兼评最高人民法院〈担保法解释〉第8、9条》,载《法学论坛》2005年第6期。

---

① 参见曹士兵:《中国担保制度与担保方法》,中国法制出版社2015年版,第110页;李国光等:《〈关于适用《中华人民共和国担保法》若干问题的解释〉理解与适用》,吉林人民出版社2000年版,第81页。

第二章 保 证

> **本章导读**
>
> 保证是第三人用自己的一般责任财产来担保主债权的完全实现,又被称为信用担保,具有人身性。保证的方式有一般保证和连带保证两种,其中前者中的保证人享有先诉抗辩权。保证合同由保证人和债权人订立,一般包括主债权、保证的范围、保证的方式、保证期间、保证责任的形式等事项。保证合同生效后,保证人对债权人和债务人享有一定的权利、负担一定的义务。主合同的变更、主债权的转让、主债务的承担、主债权债务的概括移转会对保证责任的承担造成一定的影响。
>
> 本章的重点内容包括:保证的含义,保证人的先诉抗辩权,保证期间,保证人的追偿权,主合同的变化对保证责任的影响。

第一节 保证概述

一、保证的含义

物的担保中不论是抵押、质押还是留置,它们都是专门的法律术语,日常生活并无这些名词;而保证则是另外一番风景:日常生活中我们可以听到"经理,你放心,我保证三天之内完成这个策划书""亲爱的,我向联合国秘书长保证,我的心里只有你没有她"等。这些语境中的"保证"与法律上的"保证"含义不同。法律上的保证是指债的关系之外的第三人向债权人承诺债务人肯定会履行自己的债务,当日后债务人不履行债务时,该第三人代替债务人向债权人履行或赔偿债权人的损失。

由该定义我们可以发现:

1. 保证是第三人与债权人之间设定的双方法律行为

保证的主体与被担保的主债权主体并不相同。主债权的主体是债务人与债权人,而保证是发生在债权人与第三人之间的。易言之,保证人只能是主债权债务之外的第三人,主债务人不行。之所以如此,是因为主债务人担任保证人,他还是以自己的一般责任财产来向债权人承担责任,和没有保证一样。

保证的成立需要保证人与债权人经过协商,最后达成合意;所以,它是一种约定担保,而非法定担保。保证的当事人是保证人与债权人,它是一种双方法律行为;债务人虽然会为保证所涉及,但他并非保证的当事人,也不参与到保证的订立中——如果非要说债务人参与其中,无非是起个斡旋、促进的作用。

设定保证其实就是订立保证合同,所以,保证与保证合同在很多场合是同一意思。由于它是合同的一种,并且是非身份关系的合同,因此,保证合同除了适用《担保法》外,还应适用《合同法》《民法通则》等法律规范。

2. 保证是为了保障债权人的债权完全实现

保证是担保的一种,它的设定目的和其他担保一样,就是为了保障特定债权的完全实现。

前文已述,某一债权债务发生后,债务人仍然有权自由处分自己的一般责任财产,这样会给日后债权的完全实现带来风险;而保证将保证人的一般责任财产也纳入了保障债权完全实现的财产范围,当日后债务人的一般责任财产不足以清偿债权时,用保证人的一般责任财产来清偿。因此,保证是通过把第三人一般责任财产纳入进来、增加一般责任财产范围的方式来实现其担保功能的。

不以保障特定债权的完全实现为目的的保证,不是担保法上的保证。比如人事保证、银行向债权人保证监督专款专用。

3. 保证权的实现方法是代为清偿和损害赔偿

担保人承担担保责任,从担保权人的角度来看就是担保权的实现。其中物保中担保权的实现是将担保物出售,然后担保物权人从变价所得价款中优先受偿。与物保不同,保证权的实现方法有二:在保证人有代为清偿能力时,由保证人代替债务人向债权人履行主债务;在保证人无法代为清偿时,保证人向债权人赔偿债权人因债务人不履行债务而遭受的损失。简单地说,就是代为清偿和损害赔偿。

二、保证的特征

前文已述,担保具有从属性、补充性和单务性三个特征;保证作为担保的一种,自然也具有这三个特征。本书认为,作为不同于物的担保、金钱的担保的担保方式,保证还具有一个特征:人身性。

所谓人身性并非指用保证人的人身保障着主债权的完全实现[①],而是指保证与保证人的特定人格相关联,与保证人的信用威威相关。因为保证设定后保证人仍有权自由处分自己的一般责任财产,这就会给债权人日后债权的完全实现带来风险。在这种情况下,保证人的信用就很重要;易言之,债权人对保证人的信任是保证关键之所在。该信任体现在两个方面:一是对保证人的经济实力

---

① 与古代法律不同,现代法律中民事责任大都是财产责任而没有人身责任。

的信任,即保证人的一般责任财产范围很大;二是对保证人日后行为的信任,即信任保证人日后不会任意不当处分自己财产从而使得一般责任财产减少。如果某个人即使经济实力较强但信誉较差,他提供的保证可能就不会为债权人接受,另外一个信誉较好的人提供的保证可能就会被债权人接受。所以,从这个意义上说,保证与保证人的特定人格密切联系在一起,它具有人身性——这也是保证被称为信用担保的原因。

物的担保就不具备这个特征,担保物权人之所以接受物的担保,并非基于对担保人的信任,而是基于对担保物(交换价值)的信任。

三、保证的方式

保证的方式是指保证人向债权人承担保证责任的方式,有一般保证和连带保证两种。

(一) 一般保证

1. 含义

保证人和债权人在保证合同中约定,只有债务人穷尽其全部一般责任财产仍然不能履行债务的,才由保证人承担保证责任;这样的保证为一般保证。

由此可见,在一般保证中,保证人承担的保证责任是处于第二顺序的,第一顺序是债务人向债权人承担,只有债务人无法履行的才由保证人承担。

需要说明的是,这里的"一般"是和"连带"相对应,不是通常意义上的"一般"——通常意义上的"一般"是和"特殊"对应的。所以,作为特殊保证的共同保证[①]和一般保证并不矛盾,可以共存:共同保证分为一般共同保证和连带共同保证;只不过,不论是一般共同保证还是连带共同保证,都不是一般保证而是特殊保证。[②]

2. 承担责任的时间

《担保法》第17条第1款前段规定:"当事人在保证合同中约定,债务人不能履行债务时,由保证人承担保证责任的,为一般保证。"由此可见,保证人承担保证责任的时间为"债务人不能履行债务时"。需要指出的是,这里的不能是客观不能,即债务人的确没有财产可以用来清偿自己的债务。

《担保法》第17条第1款后段规定:"一般保证的保证人在主合同纠纷未经审判或者仲裁,并就债务人财产依法强制执行仍不能履行债务前,对债权人可以拒绝承担保证责任。"《担保法司法解释》第131条又规定:"本解释所称'不能清

[①] 共同保证是指数人为担保同一债权人的同一债权的完全履行而共同为之提供的保证。共同保证的特点在于保证人不是一人,而是二人以上。

[②] 有的学者就误会了"一般"在不同语境中的不同含义,而认为一般保证中"保证人为一人""所担保的主债权单一和定额"。参见孙鹏、肖厚国:《担保法律制度研究》,法律出版社1998年版,第67页。

偿'指对债务人的存款、现金、有价证券、成品、半成品、原材料、交通工具等可以执行的动产和其他方便执行的财产执行完毕后,债务仍未能得到清偿的。"由此可见,保证人承担担保责任的准确时间为"在主合同纠纷经审判或者仲裁,并就债务人财产依法对债务人可以执行的动产和其他方便执行的财产强制执行后债务仍未能得到完全清偿时"。在这个时候,债务人在客观上属于清偿不能,处于第二顺序的保证人就要承担保证责任。

3. 先诉抗辩权

一般保证和连带保证的最大区别就是一般保证中保证人享有先诉抗辩权,而连带保证中保证人不享有。

先诉抗辩权又被称为检索抗辩权,它是指当债权人未就主债务人的财产先为执行并且无效果之前要求保证人履行保证责任,保证人予以拒绝的权利。《担保法》第17条第1款对保证人的先诉抗辩权作出了规定——其实早在1994年最高人民法院《关于审理经济合同纠纷案件有关保证的若干问题的规定》中就出现过先诉抗辩权的身影,第7条后段规定:"当被保证人不履行合同时,债权人应当首先请求被保证人清偿债务。强制执行被保证人的财产仍不足以清偿其债务的,由保证人承担赔偿责任。"

先诉抗辩权的存在使得保证人的保证责任处于第二顺序,保证人承担保证责任的前提是穷尽债务人的全部一般责任财产,只有用债务人的财产确实无法完全实现债权的,才能要求保证人承担责任。所以,该权利将担保的补充性体现得淋漓尽致。

一般保证中保证人享有先诉抗辩权意味着债权人要求保证人承担保证责任时,不仅要证明主债务人不履行债务的事实,还要证明自己已经就主债务人的财产依法强制执行后仍然不能完全受偿。[①]

法律赋予一般保证人先诉抗辩权的同时,也给债权人苛加了一定的义务。一般保证人在主债权履行期间届满后,向债权人提供了债务人可供执行财产真实的情况,基于诚实信用原则,债权人应当就此积极行使权利;如果债权人放弃或者怠于行使权利致使该财产不能被执行,可能会导致保证人在向债权人承担保证责任之后无法向债务人追偿,这样就损害了保证人的利益。因此,保证人可以在其提供可供执行财产的实际价值范围内免除保证责任。关于这点,《担保法司法解释》第24条作出了规定。

此外,先诉抗辩权是一种延缓性的抗辩权,而非永久性的抗辩权;保证人只是暂时的不履行义务,当主债权就债务人的全部一般责任财产清偿后仍未获得

---

① 高圣平:《担保法论》,法律出版社2009年版,第89页;郭明瑞:《担保法》,法律出版社2010年版,第36页。

完全实现时,保证人就要向债权人承担保证责任。

需要注意的是,保证人的先诉抗辩权在某些特殊情况下不能行使。根据《担保法》第 17 条第 2 款的规定,出现债务人住所变更、致使债权人要求其履行债务发生重大困难的①,人民法院受理债务人破产案件、中止执行程序的,保证人以书面形式放弃先诉抗辩权三种情形的,保证人就不能行使先诉抗辩权,而必须向债权人承担保证责任。因为在前两种情形下债权人无法从主债务人处获得清偿,保证人再行使先诉抗辩权对债权人来说明显不公平;第三种情形则属于保证人的意思自治。

例题:出现下列何种情形时,一般保证的保证人不得行使先诉抗辩权?(2003 年司法考试第三卷第 36 题)

A. 债务人被宣告失踪,且无可供执行的财产

B. 债务人移居国外,但国内有其购买现由亲属居住的住宅

C. 债务人被宣告破产,中止执行程序的

D. 保证人曾以书面方式向主合同当事人以外的第三人表示放弃先诉抗辩权

解析:本题考点是先诉抗辩权不能行使的情形。《担保法》第 17 条第 2 款规定:"有下列情形之一的,保证人不得行使前款规定的权利:(一)债务人住所变更,致使债权人要求其履行债务发生重大困难的;(二)人民法院受理债务人破产案件,中止执行程序的;(三)保证人以书面形式放弃前款规定的权利的。"此外,《担保法司法解释》第 25 条规定:"担保法第十七条第三款第(一)项规定的债权人要求债务人履行债务发生的重大困难情形,包括债务人下落不明、移居境外,且无财产可供执行。"所以 A、C 是正确的答案;B 项中虽然债务人移居境外,但有财产可供执行;所以 B 错误。D 项中其放弃行为并不是向权利人作出的,该放弃无效;所以 D 错误。由此可见,本题应当选 A、C。

(二)连带保证

1. 含义

连带保证是指保证人与债务人对主债务承担连带责任的保证。这里的连带责任是指当履行期限届满债务人没有履行债务时,债权人既可以要求债务人继续履行债务,也可以要求保证人承担保证责任;当债权人向保证人主张权利时,保证人必须满足而不能以债务人尚未履行进行抗辩。

和一般保证相比,连带保证人没有先诉抗辩权,只要债务人届期没有履行债

---

① 根据《担保法司法解释》第 25 条,债权人要求债务人履行债务发生的重大困难情形包括债务人下落不明、移居境外,且无财产可供执行。

务,债权人就可以向保证人主张保证责任,即使此时债务人仍然具有清偿能力。由此可见,对保证人来说,连带保证的威力比一般保证要大。

在连带保证中,保证人和债务人处于相同的地位,供债权人选择;就未获清偿部分债权人可以向其中任何一个当事人主张权利,也可以向二人同时主张权利。《担保法司法解释》第126条对此作出了规定。

需要说明的是,尽管连带保证中有"连带"二字,连带保证与连带债务也有很多相同之处,但保证人与主债务人之间并非连带债务关系。保证人之所以向债权人承担保证责任是基于保证合同,债务人之所以向债权人履行是基于主债权债务合同,两个债的发生原因并不相同——二者更像是一种不真正连带责任①的关系。

2. 承担责任的时间

不管是债务人主观上的不愿履行还是客观上的不能履行,都会导致保证人承担保证责任。所以,连带保证人承担保证责任的时间是履行期限届满且债权没有获得完全实现之时。

就算债务人有履行能力,只要履行期限届满债务人未履行债务,保证人就要承担保证责任;这正是连带保证的特点,也是它与一般保证最大的区别。

3. 连带保证的推定

某个保证到底是一般保证还是连带保证,取决于保证人与债权人的约定,双方当事人应该在保证合同中明确约定保证的方式。但是,现实生活中,由于当事人不熟悉法律或者疏忽大意等原因,没有在保证合同中约定保证方式,或者对保证方式约定不明确的现象比较常见。很多时候保证人就写了一句话,"到时债务人不履行债务,由我代为履行""到时债务人不履行债务,由我承担保证责任"。面对双方当事人没有约定或者约定不明的情况,那又如何处理呢?

《担保法》第19条规定:"当事人对保证方式没有约定或者约定不明确的,按照连带责任保证承担保证责任。"易言之,如果双方没有约定保证的方式或者约定不明,则推定为连带保证。该推定与《担保法(征求意见稿)》第18条②、最高人民法院《关于审理经济合同纠纷案件有关保证的若干问题的规定》第7条③恰恰相反,改"以一般保证为原则、以连带保证为例外"为"以连带保证为原则、以一般保证为例外",遭到了学界的批评。

---

① 不真正连带责任是指数个责任人基于不同的原因而对同一债权人负有相同内容的数个责任,其中一个责任人承担责任就会使其他人的责任归于消灭,这样的数人侵权责任形态就是不真正连带责任。
② 该条规定:"当事人对保证方式没有约定或者约定不明确的,按照一般保证承担责任。"
③ 该条规定:"保证合同没有约定保证人承担何种保证责任,或者约定不明确的,视为保证人承担赔偿责任。当被保证人不履行合同时,债权人应当首先请求被保证人清偿债务;强制执行被保证人的财产仍不足以清偿其债务的,由保证人承担赔偿责任。"

有学者经过比较法的考察后发现,在一般保证与连带保证的关系上,有些国家以一般保证为原则、以连带保证为例外,有些国家则以连带保证为原则、以一般保证为例外。① 所以,究竟是以连带保证为原则、以一般保证为例外,还是以一般保证为原则、以连带保证为例外,是个立法价值取向问题。② 因此,当《担保法》立法者认为"我国目前的市场经济还属于初级阶段,经济秩序还不很规范,许多企业或者金融机构为他人做保证时,经常对保证的方式不做约定或者不明确规定,保证人往往盖一个单位的公章就草草了事,而当债务人不履行债务时,当事人又在以如何方式承担保证责任纠缠不清;有的保证人认为自己不能和债务人对债务承担连带责任;有的保证人还借口没有对保证方式作规定,企图逃避保证责任。以上种种情况直接影响了债权人的合法权益……"③时,《担保法》就侧重于对债权人利益的保护,"以连带保证为原则、以一般保证为例外"的选择也就顺理成章了。④

第二节 保证的设立

保证是一种约定担保而非法定担保,所以,保证的设立就是债权人和保证人订立保证合同。

一、保证合同的当事人

如前所述,保证合同的双方当事人是债权人和保证人。债权人在保证中纯获利益,所以,法律对债权人没有什么要求;作出要求的只是针对保证人。

由于本书第一章第三节已经对担保人的资格进行了详细的论述,此处不再赘述。不过,《担保法》第 7 条还对保证人作出了额外的要求。《担保法》第 7 条规定:"具有代为清偿债务能力的法人、其他组织或者公民,可以作保证人。"

理论争鸣 具有清偿债务能力是否为担任保证人的条件或资格?

有人根据《担保法》第 7 条的规定认为具备代为清偿债务能力是保证人的一

---

① 参见李明发:《保证责任研究》,法律出版社 2006 年版,第 23 页。
② 有学者批评《担保法》第 19 条颠倒了"一般"与"特殊"的逻辑关系。参见李开国:《民法基本问题研究》,法律出版社 1997 年版,第 337 页。该批评没有发现不论何种选择都是立法价值取向问题,与逻辑无涉。
③ 全国人大常委会法制工作委员会民法室编著:《中华人民共和国担保法释义》,法律出版社 1995 年版,第 25 页。
④ 不过,就像有的学者指出的那样,《担保法》第 19 条没有区分民事担保和商事担保,没有考虑到两者的差别,是个缺陷。参见程啸:《保证合同研究》,法律出版社 2006 年版,第 46 页。

个资格,不具备代为清偿债务能力的人不能充当保证人,否则订立的保证合同就无效。①

　　本书认为,这样的理解是错误的,代为清偿债务能力并非担任保证人的条件或资格,原因有三。第一,代为清偿债务能力是一个不确定量,不具有确定性;而作为条件或者资格,必须要确定。比如具备完全民事行为能力的自然人年龄是年满18周岁,"年满18周岁"就是一个非常明确且具体的标准,而不能是"18周岁左右"这种不确定的标准。第二,保证人承担保证责任的形式除了代为清偿债务之外,还有赔偿债权人损失(现实生活这大部分都是这种形式);如果代为清偿债务能力作为保证人条件或者资格,就使得赔偿损失这种形式失去了存在的意义。第三,保证人有无代为清偿债务能力的判断者应该是债权人而不应该是立法者。因为保证人没有代为清偿能力将来损害的是债权人的利益,只要债权人接受保证人提供的保证,那就表明债权人认为保证人具有代为清偿债务能力;对于当事人的意思自治,法律不能干预。

　　设定保证的目的是在债务人不履行债务时由保证人代为履行或者赔偿损失,以确保主债权的完全实现;因此,保证人只有具有代为清偿能力,保证的目的才能达到。从这个角度看,《担保法》第7条的规定似乎无可厚非;但是,这个规定没有任何法律意义②:不具备代为清偿债务能力的人以保证人身份订立的保证合同,仍然有效,并不会因为不具备代为清偿债务能力而无效。③ 实践中就出现一些人订立保证合同后又以自己不具备代为清偿债务能力而向债权人要求免除保证责任的无理取闹现象,对此,《担保法司法解释》第14条规定:"不具有完全代为清偿债务能力的法人、其他组织或者自然人,以保证人身份订立保证合同后,又以自己没有代为清偿债务能力要求免除保证责任的,人民法院不予支持。"因此,本书建议删去《担保法》第7条。

二、保证合同的内容

　　保证合同是确定保证人和债权人之间权利和义务的依据,由当事人自由约定。一般来说,当事人会就下列事项作出约定。

---

①　参见全国人大常委会法制工作委员会民法室编著:《中华人民共和国担保法释义》,法律出版社1995年版,第11页;邹海林、常敏:《债权担保的理论与实务》,社会科学文献出版社1998年版,第44页。
②　所以,该规定就是一个倡导性规范,不具有强制效力。
③　有学者认为:"如果保证人于订立合同时无代偿能力,其后于承担保证责任时亦无代偿能力,则该保证合同属于自始履行不能的无效合同。"参见郭明瑞、房绍坤、张平华编著:《担保法》,中国人民大学出版社2014年版,第32页。这样的认识就赋予代为清偿债务能力实质性意义(能够导致保证合同无效),明显不当。

(一) 主债权

保证人和债权人应该在保证合同中约定被担保的主债权,即设定保证来担保哪个债权。首先确定是哪些主体之间的债权,然后确定他们之间的什么债权。比如保证甲与乙在 2009 年 9 月 9 日的借贷合同债权。在这里先确定的是甲与乙之间的债权,然后确定的是 2009 年 9 月 9 日的借贷合同债权。如此一来,就明确了被担保的主债权。

关于这点,《担保法》第 15 条第 1 款的表述是"主债权的种类和数额"。关于主债权的种类,立法者解释道:"主债务的种类是指债权人和债务人订立的主合同是何种类型的债务,是给付金钱的债务、交付货物债务还是付出劳务的债务等。"[①]笔者对此不敢苟同。即使从债的发生原因确定为借贷,仍然没有明确被保证的主债权,因为主体没有确定;更何况,即使主体确定了,他们之间可能存在多个借贷债权,仍然无法确定保证人为哪个借贷债权提供保证。

该条款是保证合同的必备条款,如果欠缺该条款,保证合同就无法成立;因为对哪个债权提供保证,只能由当事人自己决定,法律不可能进行推定。有学者说道:"若保证合同欠缺主债权的种类与数额……可根据主合同规定确定。"[②]这种观点的成立是有条件的,即知悉保证合同用来担保哪个主合同,然后才能根据主合同债权的种类与数额来确定保证合同所担保的主债权的种类与数额。

例题:胡某于 2006 年 3 月 10 日向李某借款 100 万元,期限 3 年。2009 年 3 月 30 日,双方商议再借 100 万元,期限 3 年。两笔借款均先后由王某保证,未约定保证方式和保证期间。李某未向胡某和王某催讨。胡某仅于 2010 年 2 月归还借款 100 万元。关于胡某归还的 100 万元,下列哪一表述是正确的?(2014 年司法考试第三卷第 13 题)

A. 因 2006 年的借款已到期,故归还的是该笔借款
B. 因 2006 年的借款无担保,故归还的是该笔借款
C. 因 2006 年和 2009 年的借款数额相同,故按比例归还该两笔借款
D. 因 2006 年和 2009 年的借款均有担保,故按比例归还该两笔借款

解析:本题考点是保证合同中的主债权。《合同法司法解释(二)》第 20 条规定:"债务人的给付不足以清偿其对同一债权人所负的数笔相同种类的全部债务,应当优先抵充已到期的债务;几项债务均到期的,优先抵充对债权人缺乏担保或者担保数额最少的债务;担保数额相同的,优先抵充债务负担较重的债务;负担相同的,按照债务到期的先后顺序抵充;到期时间相同的,按比例抵充。但

[①] 全国人大常委会法制工作委员会民法室编著:《中华人民共和国担保法释义》,法律出版社 1995 年版,第 20 页。
[②] 毛亚敏:《担保法论》,中国法制出版社 1997 年版,第 57 页。

是,债权人与债务人对清偿的债务或者清偿抵充顺序有约定的除外。"本题中,胡某先后向李某两次借款,借款数额均为100万,且均有担保。2010年2月,胡某向李某归还100万元时,第一笔借款已经到期,第二笔借款尚未到期;因此,应当优先抵充第一笔借款,即2006年的100万。由此可见,本题应当选A。

(二) 保证的范围

在确定了被担保的主债权之后,保证人与债权人还应该约定保证的范围,即在多大范围或限度内保证人承担保证责任。

根据保证的范围不同,保证可以分为无限保证和有限保证。无限保证又称为全部保证,它是指保证人对主债权的全部承担保证责任。易言之,主债权及利息、违约金、损害赔偿金和实现保证权的费用都属于保证人的保证范围。有限保证又称为部分保证,它是指保证人在一定的限度内承担责任的保证。易言之,保证人仅仅对主债权的部分承担保证责任——这里的部分可能是指固定的债权数额,或者仅仅指本金而不包括利息,或者排除了违约金,等等。

到底保证人在何种范围或限度内承担保证责任,这需要保证人和债权人在保证合同中约定;如果双方没有约定或者约定不明的,则推定保证人承担无限责任。关于这点,《担保法》第21条第2款作出了规定。

(三) 保证的方式

保证人与债权人还应该约定保证的方式,到底是一般保证还是连带保证。前文已述,两种保证方式对于保证人的影响较大,所以,保证人要谨慎选择自己能够承受的保证方式。如果当事人对保证方式没有约定或者约定不明的,如前所述,则推定保证人承担连带责任。

(四) 保证期间

保证期间如果不是担保法众多争议中争议最多的话题,则肯定是争议最多的话题之一。从《担保法》到最高人民法院《对安徽省高级人民法院关于借款担保合同纠纷请示问题的答复》[①],再到《担保法司法解释》,其规定一直在变;此

---

① 该批复全文如下:"安徽省高级人民法院:你院经终字(1994)第110-1号'关于淮北矿务局临涣煤矿与中国农业银行濉溪县支行韩村营业所、濉溪县韩村镇人民政府借款担保合同纠纷上诉一案的请示报告'收悉,经研究,答复如下:一、同意你院审判委员会第一种意见。对于中国农业银行担保借款协议书第八条的理解问题,该行农银函(1991)226号函解释其含义是:借款方应当按期归还贷款本息、贷款到期后一个月内先由借款方负责偿还,其间借款方不能偿还的,则由担保单位(或担保人)代为偿还。'一个月'是对担保单位(或者担保人)承担责任的宽限期,而不是保证责任期限,即贷款逾期一个月后,担保人开始承担担保责任。二、保证责任的期限是指依法律的规定或当事人的约定,保证人只在一定的期限内承担保证责任。我院《关于审理经济合同纠纷案件有关保证的若干问题的规定》第十一条规定,保证合同中没有约定保证责任期限或者约定不明确的,保证人应当在被保证人承担责任的期限内承担保证责任。本案中合同没有具体约定保证人的保证期限,对这种保证责任期限的起算点应从主债务履行期限届满之次日起计算,在被保证人承担责任的期限内承担保证责任。此复。最高人民法院"

外,学术界对保证期间的批评一直也没有停止过。

1. 保证期间的含义

什么是保证期间,学界有三种观点。第一种是从债权人行使权利的角度,将保证期间界定为债权人主张权利的期间;第二种是从保证人的角度,将保证期间界定为容忍债权人自由处分其对保证人所享有的权利的期间;第三种是从保证责任的角度,将保证期间界定为保证人承担保证责任的存续期间或起止时间。[①]

本书认为,保证期间是保证人容忍债权人自由处分其保证权的期间,此期间届满债权人还没有向保证人主张自己的保证权,保证人的保证责任就归于消灭。易言之,在这段期间内,债权人可以采取一定的措施向保证人主张自己的保证权,也可以不向保证人主张自己的保证权,因而保证人是否承担保证责任并不确定;然而,一旦债权人在这段期间内主张自己的保证权的,保证人就确定地承担保证责任,一旦债权人在这段期间内没有主张自己的保证权的,保证人就确定地不承担保证责任。

由此可见,保证期间的届满加上债权人的不作为,才能发生债权人的保证权消灭,保证人的保证责任被免除的法律后果。

2. 保证期间的制度价值

当今世界各国,关于保证期间的立法有三种模式:第一种在法律中不规定保证期间,当事人可以自愿约定;没有约定的,则承担无期限的保证责任;第二种当事人可以自愿约定,没有约定的则赋予保证人催告权,在催告后的合理期间内债权人不行使的则丧失保证权;第三种则是我国的规定,当事人可以自愿约定,没有约定的则通过法律予以补正。[②]

三种模式下保证期间的制度价值不尽相同[③],在我国的这种模式下,保证期间的功能是什么？特别是,在保证合同的诉讼时效可以限制债权人保证权的情况下,保证期间的制度价值何在呢？

答案只有一个:保护保证合同这种单务合同中的保证人。具体说来,保证合同中保证人对债权人只负担义务而不享有权利,所以,法律通过一定的制度设计来帮助保证人,实现二者之间的利益平衡。在期间方面,保证债务的诉讼时效就能够限制债权人的保证权,两年之内债权人没有向保证人主张保证责任的,债权人丧失胜诉权;保证期间则更进一步,设计出更短的时间,如果债权人没有采取一定的措施,保证人的保证责任消灭,债权人的保证权就丧失。

[①] 三种观点的详细介绍参见高圣平:《担保法论》,法律出版社 2009 年版,第 109—110 页。

[②] 三种模式的详细介绍参见程啸:《保证合同研究》,法律出版社 2006 年版,第 516—517 页。

[③] 张谷教授批评《担保法》第 25 条、第 26 条没有搞清约定期间和法定期间的功能定位。其详细论述参见张谷:《论约定保证期间》,载《中国法学》2006 年第 4 期。这种批评可能就忽视了三种模式的差异。

3. 保证期间的性质

关于保证期间的性质,学界争议较大。有人认为是除斥期间,有人认为是诉讼时效,有人认为是债务履行期限,还有人认为是特殊的期间。①

保证期间的制度价值在于保护保证人,同时它也对债权人行使保证权在时间方面进行了限制,这和除斥期间、诉讼时效相似。但是,保证期间可以为当事人自行约定,而除斥期间、诉讼时效都是法定期间,不允许当事人自行约定;更何况,保证期间届满后消灭的是保证权,而保证权既非胜诉权又非形成权(表面上看像是形成权);因此,保证期间既不是除斥期间,也不是诉讼时效。本书认为,保证期间是一个特殊的期间;在该期间内债权人不行使保证权就会丧失该权利,所以,它是一个或有期间。②

例题:依照《中华人民共和国担保法》和最高人民法院《关于适用〈中华人民共和国担保法〉若干问题的解释》的相关规定,连带责任保证的法定保证期间属何种期间?(2005年司法考试第三卷第57题)

A. 诉讼时效期间
B. 除斥期间
C. 可变期间
D. 不可变期间

解析:本题考点是保证期间的性质。《担保法司法解释》第31条规定:"保证期间不因任何事由发生中断、中止、延长的法律后果。"所以,不论是连带保证还是一般保证,不论是约定保证期间还是法定保证期间,保证期间都属于不变期间。由此可见,本题应当选D。

需要指出的是,司法部公布的答案是B、D,其认为保证期间是除斥期间。如前所述,除斥期间是法定期间,不允许当事人自行约定期间的长短,所以本书认为B并不正确。

4. 保证期间的长短

关于保证期间的长短,有两种情形。

---

① 这些观点的详细论述参见程啸:《保证合同研究》,法律出版社2006年版,第497—501页。
② "或有期间"这个表述学界较少使用,由中国法学会民法典编纂项目领导小组组织撰写的《中华人民共和国民法典·民法总则专家建议稿(征求意见稿)》第八章第六节专门规定"或有期间"。他们认为,或有期间是决定当事人能否取得或者能否行使相应请求权的期间。"或有"是一种未定状态:一旦当事人在或有期间内依据法律的规定或当事人之间的约定为一定的行为,其即可取得或行使相应类型的请求权;一旦当事人在或有期间内未依据法律的规定或当事人之间的约定为一定的行为,其即不能取得或行使相应类型的请求权。买受人异议期间与保证责任期间是我国现行民事立法中比较典型的或有期间。参见《例说或有期间》,http://mp.weixin.qq.com/s?__biz=MzA3OTEzMjMwNg==&mid=206412293&idx=2&sn=2b933524d371665ee443dd32821de04f#wechat_redirect,访问日期:2016年8月8日。

(1) 当事人的约定

保证期间的长短属于合同意思自治的范畴,保证人和债权人可以自行约定。但是,这种约定受到一定的限制。第一个限制是不能大于 2 年。因为保证债务的诉讼时效就是 2 年,如果保证期间大于这个期间则不利于保证人,与我国的保证期间的制度宗旨相悖。① 第二个限制是表述方面。当事人应该约定一个具体的期间(比如 3 个月)或者具体的起止点(比如从 2009 年 9 月 9 日到 2010 年 10 月 10 日),而不能是模糊不清的期间。如果当事人约定"保证人承担保证责任直至主债务本息还清时为止"等类似内容的,视为约定不明。

(2) 法律的推定

如果当事人在保证合同中没有约定保证期间(包括真的没有约定和虽然约定但被法律视为没有约定两种情况)和约定不明的,为了保护保证人的利益,法律会拟制一个保证期间出来,作为法律的推定。

具体说来,如果当事人没有约定的,法律推定保证期间为主债务履行期届满之日起 6 个月,这是《担保法司法解释》第 32 条第 1 款的规定;如果当事人对保证期间约定不明的,法律推定保证期间为主债务履行期届满之日起 2 年,这是《担保法司法解释》第 32 条第 2 款的规定。

例题:甲向乙借款 5 万元,还款期限 6 个月,丙作保证人,约定丙承担保证责任直至甲向乙还清本息为止。丙的保证责任期间应如何计算?(2004 年司法考试第三卷第 5 题)

A. 主债务履行期届满之日起 6 个月

B. 借款发生之日起 2 年

C. 借款发生之日起 6 个月

D. 主债务履行期届满之日起 2 年

解析:本题考点是约定不明时的保证期间。《担保法司法解释》第 32 条第 2 款规定:"保证合同约定保证人承担保证责任直至主债务本息还清时为止等类似内容的,视为约定不明,保证期间为主债务履行期届满之日起 2 年。"本题中,乙丙约定丙承担保证责任直至甲向乙还清本息为止,这被视为约定不明,其保证期间为主债务履行期届满之日起二年。由此可见,本题应当选 D。

例题:甲向乙借款 10 万元,由丙作为保证人,约定"如果甲到期不能偿还该债务,由丙承担保证责任,直至甲的债务本息还清为止"。下列哪些选项是正确

---

① 有的学者认为当事人约定大于 2 年时应当尊重当事人的意思自治,该约定仍然有效。参见何志:《担保法疑难问题阐释》,中国法制出版社 2011 年版,第 130—131 页;高圣平:《担保法论》,法律出版社 2009 年版,第 120—121 页。这种认识在第一种模式中没有问题,但是在我国的立法模式下,就不科学了。

的?(2008年司法考试四川地震灾区延期考试第三卷第53题)

A. 该保证为一般保证
B. 该保证为连带责任保证
C. 保证期间为主债务履行期届满之日起2年
D. 保证期间为主债务履行期届满之日起6个月

解析:本题考点是保证方式的认定及保证期间的长度。当事人约定"如果甲到期不能偿还该债务,由丙承担保证责任",这就意味着丙承担保证责任的前提是甲到期不能偿还该债务,那么丙的保证责任是一般保证;所以A正确B错。《担保法司法解释》第32条第2款规定:"保证合同约定保证人承担保证责任直至主债务本息还清时为止等类似内容的,视为约定不明,保证期间为主债务履行期届满之日起二年。"本题中,乙丙约定"丙承担保证责任直至甲的债务本息还清为止",这被视为约定不明,其保证期间为主债务履行期届满之日起二年;所以C正确D错。由此可见,本题应当选A、C。

5. 保证期间的起算

不论是当事人约定的1年,或者法律推定的6个月乃至2年,都会面临该期间从何时开始计算的问题。

毫无疑问,保证期间的起算点不能早于或者等于主债务履行期限,因为早于这个期日,保证人的保证责任并未承担,如果此时就起算就与当事人设立保证的初衷相悖。因此,如果当事人约定的保证期间早于或者等于主债务履行期限的,视为没有约定。对此,《担保法司法解释》第32条第1款前段作出了规定。

保证期间起算点为主债务履行期限届满之日,因为只有等到主债务履行期限届满,主债权才受到损害,保证人才可能承担保证责任。这点从《担保法司法解释》第32条的两款也可以看出。如果主债权债务关系中对主债务履行期限没有约定或者约定不明的,根据《合同法》第62条第4项,债权人可以随时要求履行,但应当给对方必要的准备时间。所以,此时保证期间的起算点是债权人给债务人的准备期间届满的次日。《担保法司法解释》第33条对此作出了规定。

6. 保证期间与保证债务诉讼时效

前文已述,保证期间和保证债务的诉讼时效都是有利于保证人的期间,这就意味着,保证人在期间上有两次免除保证责任的机会,一是保证期间届满,二是保证债务的诉讼时效期间届满。但是,二者又有区别:根据诉讼时效,如果在保证债务履行期限届满后2年内债权人不向保证人主张权利的,他丧失胜诉权,但他仍然有权向保证人主张保证权,只不过保证人享有抗辩权,可以不承担保证责任;而根据保证期间,如果在保证期间内债权人不向保证人主张保证权,债权人的保证权消灭,保证人的保证责任因此而消灭,债权人此后不能再向保证人主张保证权。

既然二者的功能相似,那么如何协调、衔接它们呢?本书认为,一旦保证期间内债权人向保证人主张了权利,保证期间对保证人而言就失去作用,接下来就用诉讼时效来保护保证人。具体说来,在保证期间内,如果债权人不向保证人主张权利,债权人的保证权就会消灭,保证人的保证责任也随之消灭,自然就无须考虑诉讼时效了;在保证期间内,如果债权人向保证人主张权利,那么,保证债务的诉讼时效开始发挥作用[①],保证期间的作用也就结束了。

接下来需要明确什么是"在保证期间内债权人向保证人主张权利"。其具体形式包括债权人在保证期间内向保证人主动催收或提示债权、保证人在保证期间内向债权人作出承担保证责任的承诺两种情形;关于后一种形式,最高人民法院在《关于在保证期间内保证人在债权转让协议上签字并承诺履行原保证义务能否视为债权人向担保人主张过债权及认定保证合同的诉讼时效如何起算等问题请示的答复》中得以确认。

不过保证形式不同,债权人主张权利的对象并不相同。在连带保证中,债权人在履行期限届满后仍未获得完全清偿的,他既可以向主债务人主张权利,也可以向保证人主张权利;所以,"在保证期间内债权人向保证人主张权利"就是债权人明确地要求保证人承担保证责任或保证人明确向债权人承诺。这点隐约可以从《担保法》第 26 条第 2 款看出。

在一般保证中,由于先诉抗辩权的存在,债权人只能向主债务人主张权利,未果后才能向保证人主张权利;所以,债权人向主债务人主张权利就具有了两层意思:一是要求主债务人履行,二是为日后向保证人主张权利打下基础。易言之,只要在保证期间内,债权人向主债务人主张权利的,就可以认为他也向保证人主张了权利。这点隐约可以从《担保法》第 25 条第 2 款看出。

例题:下列关于保证债务诉讼时效的哪些表述是正确的?(2006 年司法考试第三卷第 59 题)

A. 保证期间届满后,不必再起算保证债务的诉讼时效
B. 保证债务的诉讼时效起算后,不必再计算保证期间
C. 保证债务的诉讼时效随主债务诉讼时效中止而中止
D. 保证债务的诉讼时效随主债务诉讼时效中断而中断

---

① 开始发挥作用并不是开始起算,因为保证债务诉讼时效的起算要始于"债权人知道或应当知道保证权受到侵犯之日",而债权人向保证人主张权利能否成功还不清楚,只有等保证人履行期限届满仍不履行保证债务的,保证权才受到侵犯,这时才能开始计算保证债务的诉讼时效。有人认为此时保证债务诉讼时效就开始起算了,主债务与保证债务在诉讼时效届满上完全同步。参见曹士兵:《中国担保制度与担保方法》,中国法制出版社 2015 年版,第 165、167 页。本书认为他误解了保证债务的诉讼时效的起算时间。

解析: 本题考点是保证债务的诉讼时效。《担保法》第 25 条规定:"一般保证的保证人与债权人未约定保证期间的,保证期间为主债务履行期届满之日起六个月。在合同约定的保证期间和前款规定的保证期间,债权人未对债务人提起诉讼或者申请仲裁的,保证人免除保证责任;债权人已提起诉讼或者申请仲裁的,保证期间适用诉讼时效中断的规定。"《担保法》第 26 条规定:"连带责任保证的保证人与债权人未约定保证期间的,债权人有权自主债务履行期届满之日起六个月内要求保证人承担保证责任。在合同约定的保证期间和前款规定的保证期间,债权人未要求保证人承担保证责任的,保证人免除保证责任。"所以,A 项正确。

《担保法司法解释司法》第 31 条规定:"保证期间不因任何事由发生中断、中止、延长的法律后果。"第 34 条规定:"一般保证的债权人在保证期间届满前对债务人提起诉讼或者申请仲裁的,从判决或者仲裁裁决生效之日起,开始计算保证合同的诉讼时效。连带责任保证的债权人在保证期间届满前要求保证人承担保证责任的,从债权人要求保证人承担保证责任之日起,开始计算保证合同的诉讼时效。"所以,B 项正确。

《担保法司法解释》第 36 条规定:"一般保证中,主债务诉讼时效中断,保证债务诉讼时效中断;连带责任保证中,主债务诉讼时效中断,保证债务诉讼时效不中断。一般保证和连带责任保证中,主债务诉讼时效中止的,保证债务的诉讼时效同时中止。"所以,C 项正确 D 项错误。

由此可见,本题应当选 A、B、C。

(五) 保证责任的形式

保证责任的形式是指保证人日后承担保证责任的形式,即保证人以何种形式向债权人承担保证责任。它有代替债务人履行和赔偿债权人损失两种形式。其中,代替债务人履行是指当债务人不履行债务时,保证人替代债务人的地位,向债权人履行本应该由债务人履行的债务;赔偿债权人损失是指当债务人不履行债务时,保证人向债权人赔偿因此给债权人造成的损失。

保证责任的形式,有学者称之为保证责任的内容[1],有学者称之为保证责任的形态[2],有学者称之为保证责任的类型[3],有学者称之为保证责任的方式[4]。本

---

[1] 参见苏号朋主编:《担保法及其司法解释的应用与例解》,中国民主法制出版社 2001 年版,第 81 页;高圣平:《担保法论》,法律出版社 2009 年版,第 163 页;郭明瑞:《担保法》,法律出版社 2010 年版,第 37—38 页。

[2] 参见程啸:《保证合同研究》,法律出版社 2006 年版,第 226—227 页。

[3] 参见叶金强:《担保法原理》,科学出版社 2002 年版,第 49 页。

[4] 参见李明发:《保证责任研究》,法律出版社 2006 年版,第 36 页。

书和《担保法司法解释》的制定者一样称之为保证责任的形式。①

如果主债务是给付金钱,替代履行与赔偿损失是一回事,都是保证人向债权人给付金钱。所以,两者的区分只有在非金钱给付中才有意义。

在非金钱给付中,如果保证责任的形式是替代履行,主债务就不能具有人身专属性;因为具有人身专属性的债务只能由债务人履行,无法被其他人替代履行。同时还要求保证人客观上具有清偿能力;如果保证人没有能力履行主债务(比如不具备相应的资质),他也无法替代履行。

当主债务人不履行债务时,保证人到底是代替债务人履行还是赔偿债权人损失,取决于当事人的约定。如果保证人和债权人没有约定或者约定不明的话,则推定保证人承担损害赔偿责任。

如果双方当事人约定了替代履行这种形式,当债务人不履行债务时,保证人突然丧失履行能力或者有履行能力但不愿替代履行的,他并非就不再承担保证责任,而是向债权人赔偿损失。易言之,保证责任的形式发生了转变,由替代履行的形式转变成赔偿损失的形式。

综上所述,以上五点是本书认为保证合同应该约定的内容。当然,《担保法》第15条第1款也对保证合同的内容作出了规定,本书的观点有所差异。第一,它没有规定"保证责任的方式",这明显不妥。第二,它规定了"债务人履行债务的期限",也不妥当。该条款只能由主债权债务人约定,与保证无涉;即使保证人和债权人进行约定,也只能是将别人已经约定好的期限拿过来,这不是真正的约定。

例题: 甲向乙借款5万元,乙要求甲提供担保,甲分别找到友人丙、丁、戊、己,他们各自作出以下表示,其中哪些构成保证?(2008年司法考试第三卷第53题)

A. 丙在甲向乙出具的借据上签署"保证人丙"
B. 丁向乙出具字据称"如甲到期不向乙还款,本人愿代还3万元"
C. 戊向乙出具字据称"如甲到期不向乙还款,由本人负责"
D. 己向乙出具字据称"如甲到期不向乙还款,由本人以某处私房抵债"

解析: 本题考点是保证的认定。《担保法》第6条规定:"本法所称保证,是指保证人和债权人约定,当债务人不履行债务时,保证人按照约定履行债务或者承担责任的行为。"《担保法司法解释》第22条规定:"第三人单方以书面形式向债权人出具担保书,债权人接受且未提出异议的,保证合同成立。主合同中虽然没

---

① 参见李国光等:《〈关于适用《中华人民共和国担保法》若干问题的解释〉理解与适用》,吉林人民出版社2000年版,第92页。

有保证条款，但是，保证人在主合同上以保证人的身份签字或者盖章的，保证合同成立。"本案中，丙、丁、戊的意思表示都构成保证；而己作出的担保意思表示是物保（抵押），不是保证。由此可见，本题应当选 A、B、C。

例题： 甲公司与乙公司签订 10 万元建材买卖合同后，乙交付建材，甲公司未付建材款。甲公司将该建材用于丙公司办公楼装修，丙公司需向甲公司支付 15 万元装修款，其中 5 万元已经支付完毕。丙公司给乙公司出具《担保函》："本公司同意以欠甲公司的 10 万元装修款担保甲公司欠乙公司的 10 万元建材款。"乙公司对此并无异议。后，甲公司对乙公司的债务、丙公司对甲公司的债务均届期未偿，且甲公司怠于向丙公司主张债权。下列哪些表述是正确的？（2011 年司法考试第三卷第 59 题）

A. 乙公司对丙公司享有应收账款质权
B. 丙公司应对乙公司承担保证责任
C. 乙公司可以对丙公司提起代位权诉讼
D. 乙公司可以要求并存债务承担人丙公司清偿债务

解析： 本题考点是保证的意思表示。《物权法》第 228 条第 1 款规定："以应收账款出质的，当事人应当订立书面合同。质权自信贷征信机构办理出质登记时设立。"本题中，乙、丙公司并未向信贷征信机构办理应收账款的出质登记，乙公司对丙公司不享有应收账款质权；所以 A 错误。

丙公司给乙公司出具《担保函》，有提供担保的意思表示，那它到底是什么类型的担保呢？肯定不是抵押、动产质押、定金，可能的担保方式是保证和应收账款债权质押。① 由于丙公司欠甲公司 10 万元装修款而非对甲公司享有 10 万元装修款债权，这不是应收账款，所以不是应收账款债权质押。那么，丙所提供的担保就是保证；所以 B 正确。

《合同法》第 73 条第 1 款规定："因债务人怠于行使其到期债权，对债权人造成损害的，债权人可以向人民法院请求以自己的名义代位行使债务人的债权，但该债权专属于债务人自身的除外。"本题中，甲公司欠乙公司 10 万元货款，丙公司欠甲公司 10 万元装修款；两项债务均届期未偿，且甲公司怠于向丙公司主张债权，损害了乙公司的利益，乙公司可以对丙公司提起代位权诉讼；所以 C 正确。

如前所述，丙公司向乙公司出具保函的行为是担保，而不是债务承担，丙公司不是并存的债务承担人；所以 D 错误。

由此可见，本题应当选 B、C。

---

① 关于抵押、动产质押、定金、应收账款债权质押的详细介绍参见本书第四章、第五章第二节、第七章、第五章第三节第五部分。

三、保证合同的形式

保证合同应当采用书面形式,《担保法》第 13 条已经作出了规定；该书面形式既可以是单独订立的书面合同,也可以是主合同中的保证条款。但是,生活实践中也有一些特殊情况：第一种情况是第三人单方以书面形式向债权人出具担保书,债权人接受且未提出异议的。在这种情况下,尽管债权人没有明确作出意思表示,但是他的接受行为可以推定他有同意的意思表示。由于保证合同是单务合同,这样的推定往往也不会损害债权人的利益,所以,这种推定并无不妥。①《担保法司法解释》第 22 条第 1 款对此作出了规定。

本书认为,不仅保证合同,其他约定担保合同(比如抵押合同、质押合同)也是如此。只要担保书中有主债权和担保物,基于上述原因,就应该认定抵押合同、质押合同成立——定金合同因为没有第三人,所以不行。

第二种情况是主合同中虽然没有保证条款,但保证人在主合同上以保证人的身份签字或者盖章的。在这种情况下,保证人以保证人的身份签字或者盖章,表明了他愿意担当主债权的保证人；而债权人允许他在主合同上签字或者盖章,表明了他接受该人作为主债权的保证人。因此,这种情形应认定保证合同成立。《担保法司法解释》第 22 条第 2 款对此也作出了规定。

例题：甲乙双方拟订的借款合同约定：甲向乙借款 11 万元,借款期限为 1 年。乙在签字之前,要求甲为借款合同提供担保。丙应甲要求同意担保,并在借款合同保证人一栏签字,保证期间为 1 年。甲将有担保签字的借款合同交给乙。乙要求从 11 万元中预先扣除 1 万元利息,同时将借款期限和保证期间均延长为 2 年。甲应允,双方签字,乙依约将 10 万元交付给甲。下列哪一表述是正确的？(2011 年司法考试第三卷第 11 题)

A. 丙的保证期间为 1 年
B. 丙无须承担保证责任
C. 丙应承担连带保证责任
D. 丙应对 10 万元本息承担保证责任

解析：本题考点是保证合同的形式。《担保法司法解释》第 22 条第 2 款规定："主合同中虽然没有保证条款,但是,保证人在主合同上以保证人的身份签字

---

① 有学者指出,《民通意见》第 66 条后段规定："不作为的默示只有在法律有规定或者当事人双方有约定的情况下,才可以视为意思表示。"所以,债权人的沉默不能被视为接受保证的意思表示,因此,《担保法司法解释》第 22 条第 1 款推定并不妥当。参见程啸：《保证合同研究》,法律出版社 2006 年版,第 69—75 页。笔者认为,该观点可能有误。债权人无异议的接受行为是一个积极行为,而非不作为；更何况,即使作出了这样的推定并不会损害债权人的利益,反而能促进交易；所以,这样的推定并无不当。

或者盖章的,保证合同成立。"本题中,保证人丙虽然在第一份主合同中以保证人的身份签字了,但是该签字是在债权人乙签字之前进行的,后来债权人乙并没有在此份合同书上签字或盖章,该份主合同及保证合同最终没有成立。后来甲、乙经过协商改变了原来约定的主合同内容,同时将借款期限和保证期间作了延长,但没有再次让丙在主合同上以保证人的身份签字或盖章,因此,对于新约定的内容,丙不承担保证责任。由此可见,本题应当选B。

本书认为,这种情况不能适用到其他约定担保合同(比如抵押合同、质押合同)上;因为即使第三人以抵押人、质押人的身份在主合同上签字或者盖章,由于欠缺抵押物、质押物这个必备条款,抵押合同、质押合同不能成立。

《担保法司法解释》第22条规定了上述两种情况,但遗憾的是仅仅是保证,在物的担保中没有规定。其制定者也意识到这个不足,所以,他们在解释本条时认为:"以上几种保证合同成立的形式,原则上也适用其他如抵押合同、质押合同等。"①

第三节 保证的效力

保证合同生效后,保证人享有一定的权利、负担一定的义务,保证权人也享有一定的权利、负担一定的义务,并且保证权人的权利就是保证人的义务。因此,接下来本书只论述保证人的权利义务。此外,保证合同生效后,主合同的变更、移转会对保证人的保证责任产生影响,有论述之必要。

一、保证人的义务

保证合同生效就自然给保证人课加了义务,保证人应该对债权人负担保证义务。当然,该义务是隐而不现的,暂时不需要履行;如果主债务人在履行期限届满时向债权人完全清偿,该义务消灭;如果主债务人在履行期限届满时未向债权人完全清偿,该义务就要履行。具体来说,在一般保证中,由于保证人享有先诉抗辩权,只有在债权人经过仲裁或诉讼后的强制执行未果的,保证人才开始承担保证义务;在连带保证中,只要在履行期限届满时主债权没有完全实现,保证人就开始承担保证义务。

当然,不管是一般保证还是连带保证,在保证人的义务履行期限到了并且债权人要求保证人履行保证义务后仍然不履行的情形下,其保证义务转化为保证

---

① 参见李国光等:《〈关于适用《中华人民共和国担保法》若干问题的解释〉理解与适用》,吉林人民出版社2000年版,第120页。该认识一定程度上弥补了《担保法司法解释》第22条的不足,但是没有注意到第二种情况并不能适用抵押合同、质押合同。

责任。这样才符合民法的"合同生效→债(义)务→责任"逻辑,如前所述,我国理论界和实务界都习惯从保证合同生效后就将保证人的义务称为保证责任,将保证债务与保证责任视为相同。① 本书从之。

二、保证人的权利

保证合同是单务合同,因此,在保证合同生效后,保证人对债权人并无任何积极的权利;但是,作为被请求的对象,保证人对债权人享有消极的抗辩权。此外,保证人对债务人也享有追偿权。

(一) 对债权人的权利

1. 保证合同的债务人享有的抗辩权

保证合同生效后,作为债务人的保证人向作为债权人的主债权人负担了保证之债。作为千万个普通债务中的一个,保证之债的保证人也和其他千万普通债务中债务人一样享有债务人的抗辩权。比如保证合同无效抗辩权、保证合同被撤销抗辩权、保证责任已经消灭抗辩权、保证债务过了诉讼时效抗辩权、保证债务过了保证期间抗辩权、保证债务履行期限抗辩权,等等。

2. 主债务人享有的抗辩权

保证具有从属性,保证债务也就从属于主债务,因此,主债权债务合同中债务人享有的抗辩权,就能延伸到保证人身上。即保证人享有主债务人对于主债权人享有的抗辩权。关于这点,《担保法》第20条第1款前段作出了规定。

在主债权债务关系中,债务人享有的抗辩权可能包括主合同无效抗辩权、主合同被撤销抗辩权、主债务已经消灭抗辩权、主债务过了诉讼时效抗辩权、主债务履行期限抗辩权、先履行抗辩权、同时履行抗辩权、不安抗辩权,等等。

尽管这些抗辩权来源于主债务人,但保证人一旦享有就独立于主债务人,由保证人独立行使。其独立性体现在两个方面:第一,是保证人以自己的名义行使,而不是以主债务人的名义行使。② 第二,是它并不会受到主债务人行为的影响。即使主债务人对债权人放弃了抗辩权,保证人的抗辩权并不随之消灭,仍然存在。关于这点,《担保法》第20条第1款后段作出了规定。

不论是在一般保证还是连带保证中,保证人都享有主债务人原本享有的抗辩权。

3. 保证人特别享有的抗辩权

基于保证这种特殊的法律关系,保证人对债权人享有的抗辩权是先诉抗辩

---

① 有学者整理了三种原因,其详细论述参见李明发:《保证责任研究》,法律出版社2006年版,第13页。

② 参见毛亚敏:《担保法论》,中国法制出版社1997年版,第80页;高圣平:《担保法论》,法律出版社2009年版,第151页。

权。关于先诉抗辩权，由于前文已经详细阐述，此处就不再赘述。需要强调的是仅仅一般保证中的保证人享有，连带保证中的保证人并不享有该抗辩权。

4. 保证人享有的抵销权

除了主合同关系，双方当事人还可能存在其他民事法律关系，主债务人对主债权人还可能享有抵销权。如果债务人对债权人享有抵销权，并且债务人没有行使该权利时，保证人可以向债权人行使该抵销权。因为如果保证人不享有这种抵销权，那就意味着保证人先要向债权人履行保证责任，然后保证人再向债务人追偿，债务人再向债权人主张债权；如此一来，不仅徒增交易成本，而且使得先承担保证责任的保证人承担日后向债务人追偿不能的风险。

（二）对债务人的权利

因为保证合同是无偿合同，保证人只对债权人负有义务而不享有权利，这种利益上的不均衡只能从保证人与债务人之间的基础关系上加以矫正；如果当事人没有在基础关系中约定利益不均衡的矫正措施，法律就会对此加以矫正，赋予保证人追偿权。这就是保证人对债务人享有的权利。

1. 追偿权的含义

追偿权是指保证人向债权人承担保证责任后，向债务人主张返还自己已为给付的权利。因为保证人向债权人承担保证责任而失去了一部分利益，他将该部分利益向债务人主张返还的权利就是追偿权。《担保法》第31条对保证人的该权利作出了规定。

保证人向债权人承担保证责任的，一方面使自己丧失了既有利益，另一方面使债务人的债务全部或者部分消灭，债务人因此而受益。所以，受损的保证人自然有权向受益的债务人主张追偿，从而恢复他们之间失衡的利益。

当然，保证人与债务人之间的基础关系有委托、无因管理和赠与三种；在赠与的情况下，保证人自愿使债务人受益，他对债务人就不享有追偿权。

2. 追偿权的成立条件

保证人的追偿权成立条件有三：

第一，保证人无过错地向债权人承担了保证责任。保证人要想向主债务人追偿，必须要自己向债权人承担了保证责任，使自己受损；这是追偿权的基础，否则凭什么向主债务人追偿？此外，保证人向债权人承担保证责任还要没有过错，如果他承担担保责任本身有过错，也不能向主债务人追偿。

第二，主债务人的债务消灭。不管保证人向债权人采取何种形式承担保证责任，一定要使主债务人的债务消灭，即主债务人无须再向债权人履行。如果保证人承担保证责任后，并没有使主债务人免责，那么主债务人就没有受益，保证人也无权向主债务人追偿。如前所述，这里的免责可以是全部免责，也可以是部分免责。

第三,保证人的责任承担与主债务人的债务消灭之间有因果关系。保证人承担保证责任后没有及时通知主债务人,主债务人又向债权人履行;此时保证人承担保证责任使自己受损,主债务人也因为自己的履行免责了,但是两者并不具有因果关系,保证人不能向主债务人追偿。所以,必须是保证人的责任承担使主债务人的债务消灭,这样才能追偿。

3. 追偿权的范围

保证人与债务人之间的基础关系不同,保证人追偿权的范围也不相同。

(1) 基础关系为委托时的追偿权范围

如果双方当事人事先已经就追偿权的范围作出了约定,则尊重当事人的意思自治,按照约定的范围进行追偿。

如果双方当事人事先没有就追偿权的范围作出约定,追偿的范围就包括向债权人清偿的本金、自清偿之日起的利息、承担保证责任所需费用和承担保证责任中非归因于自己的事由受到的损害。因为这几项费用都是保证人承担保证责任而遭受的损失,都应该向债务人追偿。

(2) 基础关系为无因管理时的追偿权范围

如果保证人未受债务人的委托而为了债务人的利益向债权人提供保证的,则构成无因管理(比如甲向乙借款 10 万元,没有担保;甲的父亲丙知悉后找到乙,表示愿意对儿子的 10 万元债务提供保证,乙同意);当保证人承担保证责任后,保证人有权依据无因管理法律规定向债务人追偿。当保证人承担保证责任的行为不违反债务人意思时,保证人可以追偿的范围包括向债权人清偿的本金、自清偿之日起的利息、清偿所需费用和清偿中所受损害[①];当保证人的行为违反债务人意思时,保证人只能在债务人受益的范围内追偿。

不论基础关系是委托还是无因管理,保证人对于自己承担保证责任没有过错时才能对债务人享有追偿权,易言之,保证人对有过错的部分不享有追偿权。因此,《担保法司法解释》第 43 条规定:"保证人自行履行保证责任时,其实际清偿额大于主债权范围的,保证人只能在主债权范围内对债务人行使追偿权。"

例题:甲公司从乙公司采购 10 袋菊花茶,约定:"在乙公司交付菊花茶后,甲公司应付货款 10 万元。"丙公司提供担保函:"若甲公司不依约付款,则由丙公司代为支付。"乙公司交付的菊花茶中有 2 袋经过硫黄熏蒸,无法饮用,价值 2 万

[①] 一些学者在论述无因管理下的追偿范围都不包括保证人清偿中所受损害。参见高圣平:《担保法论》,法律出版社 2009 年版,第 161 页;郭明瑞:《担保法》,法律出版社 2010 年版,第 47—48 页;叶金强:《担保法原理》,科学出版社 2002 年版,第 71 页。笔者认为,既然无因管理中被管理人的义务包括偿还管理人所支出必要费用、清偿因管理所发生的债务、赔偿管理人因管理所受损失,那么,保证人清偿中所受损害属于第三类,应该属于追偿的范围。

元。乙公司要求甲公司付款未果,便要求丙公司付款10万元。下列哪些表述是正确的?(2011年司法考试第三卷第54题)

A. 如丙公司知情并向乙公司付款10万元,则丙公司只能向甲公司追偿8万元

B. 如丙公司不知情并向乙公司付款10万元,则乙公司会构成不当得利

C. 如甲公司付款债务诉讼时效已过,丙公司仍向乙公司付款8万元,则丙公司不得向甲公司追偿

D. 如丙公司放弃对乙公司享有的先诉抗辩权,仍向乙公司付款8万元,则丙公司不得向甲公司追偿

解析:本题考点是保证人的追偿权。《担保法司法解释》第43条规定:"保证人自行履行保证责任时,其实际清偿额大于主债权范围的,保证人只能在主债权范围内对债务人行使追偿权。"本题中,乙交付的标的物存在瑕疵,甲公司对乙公司交付的价值2万元的"硫黄熏蒸菊花茶"享有抗辩权,即对该部分价款可以不予支付。丙公司在知情的情况下向乙公司付款10万元,其实际清偿额大于主债权的范围,丙公司只能在主债权范围内(8万元)对甲公司行使追偿权;所以A正确。

此外,乙交付的标的物存在瑕疵,甲公司对乙公司交付的价值2万元的"硫黄熏蒸菊花茶"享有抗辩权,即对该部分价款可以不予支付。丙公司在不知情的情况下向乙公司支付了该2万元价款的,乙公司会构成不当得利;所以B正确。

《担保法司法解释》第35条规定:"保证人对已经超过诉讼时效期间的债务承担保证责任或者提供保证的,又以超过诉讼时效为由抗辩的,人民法院不予支持。"本题中,若甲公司付款债务诉讼时效已过,丙公司享有甲公司的诉讼时效抗辩权,其未主张诉讼时效抗辩权,承担保证责任后向甲公司行使追偿权的,人民法院不予支持;所以C正确。

若丙公司放弃对乙公司享有的先诉抗辩权,仍向乙公司付款8万元的,甲公司因此而受益,丙公司有权向甲公司追偿;所以D错误。

由此可见,本题应当选A、B、C。

4. 追偿权的预先行使

前文已述,保证人只能在自己向债权人承担保证责任之后才能向主债务人追偿,这是一般情况。在特殊情况下,保证人可以预先行使追偿权,这就是追偿权的预先行使。所谓追偿权的预先行使是指保证人在履行保证责任之前,因法定事由的出现而向主债务人行使追偿权。

保证人在履行保证责任之前自己并未受损、债务人也未受益,保证人此时行使追偿权有违常理,其正当性是因为法定事由的出现。所谓的法定事由就是《担

保法》第32条规定的主债务人破产时债权人未申报破产债权。主债务人破产后,其财产会通过破产程序被全体债权人分光,如果债权人不申报破产债权,保证人日后向债权人承担保证责任后,将面临无财产可追偿的不利境地。所以,法律允许保证人预先行使追偿权(即申报债权、参加到主债务人的财产分配中去),避免日后蛋打鸡飞的局面。①

如果主债务人破产,债权人自然有权申报债权、参加到主债务人的财产分配中去;同时基于保证合同,他还可以向保证人主张权利。当然,债权人如果选择向保证人主张权利,他就负有通知不知情的保证人的义务,因为这样才能保障保证人的权利。如果债权人没有履行这个义务致使保证人不能预先行使追偿权,债权人就要为自己的不当行为埋单,即保证人在该债权在破产程序中可能受偿的范围内的保证责任被免除。《担保法司法解释》第44条第1款和第45条对此作出了规定。

如前所述,如果主债务人破产,债权人有权申报债权;一旦债权人申报了破产债权,那么保证人就不能再申报了(否则就同一债权就有两个债权人了),自然也就丧失了预先行使追偿权的权利。与此同时,对保证人有利的是,其仅就主债权在破产程序中未受清偿部分承担保证责任②,而非全部债权。

5. 追偿权与代位权

很多著述在论及保证人权利时,除了追偿权还提到了代位权。他们认为,代位权是指保证人向债权人承担保证责任后,取代债权人的地位而向主债务人行使权利的权利。代位权本质上是债的法定移转,从债权人移转到保证人,没有改变债的性质,债的同一性不变。③

本书认为,代位权仅是追偿权的一个程序性外壳,具体内容上和追偿权一样,都是让保证人从债权人那里失去的利益从主债务人处获得补偿。所以,代位权也就没有存在的意义——也正是这个原因,本书将《担保法》第31条认定为追偿权而非代位权的规定。④

---

① 最高人民法院2002年7月30日颁布的《关于审理企业破产案件若干问题的规定》第55条第1款第9项也规定,债务人的保证人按照《中华人民共和国担保法》第32条的规定预先行使追偿权而申报的债权属于破产债权。

② 根据《担保法司法解释》第44条第2款后段,这种情况下债权人要求保证人承担保证责任的,应当在破产程序终结后6个月内提出。从时间方面来说,这是对债权人的限制,对保证人也是有利的。

③ 参见叶金强:《担保法原理》,科学出版社2002年版,第71—72页;郭明瑞:《担保法》,法律出版社2010年版,第49页;孙鹏、肖厚国:《担保法律制度研究》,法律出版社1998年版,第59页。

④ 当然,对于该条有人认为是关于代位权的规定,其中就包括《担保法》的立法者。《担保法》的立法者认为,"本条是关于保证人承担保证责任后,代位债权人享有对债务人债权的规定"。参见全国人大常委会法制工作委员会民法室编著:《中华人民共和国担保法释义》,法律出版社1995年版,第42页。但是,学界大都认为该条是追偿权的规定。

三、主合同的变更、移转与保证责任

保证合同生效后,主合同可能会发生订立合同时未预料到的变化进而变更、移转,这也会对保证合同造成一些影响;由于保证合同的单务性,受到影响的其实就是保证人的保证责任。

(一)主合同的变更与保证责任

广义的合同变更既包括合同内容的变更,也包括合同主体的变更;狭义的合同变更仅指合同内容的变更。本书采狭义的理解。

1. 真变更与保证责任

合同生效后经当事人协商一致的,自然可以变更,即使有保证的主合同也不例外;但是,有了保证的主合同的效力对保证人有影响,所以,主合同在变更时要受到一定的限制。所谓的限制就是主合同的变更应当取得保证人的同意。保证人并非主合同的当事人,为什么主合同的变更要经过保证人的同意呢?原因很简单,因为保证人是针对特定主债权提供保证,在为债权人提供保证之前经过"成本—收益"分析;而主合同的内容一旦发生变化,保证人的预期就会被打破,这对保证人不公平。此外,主债权债务合同与保证合同是主从关系,保证合同从属于主合同,主合同的内容变更会直接导致保证合同内容随之变化,也就影响到保证人的利益;既然主合同的变更影响到保证人的利益,特别给保证人带去不利影响,自然要经过保证人的同意。

当然,合同的变更分为实质性变更(对合同数量、价款、币种、利率等重要事项进行变更)和非实质性变更(对合同一般项进行变更),前者往往会对当事人的主要权利义务造成影响,而后者不会对当事人的主要权利义务造成影响。既然非实质性变更对主合同当事人的主要权利义务不会造成影响,保证人也不会受到影响;所以,"主合同的变更应当取得保证人的同意"中的变更仅仅指主合同的实质性变更。

然而,如果主合同的当事人没有经过保证人的同意就变更了主合同,那么会产生什么样的法律后果呢?

主合同的变更引起保证合同的变更,对保证人的影响无非有两种情况:第一是加重了保证人的责任,对保证人不利,比如延长履行期限、增加标的物数量等;第二是减轻了保证人的责任,对保证人有利,比如减少价款、减少标的物数量等。①

---

① 从逻辑的周延性来看,还应该有第三种情况,即变更对保证人没有影响。此时保证人的责任和变更前的一样,如延长履行期限的同时减少标的物的数量,二者给保证人带去的正负影响正好抵销。只是,这种情况在现实中几乎很难出现,所以,本书就忽略了这种情况。

前文已述，主合同变更之所以要经过保证人的同意，是为了避免主合同变更给保证人带去不利影响；所以，主合同当事人没有经过保证人的同意而变更合同且给保证人带去不利影响的，这种变更对保证人就不能发生效力，否则对其不公平。这就意味着，保证人还在原来的保证范围内继续承担责任，对加重部分并不承担责任。

基于同样的理由，如果主合同变更对保证人有利的，虽然没有经过保证人的同意，但并不会损害保证人的利益；所以，这种变更有效，基于保证的从属性，保证人对变更后的合同承担保证责任。

《担保法》第24条也要求主合同当事人变更合同应当经过保证人同意，并且这种同意是书面的，因为书面的形式较口头形式更加严肃，有利于保证人慎重考虑。但是，主合同当事人没有经过保证人书面同意就变更的，《担保法》第24条没有区分这种变更是否对保证人有利而直接赋予"不再承担保证责任"的法律后果；可喜的是《担保法司法解释》第30条第1款就区别对待，殊值赞同。①

另外，由于主债务的履行期限比较特殊，不论是延长还是缩短，都会影响到保证期间，都会损害到保证人的利益，所以，没有经过保证人书面同意主合同当事人就变更履行期限的，该变更对保证人不发生效力，保证人的保证期间为原来的期间。关于这点，《担保法司法解释》第30条第2款也作出了规定。

例题：甲公司与乙公司达成还款计划书，约定在2012年7月30日归还100万元，8月30日归还200万元，9月30日归还300万元。丙公司对三笔还款提供保证，未约定保证方式和保证期间。后甲公司同意乙公司将三笔还款均顺延3个月，丙公司对此不知情。乙公司一直未还款，甲公司仅于2013年3月15日要求丙公司承担保证责任。关于丙公司保证责任，下列哪一表述是正确的？（2014年司法考试第三卷第10题）

  A. 丙公司保证担保的主债权为300万元
  B. 丙公司保证担保的主债权为500万元
  C. 丙公司保证担保的主债权为600万元
  D. 因延长还款期限未经保证人同意，丙公司不再承担保证责任

解析：本题考点是主合同的变更与保证责任。《担保法》第26条第1款规定："连带责任保证的保证人与债权人未约定保证期间的，债权人有权自主债务履行期届满之日起六个月内要求保证人承担保证责任。"本题中，乙丙之间并未

---

① 令人不解的是，《担保法司法解释》的制定者认为，合同的变更要区分根本上的变更和非根本上的变更；如果是前者，不论是否有利于保证人都必须经过保证人的同意。其详细论述参见李国光等：《关于适用〈中华人民共和国担保法〉若干问题的解释》理解与适用》，吉林人民出版社2000年版，第139页。

约定保证期间,那么保证期间为主债务履行期届满之日起6个月。另外,《担保法司法解释》第30条第2款规定:"债权人与债务人对主合同履行期限作了变动,未经保证人书面同意的,保证期间为原合同约定的或者法律规定的期间。"本题中,甲公司与乙公司将主合同履行期限顺延了3个月,但未征得保证人丙公司的同意,因此,三笔债务的保证期间仍为原来的保证期间;所以D错误。

易言之,第一笔应于2012年7月30日归还的100万元,保证期间于2013年1月底届满;第二笔应于2012年8月30日归还的200万元,保证期间于2013年2月底届满;第三笔应于2012年9月30日归还的300万元,保证期间于2013年3月底届满。甲公司于2013年3月15日才向丙公司主张保证责任,此时对于前两笔债务来讲,已经过了保证期间,保证人已免除了保证责任,因此,此时丙公司只需为最后一笔300万元承担保证责任;所以A正确,B、C错误。

由此可见,本题应当选A。

2. 假变更与保证责任

司法实践中还有这样的情况:主合同当事人协议变更了合同的内容,但是变更后的内容当事人并未实际履行。本书称之为"假变更"。对于这种情况,《担保法司法解释》第30条第3款认为"未发生变更后的实际法律效果"[①],因此,"保证人仍然应当承担保证责任"。

这样的规定让人费解!合同变更后,变更后的合同自然产生拘束力,当事人应该按照变更后的合同履行(否则就构成了违约),保证人也根据上述规则来承担保证责任。而按照《担保法司法解释》第30条第3款的规定,保证人仍然承担变更前的保证责任[②],那么就意味着主合同的变更相当于没有变更;如此一来,不仅主合同当事人的意思自治没有得到尊重,而且《担保法司法解释》第30条第1款和第2款的规定也沦为具文。

有学者猜测:"该规定的真实目的在于避免保证人在保证责任并未因主合同当事人实际履行变更后的合同而确实被加重的情形下,就以主合同变更为由而推卸保证责任。"[③]本书认为,这样的辩解并没有说服力。根据上述主合同变更规则,保证人的责任是不会被加重的,他要么按照原来的范围承担保证责任、要么按照减轻后的范围承担责任,并没有理由推卸自己的保证责任。

所以,本书建议删去该款规定。

[①] 李国光等:《〈关于适用《中华人民共和国担保法》若干问题的解释〉理解与适用》,吉林人民出版社2000年版,第139页。

[②] 《担保法司法解释》第30条第3款中的"保证人仍应当承担保证责任"到底如何解释?笔者认为,"保证人承担变更前的保证责任"应该是最好的解释了。

[③] 程啸:《保证合同研究》,法律出版社2006年版,第351页。

(二) 主债权转让与保证责任

主债权与保证权是主从关系,因此,当主债权转让时,保证权也随之转让;如此一来,主债权的转让就不可避免地涉及保证人的利益。由于保证人对债权人享有抗辩权,并且这些抗辩权不会因为债权的转让而消灭,所以,主债权的转让并不会给保证人造成不利影响,不会损害到保证人的利益。如此一来,主合同的当事人可以自行转让债权,无须经过保证人的同意;债权转让后,保证人仍继续承担原来的保证责任。

但是,如果双方当事人在保证合同中已经约定仅仅对该债权人承担保证责任或者禁止主债权转让的,那么债权人就要受到该意思自治的约束。"受到该意思自治的约束"并不意味着债权人不能转让主债权,债权人仍然可以将自己的债权转让给他人,只是这种行为违反了保证合同的约定,是对保证人的违约;其后果就是保证人不再承担保证责任。《担保法》第22条和《担保法司法解释》第28条对此作出了规定,殊值赞同。

例题:甲向乙借款300万元,于2008年12月30日到期,丁提供保证担保,丁仅对乙承担保证责任。后乙从甲处购买价值50万元的货物,双方约定2009年1月1日付款。2008年10月1日,乙将债权让与丙,并于同月15日通知甲,但未告知丁。对此,下列哪些选项是正确的?(2010年司法考试第三卷第57题)

A. 2008年10月1日债权让与在乙丙之间生效
B. 2008年10月15日债权让与对甲生效
C. 2008年10月15日甲可向丙主张抵销50万元
D. 2008年10月15日后丁的保证债务继续有效

解析:本题考点是主债权的转让与保证责任。《合同法》第80条第1款规定:"债权人转让权利的,应当通知债务人。未经通知,该转让对债务人不发生效力。"本题中,2008年10月1日,乙将债权让与丙,自然2008年10月1日债权让与在乙丙之间生效;所以A正确。该债权人于10月15日通知甲,自然2008年10月15日债权让与对甲生效;所以B正确。

《合同法》第83条规定:"债务人接到债权转让通知时,债务人对让与人享有债权,并且债务人的债权先于转让的债权到期或者同时到期的,债务人可以向受让人主张抵销。"本题中,2008年10月15日债务人甲对乙的债权并未到期,他不能向乙主张抵销50万元,更不能向丙主张抵销50万元;所以C错误。

《担保法司法解释》第28条规定:"保证期间,债权人依法将主债权转让给第三人的,保证债权同时转让,保证人在原保证担保的范围内对受让人承担保证责任。但是保证人与债权人事先约定仅对特定的债权人承担保证责任或者禁止债权转让的,保证人不再承担保证责任。"本题中,保证合同约定丁仅对乙承担保证责任,符合《担保法司法解释》第 28 条的但书规定,乙将债权转让给丙,丁就不再承担保证责任;所以 D 错误。

由此可见,本题应当选 A、B。

(三) 主债务承担与保证责任

前文已述,债权人之所以接受保证人提供的保证,是对保证人的信任,体现了人的信用;而保证人之所以愿意为债务人的债务提供保证,是源于他对债务人的信任——这里的信任既包括对债务人经济实力的信任,也包括对债务人信誉的信任。而主债务承担就意味着主债务人变成了另外一个人,保证人之前的信任基础不复存在;这时让保证人为新的债务人提供保证,就违背了保证人的意愿,对保证人不公平。所以,主债务人转让债务的,应当取得保证人的同意,否则,保证人就不再承担保证责任。并且这种同意是书面的,因为书面的形式较口头形式更加严肃,有利于保证人慎重考虑。

当然,上边的分析仅指免责的债务承担,除此之外还有并存的债务承担,即债务人转让部分而非全部债务。对于转让的那部分债务,也要遵循上述规则,经过保证人的同意,否则,对于该部分债务,保证人仍然不承担保证责任;对于未转让部分,保证人还要承担保证责任,自不待言。

《担保法》第 24 条仅仅规定了免责的债务承担,《担保法司法解释》第 29 条加上了并存的债务承担,值得肯定。

(四) 主债权债务概括移转与保证责任

债权债务概括移转一般基于当事人约定和法律规定两种情形而发生,而这两种情形下对保证人的影响不同,有分别论述之必要。

1. 约定的概括移转与保证责任

约定的概括移转既可能发生在主债权人身上,也可能发生在主债务人身上。

如果债权人将自己的债权债务概括移转给他人,由于债权人对债务人所负的债务并不为保证人所担保,对于保证人来说,这其实就是债权转让;因此,如果保证合同没有特别约定,无须经过保证人的同意——当然,债权转让后,保证人仍继续承担原来的保证责任。

如果债务人将自己的债权债务概括移转给他人,情况就大不一样。因为债权债务概括移转就包括债务的承担,自然需要保证人的同意,否则,保证人对未同意部分不再承担保证责任。

2. 法定的概括移转与保证责任

债权债务因为法定原因而概括移转,其原因通常有两个:企业合并和企业分立。如果保证人与债权人在保证合同中事先就债权债务的概括移转进行了约定,则按照当事人的约定来处理;如果当事人没有约定的,则按照下面的规则来处理。

(1) 企业合并与保证责任

作为债权人的企业与其他企业合并的,合并行为对保证人并无不利影响;因此合并行为无须经过保证人的同意,保证人仍然承担原来的保证责任。

作为债务人的企业与其他企业合并的,不论是新设合并还是吸收合并,都会使原债务人的财产发生变化。如果使财产增加,那是有利于保证人,无须经过保证人的同意;如果使财产减少[①],则不利于保证人,应当经过保证人的同意。

(2) 企业分立与保证责任

作为债权人的企业分立的,分立行为对保证人并无不利影响,至多是分立后的数个债权人共有一个保证权;因此,无须经过保证人的同意,保证人仍然承担原来的保证责任。

作为债务人的企业分立的,由于分立后的数个企业对之前的债务承担连带责任,保证人向债权人承担保证责任后,可以向分立后的每个企业都主张追偿权,每个企业都有义务满足保证人。如此一来,债务人分立并不会给保证人造成不利影响,也无须经过保证人的同意,保证人仍承担原来的保证责任。

不论是《担保法》还是《担保法司法解释》,都只顾及到债权转让和债务承担对保证责任的影响,而忽略了债权债务概括移转对保证责任的影响,甚为遗憾。

第四节 保证的消灭

保证的消灭又被称为保证责任的消灭、保证债务的消灭,是指基于一定的事由,保证人与债权人之间的保证权利义务不复存在,保证人无须再向债权人承担保证债务或保证责任。

一、保证消灭的原因

保证债务作为债务的一种,通常情况下债的消灭原因也会导致保证的消灭;主债权债务因为履行、抵销、混同、免除等原因消灭的,保证也随之消灭,自不待言。保证作为一种特殊的债务,还有自己独特的消灭原因,主要有以下几种。

[①] 《公司法》第173条规定:"公司合并,应当由合并各方签订合并协议,并编制资产负债表及财产清单。公司应当自作出合并决议之日起十日内通知债权人,并于三十日内在报纸上公告。债权人自接到通知书之日起三十日内,未接到通知书的自公告之日起四十五日内,可以要求公司清偿债务或者提供相应的担保。"该条之所以赋予公司债权人"要求公司清偿债务或者提供相应的担保"的权利,原因就在于公司合并可能会使原公司财产减少。

（一）保证期间届满而债权人未向保证人主张权利

保证期间是对债权人保证权的一个限制，债权人必须在此期间向保证人主张权利；如果保证期间届满债权人仍未采取一定的措施向保证人主张权利，那么，保证人的保证责任就归于消灭。

（二）主债务承担未经保证人书面同意

如前所述，保证人之所以愿意为债务人提供保证，是源于他对债务人的信任，如果主债务发生承担，保证人的信任基础就不复存在。所以，对于未经同意而转让的那部分债务，保证人的保证责任归于消灭。

（三）债权人放弃债务人提供的物保

如果某一债权，既有第三人提供的保证又有债务人提供的物保，那么，债权人在实现担保时，应当先就债务人提供的担保物行使，未清偿部分的债权再向保证人主张保证责任——关于这点，本书第八章第三节第一部分将会详细论述。如果债权人放弃债务人提供的物保，在其放弃的范围内，保证人的保证责任消灭。这已经为《担保法》第28条和《担保法司法解释》第38条第3款所规定。

（四）新贷还旧贷未经保证人同意

新贷还旧贷也被称为借新还旧，是指债权人与债务人在旧的贷款尚未清偿的情况下，再次签订贷款合同，以新贷出的款项清偿部分或者全部旧的贷款。新贷还旧贷并没有使债权人的债权得以真正实现，无非通过订立新的贷款合同变相实现了延长债务履行期限的目的。它主要发生在金融机构与企业之间的贷款活动中，被金融界称为"常青藤贷款"。

其实所谓新贷还旧贷就是金融机构的自欺欺人，目的为了自己账面好看。这种做法尽管有不合理的成分，但是并不违法——目前没有任何法律法规禁止新贷还旧贷，相反2000年9月25日中国人民银行颁布的《不良贷款认定暂行办法》第9条[①]通过四项条件确立了银行业流动资金贷款新贷还旧贷做法的合规性。所以，新贷还旧贷并不是以合法形式掩盖非法目的，至多是以合法形式掩盖非合理目的。

从法律的角度看，新贷还旧贷是主合同债权债务人设立新的内容相同的借贷合同，同时通过履行而消灭原借款合同。既然原来的主债权债务合同消灭，保证人的保证责任自然也随之消灭。有疑问的是，由于前后两个借贷合同具有特殊的关系（可以说，后者为前者的变相体现），保证人是否为新订立的合同债权提供保证。

---

① 该条规定："贷款到期（含展期后到期）后未归还，又重新贷款用于归还部分或全部原贷款的，应依据借款人的实际还款能力认定不良贷款。对同时满足下列四项条件的，应列为正常贷款：（一）借款人生产经营活动正常，能按时支付利息；（二）重新办理了贷款手续；（三）贷款担保有效；（四）属于周转性贷款。"

本书认为,尽管前后两个借贷合同具有特殊的关系,甚至可以把二者在事实上当作一回事,但在法律上后一个贷款合同是一个新的合同,与前一个贷款合同并非同一个合同,二者也不具有同一性;因此,保证人是否为新订立的合同债权提供保证取决于保证人的意志;如果保证人同意,自然为之保证;如果保证人没有同意,则不会为之保证。令人不解的是,《担保法司法解释》第39条要求保证人仍然要对新的贷款合同承担保证责任。对此,《担保法司法解释》制定者说道,"在新贷偿还旧贷的场合下,由于新贷偿还了旧贷,致使原来的贷款合同履行完毕,从而也消灭了保证人对前一贷款合同的保证责任;由其继续承担对后一贷款合同保证责任,也应当是公平的。"①本书认为,这样的理由十分牵强,保证人之所以对后一贷款承担保证责任,是其自由意志的结果,而不是由于什么公平的原因。②

此外,有学者还认为主债权债务承担未经保证人书面同意也是保证的消灭事由。③ 本书对此不敢苟同。主债权债务承担未经保证人书面同意的,法律后果是保证人仍在原保证范围内承担保证责任,保证责任并没有消灭;所以,它不是保证消灭的原因。

二、保证消灭的后果

保证消灭后,保证人与债权人之间的法律关系就归于消灭,不再有任何法律关系,债权人不能再向保证人主张代为清偿或者损害赔偿。

就保证人与债务人之间的法律关系而言,由于保证人并未承担保证责任,他也无权向债务人进行追偿。

思 考 题

1. 作为担保的保证与日常用语中的保证有哪些相同之处?
2. 如果取消保证期间制度将会怎样?
3. 主债权的转让和主债务的承担对于保证人的法律后果为何不同?

---

① 李国光等:《〈关于适用《中华人民共和国担保法》若干问题的解释〉理解与适用》,吉林人民出版社2000年版,第166页。
② 此外,该条第2款的规定也是莫名其妙。前后两个贷款合同肯定是一个保证人,如果是两个保证人,那么新的保证人在了解实情后基于自己的自由意志而提供保证,该保证当然有效;如果新的保证人不了解实情就提供保证,那就可以根据《担保法》第5、30条,《担保法司法解释》第7、10条,还有《合同法》的相关规定来处理。
③ 参见苏号朋主编:《担保法及其司法解释的应用与例解》,中国民主法制出版社2001年版,第135页;毛亚敏:《担保法论》,中国法制出版社1997年版,第113—114页;郭明瑞:《担保法》,法律出版社2010年版,第57页。

4. 两个人对同一债权都提供保证的法律后果是什么？

延伸阅读

1. 程啸:《保证合同研究》,法律出版社 2006 年版。
2. 李明发:《保证责任研究》,法律出版社 2006 年版。
3. 高圣平:《保证合同重点疑点难点问题判解研究》,人民法院出版社 2005 年版。
4. 甄增水:《解释论视野下保证期间制度的反思与重构》,载《法商研究》2010 年第 5 期。

第三章 担保物权总论

> **本章导读**
>
> 担保物权是物的担保,其最重要的效力是在履行期限届满主债权未获完全清偿时担保物权人可以将担保物出售并就变价所得价款优先受偿。担保物权除了具有担保的从属性、补充性和单务性等特征外,还具有不可分性、物上代位性的特征。担保物权能够保障特定债权的完全实现,促进企业融资。担保物权效力所及标的物范围包括担保物、从物、从权利、孳息、代位物。担保物权的取得方式既包括订立担保合同、担保物权的转让等法律行为方式,也包括法律直接规定、继承、善意取得、时效取得等非法律行为方式。
>
> 本章的重点内容包括:担保物权的含义,担保物权的特征,担保物权效力所及的标的物,流质契约的禁止。

第一节 担保物权概述

一、担保物权的含义

担保物权是指为了保障特定债权的完全实现,在债务人或第三人的特定物上设定的,在履行期限届满主债权未获完全清偿时就该物变价所得价款优先受偿的权利。由该定义我们可以知道:

1. 担保物权是以保障特定债权的完全实现为目的的定限物权

物权有完全物权和定限物权之分,定限物权又有用益物权和担保物权之分。前者以对物的使用收益为目的,支配的是物的使用价值;后者用来保障债权的完全实现,支配的是物的交换价值。在物的担保中,担保物权人并非担保物的所有权人,他不能对担保物进行完全的支配,而只能就物的部分权能进行支配,它是一种定限物权。双方当事人之所以设定担保物权,就是来担保特定债权的完全实现;设定担保后,他能够支配的就是物的交换价值——所以,担保物权具有价值性,担保物权是价值权。

2. 担保物权存在于债务人或第三人的特定物上

保证中保证权人的权利存在于第三人的一般责任财产上,而一般责任财产处于变动状态,并不特定,保证权人往往受到影响,其权利实现更多依赖的是保证人的信用。担保物权不同于保证,担保物权的权利存在于债务人或第三人的特定物上,并不变动,担保物权人的利益比较稳固,其权利实现依靠的是该物的交换价值。

担保物权既可以设定于债务人的特定物上,也可以设定于第三人的特定物上,并不局限于债务人。因为担保物权人看中的是该物的交换价值而非该物的所有权人,到时担保物权人只要能把该物出售并从变价所得价款中优先受偿即可,至于谁提供了该物,担保物权人并不关心。

担保物既包括债务人或第三人享有所有权的物,也包括虽不享有所有权但享有处分权的物。把物用作担保属于对物的法律上的处分,只要担保人对该物享有处分权即可,无须必须享有所有权。

需要指出的是,一般情况下担保物权的客体是物,但是,也有部分担保物权的客体并不是物而是权利,比如权利质权。此外,一般情况下担保物权的客体是特定物而非不特定物,但是,也有部分担保物权的客体为不特定物,比如浮动抵押权。它们都比较特殊。

3. 担保物权以优先受偿为主要内容

尽管担保物权的效力有很多体现,内容也很多,但最主要的内容就是在履行期限届满主债权未获完全清偿时担保物权人有权将担保物出售并就变价所得价款优先受偿。这是由担保物权的目的决定的。担保物权的设定以保障特定债权的完全实现为目的,这就决定了如果债务人日后顺利履行债务,担保物权的存在只有象征意义;担保物权真正发挥作用就在债务人不履行自己债务的场合——此时,担保物权人有权将担保物出售,并从变价所得价款中优先受偿。

《民法通则》《担保法》虽然都已经对担保物权进行了规定,但是均没有使用"担保物权"这一术语;《担保法司法解释》开始使用这一术语;《物权法》专设第三编对担保物权进行规定,并在第170条间接规定了其内涵,使得"担保物权"更加名正言顺地成为我国民法中的一个术语。

二、担保物权的特征

担保物权作为物权的一种,自然具有物权的特定性、支配性、排他性、优先性等特征;作为担保的一种,它也具有担保的从属性、补充性和单务性等特征。作为二者的结合,担保物权又有着自己的独特之处,具有不可分性、物上代位性等特征。

(一) 不可分性

1. 含义

担保物权的不可分性是指担保物权设定后,担保物权的效力及于担保物的全部,并不因为担保物、主债权、主债务的分割、转让或部分清偿而受影响。关于担保物权(抵押权)的不可分性,郑玉波先生曾有精辟的概括:"抵押物分,抵押权不分;被担保债权分,抵押权不分。"①

2. 表现

具体说来,担保物权的不可分性表现以下几个方面:

(1) 担保物分,担保物权不分

它是指担保物出现分割、转让、部分灭失等情形的,担保物权的效力不受影响。担保物分割、转让后,担保物权人仍然可以就分割后、转让后的担保物的全部行使担保物权;担保物部分灭失的,担保物的剩余部分仍担保着全部债权的实现,并不会因此按比例缩减担保的债权额。

(2) 主债权分,担保物权不分

它是指主债权出现分割、部分清偿等情形的,担保物权的效力不受影响。主债权分割后,担保物权属于各债权人之准共有,每个债权人可以依其应有部分,与其他债权人对担保物的全部行使担保物权;主债权部分获得清偿后,担保物的全部仍然担保着主债权的剩余部分,并不会因此按比例缩减担保的债权额。

(3) 主债务分,担保物权不分

它是指出现主债务分割、部分承担、部分履行等情形的,担保物权的效力不受影响。债务分割是将一个债务在数个债务人之间进行分割,无论分割后的数个债务人对债权人承担的是按份责任还是连带责任,债权人原有的担保物权继续担保分割后的数个债务。债务部分承担将导致债务人增加,与主债务分割相似,债权人原有的担保物权继续担保分割后的数个债权(务)。债务部分履行的,对于未履行的债权(务),担保物权仍然继续担保其完全实现。

3. 意义

担保物权的不可分性实质是指这种抽象的权利不可分地存在于担保物的全部;内在依据是担保物权的从属性和价值权性;作用在于加强担保物权的效力,避免担保人在担保设定后假借处分担保物而损害担保物权人的权利,使担保权的担保作用不至于因债权债务方面的变化或担保物方面的变化而有所减弱,从而有力地保障担保物权人主债权的实现。②

4. 我国法律规定

关于担保物权的不可分性,《担保法》没有作出规定,《物权法》也没有规定;而《担保法司法解释》第71条、第72条、第96条、第110条作出了规定。

---

① 郑玉波:《论抵押权的不可分性》,载郑玉波主编:《民法物权论文选辑》(下册),台湾五南图书出版公司1984年版,第608—610页。当然,他只提及担保物和主债权,而没有提及主债务。

② 参见杨振山主编:《民商法实务研究》(物权卷),山西经济出版社1994年版,第306页。

（二）物上代位性

1. 含义

担保物权的物上代位性是指在担保物权成立后，担保物因毁损、灭失、征收等致使担保物形态发生变化的，担保物权的效力及于赔偿金、补偿金等担保物的替代物之上；当担保物权实现时，担保物权人可以就赔偿金、补偿金等替代物优先受偿。

当然，担保物权的物上代位性以担保物存在赔偿金、补偿金等替代物为前提；如果担保物毁损、灭失而没有替代物，比如不可抗力，那么担保物权就随着担保物的毁损而毁损、随着担保物的灭失而灭失。

2. 意义

担保物权的物上代位性旨在进一步加强担保物权人对担保物交换价值的控制力，使担保物权不因担保物价值载体的变化而丧失。[①] 担保物权与用益物权不同的是，它支配的并非物的使用价值，而是担保物的交换价值；所以，只要该物毁损、灭失、征收等后有替代物的，尽管其形态发生了变化，但该变化并不影响其交换价值，也就不会影响到担保物权的效力，担保物权的效力自然转移至这些替代物上，否则就会出现"担保物权因为担保物的毁损、灭失、征收而消灭，但担保人却可以保有赔偿金、补偿金"不公平的局面。

3. 我国法律规定

关于担保物权的物上代位性，《担保法》第58条、《担保法司法解释》第80条、《物权法》第174条都作出了规定。和《担保法》第58条相比，《物权法》第174条规定的代位物范围有所扩大，由"因灭失所得的赔偿金"扩大至"获得的保险金、赔偿金或者补偿金"。[②]

需要说明的是，通说认为担保物权的从属性、不可分性、物上代位性是担保物权的三大基本特征，这与本书的观点不同。本书认为，既然担保物权是担保的子概念，而从属性又是担保的特征，那么担保物权具有从属性是理所当然的事情。因此，本书将其从三大特征中排除出去。

三、担保物权的社会作用

作为一项法律制度，担保物权发挥着一定的社会作用，从微观上看是保障特定债权的完全实现，从宏观上看是促进企业融资。

（一）保障特定债权的完全实现

保障特定债权的完全实现是担保的首要功能。前文已述，民事责任制度和

[①] 参见程啸：《物权法·担保物权》，中国法制出版社2005年版，第6页。
[②] 当然，和《担保法司法解释》第80条相比，《物权法》第174条改"征用"为"征收"，表述更加科学。

债的担保因为债务人对一般责任财产的自由处分和债权的平等性这两个原因，都不足以保障特定债权的完全实现；而债的担保则通过增加一般责任财产的范围（人的担保）或赋予对特定财产优先权（物的担保）或丧失一定数额的货币（金钱的担保），可以一定程度上[①]保障特定债权的完全实现。

《担保法》第1条的表述是"保障债权的实现"，因此，通说认为，担保法的功能之一是保障债权的实现。[②] 如前所述，这种观点不够全面；担保是为了保障特定债权的实现，并且是完全实现。所以，本书认为，从微观层面来看，担保法的社会作用是"保障特定债权的完全实现"。

（二）促进企业融资

随着社会的不断发展，经济生活的不断进步，担保物权的另一个作用越发明显：作为社会融资的手段，间接促成社会经济繁荣。就企业而言，其生产经营需要充足的资金，而最常见、最便捷的融资手段就是向金融机构融资。金融机构为了规避风险，往往要求企业提供担保，其中担保物权是金融机构最乐于接受的担保方式。因此，企业融资的最佳手段就是用财产设定担保物权。企业通过设定担保物权的方式从金融机构获得融资后，在融资目的的动力驱使和还债压力的外部约束下，往往都会立即将融资转为投资，购买新设备、原材料、招聘人才等扩大再生产，希望通过经营获得利润，用以清偿金融机构的债务或者再次扩大再生产，甚至再次融资，从而形成融资→扩大再生产→以再生产利润还债或再扩大再生产并再融资→……的良性循环，企业资本因此增加，发展势头逐渐壮大。就金融机构而言，为使得授予融资收回，除了通过担保物权之外，一般都事先充分调查企业的信用，就其融资用途、计划与结构做精密仔细的判断；企业越健全，融资目的越有合理性，就越容易获得金融机构的青睐，日后的清偿能力就越强。健全的企业通过再生产获得利润，主动偿还到期债务，使金融机构的融资流通顺畅，金融利润源源而至。如此一来，企业与金融机构相辅相成，经由担保物权这一融资手段，实现了双赢，社会经济自然也就渐趋发达。[③]

[①] 之所以是"一定程度上"而不是"肯定"，是因为债的担保也有其弱点：在人的担保中，设定担保后保证人仍然可以自由处分自己的一般责任财产；在物的担保中，担保物的价值可以低于主债权或者损害赔偿的数额；在金钱的担保中，定金的数额不能超过主合同标的额的20%。这些都会导致债权不能完全实现。

[②] 笔者认为，这是我国法学教育立法导向主义的一个体现。法学教育的立法导向主义是指在法学教育中，过分依赖法律的规定，而很少对法律立法规定的合理性进行分析和评判。典型者如某个法律一经修订，该法的教科书都会按照修订的结构体例进行修订。这一点在我国法学教育中比较严重，而学术界对此鲜有反思。

[③] 参见孙鹏、王勤劳、范雪飞：《担保物权法原理》，中国人民大学出版社2009年版，第12—13页。

第二节 担保物权的分类

我国法律规定的担保物权有抵押权、质权、留置权,这种分类是最基本的分类。除此之外,根据不同的标准,担保物权还有以下分类。

一、法定担保物权和约定担保物权

根据担保物权发生的原因不同,担保物权可以分为法定担保物权和约定担保物权。法定担保物权是指因符合法律规定的条件而当然发生、无须当事人约定就能产生的担保物权,比如留置权。约定担保物权又被称为意定担保物权,它是指由担保物权人与担保人协商而设立的担保物权,比如抵押权、质押权。前者是法律基于一定的政策考量,直接赋予某些债权人担保物权;后者则是当事人意思自治的体现,需要当事人订立担保合同。

在担保物权的理论与实践中,约定担保物权是常态,法定担保物权是例外,只存在于少数特殊的债的关系中。在《担保法》《担保法司法解释》《物权法》中,法定担保物权只有留置权;其他法律中也有法定担保物权的规定,比如《合同法》第286条的建设工程价款优先受偿权、《海商法》第21条的船舶优先权、《民用航空法》第18条的民用航空器优先权等。

法定担保物权所担保的债权,大多是与担保标的物的占有相关联的债权。它们一般因为就担保物付出劳务、技术或供给材料、保全担保物或增加其价值而发生;如不优先受偿,对债权人不尽公平。所以,为了公平起见,在这些债权上法定地成立担保物权。

二、自物担保物权和他物担保物权

根据担保物与担保人关系的不同,担保物权可以分为自物担保物权和他物担保物权。自物担保物权是指债务人以自己可处分的物设立的担保物权;他物担保物权是指债务人、债权人之外的第三人以自己可处分的物设立的担保物权。

在自物担保物权这种担保中,担保法律关系当事人就是主债权债务关系当事人,担保人是主债务人,担保物权人是主债权人。而在他物担保物权这种担保中,虽然也只有两个当事人,担保物权人仍然是主债权人,担保人却是第三人。

自物担保物权只涉及债权人与债务人两个当事人、两个法律关系,相对比较简单。而他物担保物权表面上只有担保物权人与担保人两个当事人,其实还涉及债务人,涉及的法律关系有三个;因此,法律在进行规制时就不能置债务人于不顾,要科学合理地配置每个当事人之间的权利义务。

三、动产担保物权、不动产担保物权和权利担保物权

根据担保物的不同,担保物权可以分为动产担保物权、不动产担保物权和权利担保物权。动产担保物权是指以动产为担保物的担保物权;不动产担保物权是指以不动产为担保物的担保物权;权利担保物权是指以权利为担保物的担保物权。

民法中的物为有体物,分为动产和不动产;因此,担保物权自然也只有动产担保物权和不动产担保物权两种。然而,随着社会经济生活的发展,担保有了更快的发展,不仅有体物可以用来担保,股权、债权、土地使用权等可转让财产权利也纷纷被用来担保。担保物权的客体,也就突破了有体物的范围,扩展至权利之上,出现了权利担保物权。严格说来,以权利为客体的物权是准物权;但由于权利在担保领域的广泛性和重要性,民法理论与实践不再作如此细致区分,都当作担保物权。

当然,由于标的物的不同,动产担保物权、不动产担保物权和权利担保物权三种物权的公示方法也不相同。动产担保物权的公示方法一般为占有和交付,不动产担保物权的公示方法一般为登记,权利担保物权的公示方法则根据用来担保的权利类型的不同而有所不同。

四、占有担保物权和非占有担保物权

根据担保物的占有是否移的不同,担保物权可以分为占有担保物权和非占有担保物权。占有担保物权是指担保人需要将担保物的占有移转给担保物权人的担保物权,比如质权;非占有担保物权是指担保人无须将担保物的占有移转给担保物权人,仍然由自己占有的担保物权,比如抵押权。

占有担保物权是以担保物权人对担保物的占有为担保物权的成立或存续条件的,担保人丧失对担保物的占有、使用;与此同时,担保物权人只支配担保物的交换价值,并无使用担保物的权利。如此一来,担保物就处于无人使用的闲置状态,这样就限制了担保物使用价值的发挥。而非占有担保物权由于不移转担保物的占有,在担保期间内,担保人仍然可以继续占有、使用、收益担保物,可以充分实现担保物的使用价值,从而物尽其用。这是两者的重大区别。

另外,由于占有担保物权是以担保物权人对担保物的占有为条件的,如果在担保期间内担保物权人丧失了对担保物的占有,就会导致担保物权的消灭。

五、留置型担保物权和优先清偿型担保物权

担保物权的主要法律效力有两项;第一是优先受偿效力。在履行期限届满主债权未获完全清偿时,担保物权人可以将担保物出售,并从变价所得价款中优

先受偿。第二是留置效力。在主债权未获完全清偿前,担保物权人有权扣留担保物,从而迫使债务人尽快清偿自己的债务,取回担保物。根据担保物权效力的不同,担保物权可以分为留置型担保物权和优先清偿型担保物权。

通说认为,留置型担保物权是指以通过留置担保物迫使债务人尽快清偿自己的债务为主要效力的担保物权,比如留置权;优先清偿型担保物权是指以通过支配担保物的交换价值而优先清偿债权为主要效力的担保物权,比如抵押权。[①]

理论争鸣 留置型担保物权的效力包括哪些?

通说关于优先清偿型担保物权的定义,本书赞同;但留置型担保物权的定义,本书有不同意见。本书认为,留置型担保物权是指以留置担保物从而迫使债务人尽快清偿自己的债务和从担保物的交换价值优先清偿的担保物权。留置型担保物权固然注重担保物权人对担保物的扣留、留置,但是同样也重视主债权的优先受偿性;因为一旦扣留、留置担保物并无作用(债务人仍未按照约定履行自己的债务)时,担保物权人只有将担保物出售,并从变价所得价款中优先受偿。所以,留置型担保物权中的优先受偿效力不能忽视。[②]

第三节 担保物权效力所及标的物范围

担保物权效力所及标的物范围就是用来设定担保的物的范围,它也是担保物权成立后担保物权人可以支配其交换价值的担保物的范围,通常情况下它还是担保实现时担保物权人可以出售的担保物范围。

担保物效力所及的担保物范围大小,不仅关系到担保物权人的利益,而且还对担保人的普通债权人的利益有着直接的影响;因为担保物权效力所及的担保物范围越大,担保物权人的债权完全实现就越有保障,而担保人的普通债权人的受偿机会就随之减少。所以,明确担保物的范围很有必要。

[①] 参见郑玉波:《民法物权》,台湾三民书局2007年版,第238页;参见谢在全:《民法物权论》(下册),中国政法大学出版社1999年版,第533页;梁慧星主编:《中国物权法研究》(下),法律出版社1998年版,第807页;温世扬、廖焕国:《物权法通论》,人民法院出版社2005年版,第567页。

[②] 有学者也指出了这点,并认为这种分类在理论上的出现,与人们对留置权的误解有关。其详细论述参见唐义虎:《担保物权制度研究》,北京大学出版社2011年版,第47页。

担保物范围本来只包括该担保物自身，但是，出于种种因素的考虑①，法律也把担保物之外和担保物有一定联系的物或权利，作为担保物权效力所及的标的物，从而一定程度上扩张了担保物权效力所及的担保物范围。具体说来，包括下列财产。

一、担保物

在约定担保物权中，担保物就是担保合同的标的物，由当事人自行约定。它必须具备特定性、价值性、流通性等要求，自不待言。

二、从物

从物是主物的对称，是指经常辅助主物之效用且同属于一人之物。为了交易上的便利及主物经济效用的发挥，民法创设了"对主物的处分及于从物"规则。《合同法》第164条和《物权法》第115条对该规则部分作出了规定。②

用主物上设定担保物权是一种处分，根据"对主物的处分及于从物"规则，担保物权的效力自然也及于该担保物的从物。《担保法》《物权法》对此没有明确的规定，《担保法司法解释》第63条前段③、第91条前段对此都作出了规定。

然而，如果从物是在主物设定担保之后才出现的（比如房屋设定担保后又就着其中一面墙盖了一个小厨房），担保物权的效力是否及于该从物？我国法律对此没有规定。④学界有不同认识，有"肯定说""否定说""折中说"。⑤实际上，"争论的重点非在于是否符合当事人（抵押权人及抵押人）之意思，而是当事人之利

---

① 对此谢在全教授说道："所有权之标的物即为抵押权之标的物，然为维护抵押标的物之经济效用与其交换价值，以及兼顾双方当事人的利益，对标的物之外之其他物或权利，在一定条件下，亦应同为抵押权标的物之范围。"参见谢在全：《民法物权论》（下册），中国政法大学出版社1999年版，第581页。笔者对此不敢苟同。首先，"兼顾双方当事人的利益"没有阐释，无法评价。其次，"为了维护抵押权标的物的经济效用和交换价值"的目的可以通过"抵押权实现时一并出售，但并不优先受偿"的途径来实现，而无须通过"扩张抵押权效力所及的抵押物范围"的途径来实现。至于法律是出于哪些因素的考虑，下文的具体论述则予以说明。

② 之所以说是"部分作出了规定"，是因为《合同法》第164条仅仅规定合同解除情形、《物权法》第115条仅仅规定了物的转让情形，其他情形的处分没有规定。

③ 需要指出的是，该条后段有所不当。如果抵押物与其从物为两个以上的人分别所有，这时的"从物"就不是真正的从物；因为真正的从物所有权和主物的所有权同属于一个人。既然其规范的不是从物，则没有必要在此出现，建议删去。实际上，需要增加的内容是"但当事人另有约定或法律另有规定的除外"；因为"对主物的处分及于从物"应该让位于当事人的意思自治和法律的强制性规定。

④ 《担保法司法解释》第63条仅仅规定"抵押权设定前为抵押物的从物"的情况，而没有规定"抵押权设定后为抵押物的从物"的情况。这一规定明显不周全。

⑤ 学界不同观点的详细介绍参见程啸：《物权法·担保物权》，中国法制出版社2005年版，第215—216页。

益冲突与调和。"①从调和担保物权人与担保人利益冲突角度出发,本书赞同"折中说",认为担保物权的效力并不及于该从物;尽管担保物权实现时可以一并出售,但担保物权人对其变价所得价款并不享有优先受偿的权利。②

三、从权利

从权利是指在互有关联的两个民事权利中,其效力受另一权利效力制约的权利;其与主权利的关系如同从物与主物的关系。因此,当主权利设定担保的,从权利也为担保物权效力所及。

在我国,也许是立法者认为担保物权很少会及于从权利,《担保法》《担保法司法解释》都未对此进行规定,只有《物权法》对此略有涉及,第165条后段规定:"土地承包经营权、建设用地使用权等抵押的,在实现抵押权时,地役权一并转让。"

四、孳息

孳息是指原物所产生的收益。它在很多情形下为担保物权效力所及,也有效力不及的情形,这与是否移转担保物的占有有关。

(一)移转占有的担保物权的孳息

这类担保物权在设定后担保物权人取得对担保物的占有,在担保物权存续期间,担保物权人可以收取担保物的孳息,该孳息为担保物权效力所及。之所以如此,一是因为担保物权人占有着担保物,收取孳息比较方便;二是因为通过充抵主债权,减少主债权的数额,有利于双方当事人的利益。对此,《担保法》第68条、《物权法》第213条都作出了规定。

(二)不移转占有的担保物权的孳息

这类担保物权设定后,担保人仍然占有、使用抵押物,他自然有权收取担保物的孳息;如此一来,担保物权的效力并不及于孳息。

但是,在担保物权实现中,一旦担保物被扣押,情况则发生了变化,法律允许担保物权的效力及于孳息。《担保法》第47条前段、《担保法司法解释》第64条、《物权法》第197条第1款前段都对此作出了规定。之所以如此,原因有二:第一,一旦抵押物被人民法院依法扣押,担保人就失去了对物的占有,事实上无法收取(天然)孳息。第二,如不这样处理,担保人就有可能故意拖延担保物的变价

---

① 王泽鉴:《不动产抵押与从物》,载王泽鉴:《民法学说与判例研究》(第三册),中国政法大学出版社1998年版,第368页。
② 从某种意义(因为新增建筑物不是建设用地使用权的从物)上说,《物权法》第200条对新增建筑物的"一并出售,但无权受偿"规定,其实就是"折中说"思想的体现。

手续,借以收取担保物的孳息,从而损害担保物权人的利益。① 当然,对于法定孳息,担保物权人还有一个义务,即及时通知应当清偿法定孳息的义务人;因为不及时通知义务人,义务人就不知情而会继续向担保人清偿法定孳息。《担保法》第47条后段、《物权法》第197条第1款后段都规定了该通知义务。此外,自扣押之日起担保权人收取的孳息,按照下列顺序清偿:收取孳息的费用、主债权的利息、主债权。

五、代位物

担保物权具有物上代位性,所以,当担保物毁损、灭失或被征收时,担保物权并不因担保物的毁损、灭失、被征收而消灭,其效力仍然及于担保物的代位物。由于本章第一节第二部分已经对担保物权的代位性作了详细论述,此处就不再赘述;需要论述的是添附物。

添附是指不同所有人的数个物结合在一起而形成不可分离的新物或一物经他人加工后成为新物,添附物就是最后的那个新物。本书认为,担保物的添附属于担保物的毁损、灭失。因为添附发生后,原来的担保物就不复独立存在,要么成为新物的一部分、要么消灭;在物理形态上,原物要么属于毁损、要么属于灭失。既然担保物的添附物属于担保物的代位物,那么,担保物权的效力也就及于添附物。具体说来就是,添附后担保物的所有人没有取得添附物所有权的,担保物权的效力及于补偿金;添附后担保物的所有人为添附物所有人的,担保物权的效力及于添附物;添附后第三人与担保物的所有人共有添附物的,担保物权的效力及于担保人的共有份额。《担保法司法解释》第62条对此已经作出明确的规定。

当然,上述担保物权效力所及的担保物范围,是法律规定的担保范围。就约定担保物权而言,如果双方当事人对此作出不同的约定,基于意思自治,担保物权效力所及的担保物范围就是当事人约定的范围。就法定担保物权而言,并不存在当事人的意思自治,其效力所及的担保物范围就是上述范围。

第四节 担保物权的取得与消灭

一、担保物权的取得

担保物权的取得,有依法律行为取得和非依法律行为取得两种方式。

---

① 参见丁南:《担保物权释论》,中国政法大学出版社2013年版,第23页;郭明瑞:《担保法》,法律出版社2010年版,第110页。

(一) 依法律行为取得

依法律行为取得担保物权，又有原始取得和继受取得之分。前者是指当事人通过订立担保合同的方式取得担保物权，后者是指当事人通过让与的方式从他人处取得担保物权，即担保物权的转让。

1. 担保物权的原始取得

担保物权的原始取得是担保物权人与担保人通过订立担保合同的方式取得担保物权，又被称为担保物权的设定；在奉行意思自治的市民社会中，它是取得担保物权的最主要方式。《物权法》第172条第1款前段规定："设立担保物权，应当依照本法和其他法律的规定订立担保合同。"

(1) 概说

设立担保物权是为了保障主债权的完全实现，因此，担保物权人恒为主债权人，而不可能是其他人。但担保人既可能是债务人自己，也可能是债权人债务人之外的第三人；在担保人为第三人的情况下，和保证一样，担保人与债务人之间的基础关系有委托、无因管理和赠与三种。①

担保合同的订立与其他合同并无本质上的差别，也是遵循"要约—承诺"过程。担保人向担保物权人提出以某物为主债权提供担保，此乃要约；经过双方的协商，最终担保物权人接受了担保人的要约，此乃承诺。至此，双方当事人就担保方式、被担保的主债权的种类及范围、担保人的担保责任类型等担保事宜达成合意，担保合同成立。

已经成立的担保合同因符合生效要件而生效，担保合同一旦生效之后，对合同当事人就有约束力，担保物权人和担保人应该按照担保物权合同的内容享有权利和负担义务。

在担保合同中，担保物和流质契约两项内容比较特殊，有专门介绍之必要。

(2) 担保物

担保物又被称为担保财产，是指担保人用来设定担保的物。它是担保权的客体，也是担保的标的物。

并非所有的物都能用来设定担保，只有具备下列条件的物才行：第一，特定化。特定化是指担保物必须是特定的物，能够与其他物区别开来；如果担保物不特定，就无法确定其价值，也无法支配其价值，也就无法在上面设定担保物权。第二，具有价值。担保物本身必须具有价值，因为担保权为价值支配权，如果担保物没有价值，担保权人无从支配；日后也就没有变价所得价款，担保物权人也

---

① 但有学者对此表示了质疑，认为第三人在以自己的财产为债务人的债务提供抵押时，应该首先取得债务人的同意。其详细论述参见许明月：《抵押权制度研究》，法律出版社1998年版，第127—128页。

就无法优先受偿,设立担保物权就没有意义。第三,具有流通性。担保物必须具有流通性,可以自由转让;因为担保权物人利益的最终保障是通过对担保物变价所得价款的优先受偿来实现,如果担保物无法流通而无法变价,担保物权人的利益就无法保障。

此外,担保人对担保物应当具有处分权。因为设定担保属于对物的一种处分,担保人对担保物不具有处分权而设定担保,属于无权处分,侵害了原权利人的利益,为法律所不允。

(3) 流质契约

① 流质契约的含义

流质契约是指在订立担保合同时当事人约定日后债务人不能按时清偿债务的,担保物权并不像普通担保物权那样行使,而是将担保物的所有权直接归于担保物权人以充抵债权。这样的约定就是流质契约,它又被称为流押契约、绝押契约、流抵契约。从字面上看它是契约,其实它是一个条款。

需要强调的是,流质契约是当事人在订立担保合同时就作出的约定,即事先约定;如果在担保物权实现时双方当事人再作如此约定,那就不是流质契约,而是折价——关于这点,本书第四章第四节第四部分将会详细论述。

② 流质契约的表现形式

担保物权人和担保人之间"日后债务人不能按时清偿债务的,担保物的所有权直接归担保物权人"的约定显然是流质契约,除此之外,下列约定也通常被认为属于流质契约:第一,借款合同中,清偿期限届至而借款人不还款时,贷款人可以将担保物自行加以出售的特别约定。第二,担保物权人在债权清偿期限届满后与债务人另订有延期清偿的合同,在该合同中附以如下条件:延展的期限内如果仍未能清偿时,就将担保物交给债权人经营。第三,债务人以所负担的债务额作为某项不动产的出售价,与债权人订立一个不动产买卖合同,但并不移转该不动产的占有,只是约定在一定期限内清偿债务以赎回该不动产;此种买卖合同虽然形式上是买卖,但实际上是在原有债务上设定抵押权,只是以赎回期间作为清偿期间罢了。[①]

③ 禁止流质契约法律规定

大陆法系历来有禁止流质契约的传统,罗马法上有"非常损失原则",近代一些国家的民法也都有相关规定。比如《德国民法典》第 1149 条、《日本民法典》第 349 条。我国法律也明确禁止流质契约。《担保法》第 40 条、《担保法司法解释》第 57 条前段、《物权法》第 186 条和《物权法》第 211 条都对流质契约作出了禁止的规定。

[①] 参见崔建远主编:《物权法》,清华大学出版社 2008 年版,第 310 页。

既然法律禁止当事人订立流质契约,如果订立则归于无效。当然,这里的无效仅仅是指该约定无效,并不是指整个担保合同无效,设定的担保物权并不因此而无效。

④ 禁止流质契约的原因

法律之所以禁止流质契约,主要是为了保护担保人的利益。通常情况下,担保人就是债务人。在债权债务发生时,债务人和债权人事实上并不处于平等的位置,债务人往往处于经济困难、迫切需要资金的弱势地位。债权人往往利用债务人的这种困难境地迫使债务人作出这样的约定,而往往担保物的价值都大大超过债权额。这样的约定很明显损害了债务人的利益,也与民法的公平原则、诚实信用原则相悖,故为法律所禁止。①

⑤ 禁止流质契约的缓和

不能不指出的是,"禁止流质契约"这个传统理论近些年来逐渐有缓和的趋势。首先,越来越多的学者认为法律并不应该禁止流质契约,其正当性不足。② 其次,确实有一些国家和地区的法律开始为流质契约解禁,承认流质契约的效力。比如法国在 2006 年 3 月 23 日通过了修改原担保法的法令,从而明确承认了流押契约的效力;我国台湾地区"民法"第 873 条曾经设有禁止流押契约的规定,但是在 2007 年 3 月 5 日物权编担保物权部分修订草案通过时,直接删去了该项规定并在第 873 条之 1 第 1 款规定:"约定于债权已届清偿期而未为清偿时,抵押物之所有权移属于抵押权人者,非经登记,不得对抗第三人。抵押权人请求抵押人为抵押物所有权之移转时,抵押物价值超过担保债权部分,应返还抵押人;不足清偿担保债权者,仍得请求债务人清偿。抵押人在抵押物所有权移转于抵押权人前,得清偿抵押权担保之债权,以消灭该抵押权。"

2. 担保物权的继受取得

担保物权的继受取得是指通过转让担保物权的方式,担保物权人从他人处获取已经存在的担保物权,即担保物权从一个主体流转到另一个主体。最常见的就是有偿的转让(买卖),当然还有无偿的转让(赠与)。

由于担保物权的从属性,担保物权不能单独转让,只能和主债权一起转让。当作为主权利的主债权转让时,除当事人另有约定,作为从权利的担保物权也一

---

① 有人认为从债权人的角度来看,担保权设定后,担保物价值下降的,债权人直接取得担保物所有权也可能遭受不利;所以,禁止流质契约既是为了保护担保人的利益,也是为了保护债权人的利益。参见曹士兵:《中国担保制度与担保方法》,中国法制出版社 2015 年版,第 288 页。这种观点可能不妥。因为担保物权设定后担保物价值下降的情形并不常见,更重要的是他们订立流质契约时担保物的价值大大超过债权额。

② 参见季秀平:《论流质契约的解禁》,载《河北法学》2005 年第 4 期;王明锁:《禁止流质约款之合理性反思》,载《法律科学》2006 年第 1 期;刘俊:《流质约款的再生》,载《中国法学》2006 年第 4 期;孙鹏、王勤劳:《流质条款效力论》,载《法学》2008 年第 1 期。

并转让。受让人不仅取得原债权，同时还取得该债权上的担保物权。

在这种情况下，债权受让人取得担保物权并非他与原担保权人就该担保物权转让进行协商的结果，而是法律规定的直接结果；但是，不能由此就简单认为"此时担保物权的取得是法定担保物权的产生"。理由有二：第一，由于该担保物权并非从无到有，而是从一个主体（原债权人）转移到另一个主体（新债权人），所以，它与前述法定担保物权有着本质区别。第二，这种担保物权的产生是当事人转让主债权加上"从权利随主权利的处分而处分"的结果。主债权的转移蕴含了当事人的意思表示，而"从权利随主权利的处分而处分"则视为当事人明知；所以，应当认为这种情况下担保物权的取得蕴含了双方当事人转让担保物权的意思。

（二）非依法律行为取得

担保物权的第二种取得方式与第一种不同，它是通过非法律行为的方式取得担保物权。具体说来，有以下四种方式。

1. 法律直接规定

因符合法律的规定条件而当然地取得，其实就是法定担保物权的取得。比如《物权法》第230条的留置权、《合同法》第286条的建设工程价款优先受偿权、《海商法》第21条的船舶优先权、《民用航空法》第18条的民用航空器优先权，等等。

2. 继承

在继承发生时，如果被继承人享有债权并对某物享有担保物权，主债权和担保物权一并为继承人所继承，继承人就取得了担保物权。

3. 善意取得

如果担保人并非担保物的所有权人或处分权人，但他以自己占有的动产或登记的不动产进行担保，担保物权人合理信赖其享有处分权且无重大过失的，基于物权公示公信原则和保护交易安全理念，发生担保物权的善意取得，担保物权人取得担保物权。

关于担保物权的善意取得，本书的第四章第二节第二部分、第五章第二节第二部分、第六章第二节第四部分将会详细介绍。

4. 取得时效[①]

取得时效是取得所有权的方式之一，理论上也能够通过它取得担保物权。当然，不同类型担保物权的成立要件不同，能否通过取得时效制度取得担保物权就有所区别。

[①] 本部分的撰写主要参考了无名氏：《取得时效制度研究》，http://www.lawtime.cn/info/lunwen/mfqutmflw/2006102651189_11.html，访问日期：2009年3月8日。

（1）抵押权的成立不以占有他人之物为要件，在实现权利之前，无法表现为对他人之物的占有，不符合取得时效关于占有的要求，因而无法通过取得时效制度取得抵押权。①

（2）留置权因其成立依法律的直接规定，权利人无从具有行使留置权的意思，因而不能通过取得时效制度取得留置权。

（3）质权可否适用取得时效存在争议，本书持肯定意见。在以他人之物出质时，质权人若是善意，可依善意取得获得质权；若是恶意，则可依取得时效获得质权。由于质权的存在必须以主债权的存在为前提，通过取得时效制度获得质权一般是履行期限较长或未定期限的债权。

二、担保物权的消灭

担保物权的消灭是指担保物权成立后因一定法律事实的出现而不再继续存在。一旦担保物权消灭，它就不再发生效力，对当事人不再具有约束力。

担保物权的消灭既可能因为物权消灭的一般原因，也可能基于自己特有的原因。《担保法》分别规定了抵押、质押、留置的消灭原因；《物权法》在相关部分也分别进行了规定（比如《物权法》第 240 条就规定了留置权消灭的两种事由），并且在第 177 条统一规定了担保物权消灭的各种具体事由。根据《物权法》第 177 条，担保物权因为下列事由而消灭。

（一）主债权消灭

主债权和担保物权是主从关系，所以，当主债权消灭了，担保物权也随之消灭。

需要指出的是，这里的主债权消灭是指全部消灭；如果主债权只是部分消灭，基于担保物权的不可分性，担保物权仍然不受影响地继续存在。

当然，这种情况下的担保物权消灭也有例外，比如最高额抵押权、最高额质押权。在这些情况下，即使主债权消灭，由于法律的特殊规定，担保物权并不随之消灭，仍然存在。

（二）担保物权的实现

担保物权的实现是指当履行期限届满主债权未获完全实现的，担保物权人将担保物予以出售，并从变价所得价款中优先受偿，从而充抵其债权。设立担保物权的目的就是为了担保主债权的清偿，在担保物权实现的情况下，其目的和功能获得实现，自然就归于消灭。

---

① 不过有的学者持相反意见，认为动产抵押权可以时效取得。其详细论述参见崔建远主编：《物权法》，清华大学出版社 2008 年版，第 281 页。

需要指出的是，担保物权的实现即使没有完全满足债权人，即担保物变价所得价款低于主债权数额，担保物权仍然消灭。其原因在于此时担保物权因其目的的完成而消灭，担保物权人再也没有担保物可以支配。至于未获清偿的剩余债权，变成无担保的普通债权——关于这点，本书第四章第四节第五部分将会详细叙述。

（三）担保物权人放弃担保物权

担保物权对于担保物权人来说是一种权利，既然是权利，担保物权人就可以放弃。当担保物权人向担保人作出放弃担保物权的意思表示时①，法律没有不允许的理由，因此，担保物权归于消灭。

诚如法谚所言，权利的行使不能侵犯他人的利益；担保物权人放弃担保物权亦应遵守该法则。如果担保物权人放弃担保物权将损害第三人利益的（比如担保物权人自己的一般责任财产较少，同时还负担着多个债务），担保物权人就不得放弃该权利。

如果担保物权在设定时已经登记的，放弃担保物权要进行涂销登记。

（四）法律规定担保物权消灭的其他情形

此种情形则属于"兜底规定"，因为引起担保物权消灭的事由比较多，法律不可能全部加以列举，就在最后规定一个"其他情形"。

需要说明的是，担保物的消灭也是导致担保物权消灭的一个重要原因，尽管《物权法》第177条对此没有规定——当然，如果有代位物的除外。

思 考 题

1. 担保物权与其他担保方式的本质区别是什么？
2. 担保物权真的像有的学者说的那样是债权吗？
3. 担保物权中的代位物与添附物是一回事吗？
4. 如果解禁流质契约会带来哪些益处和弊端？

延 伸 阅 读

1. 徐洁：《担保物权功能论》，法律出版社2006年版。

---

① 《物权法》立法者认为债权人放弃担保物权还包括债权人以行为放弃，比如因债权人自己的行为导致担保财产毁损、灭失的，视为债权人放弃了担保物权。参见全国人大常委会法制工作委员会民法室编：《中华人民共和国物权法条文说明、立法理由及相关规定》，北京大学出版社2007年版，第315页。笔者对此不敢苟同。债权人实施一定的行为导致担保财产毁损、灭失的，只能看到债权人侵害担保人财产的意思，并不能推定债权人放弃了担保物权。

2. 徐同远:《担保物权论:体系构成与范畴变迁》,中国法制出版社 2012 年版。

3. 王闯:《冲突与创新——以物权法与担保法及其司法解释的比较为中心的展开》,载梁慧星主编:《民商法论丛》(第 40 卷),法律出版社 2008 年版。

4. 郑冠宇、赵守江:《担保物权的物权属性解读——与孟勤国教授商榷》,载《河南省政法管理干部学院学报》2009 年第 1 期。

第四章 抵押权

> **本章导读**
>
> 抵押设立后抵押人可以继续支配抵押物的使用价值，与此同时，抵押权人获得支配抵押物交换价值的权利；所以，抵押物得以双重利用，抵押因而被誉为"担保之王"。抵押权不仅可以通过订立抵押合同方式取得，还可以通过善意取得制度取得。抵押权生效后，抵押人和抵押权人都享有一定的权利、负担一定的义务。抵押权的实现是先将抵押物出售，然后抵押权人就变价所得价款优先受偿。特殊抵押权包括最高额抵押权、共同抵押权、浮动抵押权，它们在某些方面与普通抵押权不同。
>
> 本章的重点内容包括：抵押权的含义，抵押物，抵押权顺位，抵押权的善意取得，抵押权实现的途径，变价所得价款的分配，最高额抵押权。

第一节 抵押权概述

一、抵押权的含义

（一）抵押权的定义

在我国，抵押权是指债务人或第三人用自己可处分的物，以不移转抵押物占有的方式对特定债权提供担保，当履行期限届满主债权未获完全清偿时，抵押权人可以就抵押物变价所得价款优先受偿的权利。其中，提供担保的债务人或第三人为抵押人，接受抵押的债权人为抵押权人，担保物为抵押物。

（二）抵押权的特征

作为担保物权的一种，抵押权也是以保障特定债权的完全实现为目的的，存在于债务人或第三人的特定物上，以优先受偿为主要内容，自然也就具有不可分性、物上代位性等特征。不过，与其他担保物权相比，抵押权还具有自己的特征。

设定抵押后，抵押权人支配着抵押物的交换价值，抵押权的存在能够担保主债权的完全实现；与此同时，由于抵押权的设立并不需要移转抵押物的占有，抵押人在设定抵押之后仍然可以继续占有、使用抵押物，充分发挥该物的使用价值、创造更多的财富，从而增强自己的履约能力，增加了日后清偿债务的可能性。

易言之,抵押物的使用价值没有因为抵押权的设立而闲置①,而得到了充分的利用。所以,抵押在保障安全的同时,凸显出效率的一面,因而获得担保各方的共同推崇,进而成为罗马法以来各国民法中最重要的担保方式,素有"担保之王"的美誉。

(三) 我国法律中的抵押权

我国立法对抵押权的认识经历了一个变化的过程。《民法通则》第 89 条第 2 项②规定:"债务人或者第三人可以提供一定的财产作为抵押物。债务人不履行债务的,债权人有权依照法律的规定以抵押物折价或者以变卖抵押物的价款优先得到偿还。"它没有区分抵押物为动产还是不动产,抵押物是否需要移转占有。依据该规定,有的学者就笼统认为"抵押权是指债务人或第三人以其所有或经营管理的一定财产作为履行债务的担保,当债务人不履行债务时,债权人有权从抵押财产的价值中优先受偿的物权。"③立法和学术的不加区分,混淆了抵押和质押。直到《担保法》的出台,这种局面才得以改观。《担保法》第 33 条第 1 款规定:"本法所称抵押,是指债务人或者第三人不转移对本法第三十四条所列财产的占有,将该财产作为债权的担保。债务人不履行债务时,债权人有权依照本法规定以该财产折价或者以拍卖、变卖该财产的价款优先受偿。"第 63 条规定:"本法所称动产质押,是指债务人或者第三人将其动产移交债权人占有,将该动产作为债权的担保。债务人不履行债务时,债权人有权依照本法规定以该动产折价或者以拍卖、变卖该动产的价款优先受偿。"基于我国法学教育的立法导向主义,学界也就此完全区分抵押和质押。

其实,从古代罗马法到近现代欧洲大陆民法,抵押权都是和质押权相区分的一类担保物权:抵押权不移转担保物的占有,而质押权需要移转担保物占有。但苏联却采用了另一种做法,从 1922 年《苏俄民法典》到 1964 年《苏俄民法典》,都没有区分抵押权和质押权,而是把二者合起来统称为抵押权。《民法通则》对抵押权和质押权不加区分的做法,就是学习苏联的产物;庆幸的是,我国立法后来重回大陆民法怀抱,重返科学之途。

二、抵押权的分类

根据不同的标准,抵押权有不同的分类;其中,重要的分类有以下五种。

---

① 质押权则相反——关于这点,本书第五章第一节第一部分将会详细论述。
② 其中第 1 项是保证,第 3 项是定金,第 4 项是留置。
③ 佟柔主编:《中国民法》,法律出版社 1990 年版,第 326 页。其实在《民法通则》之前,该主张就已经存在。如有学者说道:"债务人或第三人以财产作为履行债务的担保,当债务人不按期履行债务时,债权人享有从变卖抵押财产的价值中优先受偿的权利,称为抵押权。"参见佟柔主编:《民法原理》,法律出版社 1983 年版,第 215 页。

(一) 法定抵押权和约定抵押权

根据抵押权产生的原因不同,抵押权可以分为法定抵押权和约定抵押权。法定抵押权是指基于法律的规定而当然产生,无须当事人约定就能产生的抵押权;约定抵押权是指由抵押权人与抵押人基于设立抵押的合意而产生的抵押权,又被称为意定抵押权。

约定抵押权在社会经济生活中大量存在,它是抵押权的主流;法定抵押权数量很少,是例外。《担保法》《物权法》都没有法定抵押权的规定,只是《合同法》第286条规定了建设工程价款优先受偿权,这是我国法律为数不多的对法定抵押权的规定。[①]

(二) 不动产抵押权、动产抵押权和权利抵押权

根据抵押物的不同,抵押权可以分为不动产抵押权、动产抵押权和权利抵押权。不动产抵押权是指以不动产为抵押物的抵押权;动产抵押权是指以动产为抵押物的抵押权;权利抵押权是指以权利为抵押物的抵押权。

不动产抵押权是在历史上最早出现的抵押权样态,也是目前应用最为广泛的抵押权样态。这也许和早期人类社会不动产是稀缺资源、对抵押人具有不可替代性相关。

对于动产,早期的人类社会只接受移转占有的质权,但是随着社会经济生活的发展,动产的价值日益剧增,特别是企业的机器设备等价值很大,如果它们用来设定质押的话,企业就无法继续加以利用;于是,一些国家就逐渐创设动产抵押,后被大多数国家法律所效仿,动产抵押也日益流行起来。[②]

权利抵押权的客体是权利而非物,比如现实生活中比较常见的建设用地使用权抵押权就是一个权利抵押权。由于其客体不是物,较真说来,权利抵押权不是真正意义上的物权,而是准物权。

(三) 普通抵押权和特殊抵押权

根据抵押权形态的不同,抵押权可以分为普通抵押权和特殊抵押权。普通抵押权是指传统形态的、法律没有特殊规定的抵押权;特殊抵押权是指在抵押权发展过程中新出现的、法律对其有特殊规定的抵押权。

特殊抵押权往往在主体、客体、发生方式等方面有其特殊性。比如传统抵押权以不动产为客体,则客体为权利的权利抵押权为特殊抵押权;传统抵押权以单一的物为客体,则客体为多个物的共同抵押为特殊抵押权;传统抵押权担保的债权额特定,则被担保的主债权数额不特定的最高额抵押权为特殊抵押权。

[①] 当然,对于《合同法》第286条建设工程价款优先受偿权的性质,学界颇有争议;但通说认为是法定抵押权,本书从之。

[②] 有学者详细论述了动产抵押在现代社会受到重视的原因,参见丁南:《担保物权释论》,中国政法大学出版社2013年版,第54—55页。

特殊抵押权依各国法律规定的不同而有所不同,我国法律的特殊抵押权有最高额抵押权、共同抵押权、浮动抵押权等几种。特殊抵押权除适用抵押权的一般规则外,还有各自的特殊规则,并且后者会优先适用。

(四) 担保性抵押权和流通性抵押权

根据抵押权目的的不同,抵押权可以分为担保性抵押权和流通性抵押权。担保性抵押权又被称为保全性抵押权,是指以担保主债权的实现为唯一目的的抵押权;流通性抵押权又被称为投资性抵押权,是指以担保主债权的实现和本身的流通为目的的抵押权。

担保性抵押权为传统的抵押权,以保障主债权的实现为目的,具有从属性。而流通性抵押权则具有独立性,不再具有从属性,其效力不再受到主债权效力的影响;因此,它成为投资方式之一,可以被权利人用来投资,其价值在流通中得以更大程度体现。

我国担保立法仅仅规定了担保性抵押权,对于流通性抵押权没有规定;而在德国、瑞士等国家,流通性抵押权为常态、担保性抵押权为变态。

(五) 狭义抵押权和广义抵押权

根据抵押权法律规范的不同,抵押权可以分为狭义抵押权和广义抵押权。狭义的抵押权就是民法典规定的抵押权。我国目前尚无民法典,但《担保法》《物权法》等民事基本法律对抵押权作出了规定,其中的抵押权就是狭义的抵押权。广义的抵押权除了包括狭义的抵押权,还包括船舶抵押权、航空器抵押权等一些特殊的抵押权。这些特殊的抵押权并不由《担保法》《物权法》等民事基本法律规定,而是由其他单行法规定。比如《海商法》《民用航空器法》等法律对船舶抵押权、航空器抵押权等特殊抵押权作出了规定。

如无特别指出,本书的抵押权是指狭义抵押权。

三、抵押权的历史发展

现代各国民法上的抵押权,滥觞于古罗马法;而古罗马法中的抵押权,则是罗马共和国末期因法务官的活动而形成的。在罗马法上,物的担保制度以信托为源头;后经过政务官的努力,产生了占有质;又经过了一个较长的时期,抵押权才得以问世。共和国末期,大法官萨尔维乌斯创造了萨尔维乌斯诉(action serviana),创造出抵押制度;后来的准萨尔维乌斯诉(action quasi serviana)或抵押诉(action hypothecaria)则使抵押制度通行全国,与质权制度并行于罗马。日耳曼法上的抵押制度,也大体经历了与罗马法相同的发展过程,即先由信托发展到占有质,再由占有质发展到非占有质。其中占有质又被称为古质,非占有质又称为新质。进入近代以来,世界上很多国家和地区的民法规定了抵押制度。①

抵押权原来一直强调保障债务的履行,为保全性抵押权,它最多能作为特定当事人之间信用授予的媒介。但是随着社会经济生活的快速发展,特别是现代社会工商业的发展,抵押权也发生了变化:它不仅是企业经营者获取投资的最佳媒介手段,同时也是不动产投资人获得融资的最佳方式;它慢慢获得了独立性,其效力不再受主债权效力的影响,其流通性体现出来;它作为投资手段的一面越发重要,比如抵押证券,随着证券的转移,抵押权也随之转移。抵押权的流通性使得抵押权的价值性得到了最纯粹、最淋漓尽致的体现,这也是当今世界抵押权制度发展的趋势之一。② 但我国的担保立法指导思想还是注重保全,流通性几乎没有。

第二节 抵押权的取得

抵押权的取得也有依法律行为取得和非依法律行为取得两种方式,其中前者又有原始取得和继受取得之分。由于本书第三章第四节第一部分已经作了详细的介绍,这里只论述两种重要的抵押权取得方式:设立抵押权和抵押权的善意取得。

一、设立抵押权

(一) 概说

设立抵押权是指双方当事人通过订立抵押合同而取得抵押权,它包括订立抵押合同和抵押权公示两个阶段。它是社会经济生活中取得抵押权最常见、最主要的方式。

抵押合同由债权人与抵押人订立的,其中抵押人可能是债务人也可能是第三人。

抵押合同应采用书面形式。《物权法》第185条第1款明确规定:"设立抵押权,当事人应当采取书面形式订立抵押合同。"《担保法》第38条也作出了同样的规定。

一般说来,抵押合同包括下列内容:被担保债权的种类和数额,债务人履行债务的期限,抵押财产的名称、数量、质量、状况、所在地、所有权归属或者使用权归属,担保的范围。其中第一个、第三个为必备条款,第二个、第四个和第一个中

---

① 参见许明月:《抵押权制度研究》,法律出版社1998年版,第10—21页;陈华彬:《物权法》,法律出版社2004年版,第472页;陈祥健:《担保物权研究》,中国检察出版社2004年版,第60页。

② 参见谢在全:《民法物权论》(下册),中国政法大学出版社1999年版,第549—550页。

的数额为非必备条款。如果当事人对债务履行期限①、担保范围没有约定或者约定不明，它们都可以被法律补充；而对被担保的主债权种类、抵押财产没有约定或者约定不明，根据主合同不能补正或者无法推定的，抵押合同不成立。《担保法司法解释》第56条第1款对此作出了规定。

例题：甲乙为夫妻，共有一套房屋，登记在甲名下。乙瞒着甲向丙借款100万元供个人使用，并将房屋抵押给丙。在签订抵押合同和办理抵押登记时乙冒用甲的名字签字。现甲主张借款和抵押均无效。下列哪一表述是正确的？(2015年司法考试第三卷第7题)

  A. 抵押合同无效
  B. 借款合同无效
  C. 甲对100万元借款应负连带还款义务
  D. 甲可请求撤销丙的抵押权

解析：本题考点是抵押权合同的订立及公示。乙向丙借款100万元供个人使用，该借款合同的借款人是乙个人，而非甲乙二人，因此，该借款合同有效，只是乙一个人负有还款义务；所以B、C错误。该房屋的抵押权已经登记，但甲并未作出抵押的意思表示，因此，他有权请求撤销丙的抵押权；所以D正确。乙在与丙签订抵押合同和办理抵押登记时都冒用甲的名字签字，此举属于无权代理，因此，抵押合同为效力待定合同；所以A错误。由此可见，本题应当选D。

在抵押合同中，抵押物是最为重要的一个内容，有专门介绍之必要。

（二）抵押物

1. 抵押物的条件

并非所有的物都能用来设定担保，只有符合特定化、具有价值、具有流通性三个条件的物才被允许设定担保，抵押物自然也要具备这三个条件。除此之外，抵押物还不能是消耗物。因为设定抵押后抵押人仍然可以对抵押物占有、使用、收益，抵押物为消耗物的话，随着时间的推移，抵押物的价值将日益减少，直至完全消耗；这将导致抵押权人的利益受到损害，自然为法律所不允。

抵押人对抵押物享有处分权，这点自不待言。

2. 我国法律允许设定抵押的财产

如前所述，传统民法中的抵押物一般仅限于不动产，后来随着社会经济生活的发展，逐渐又将抵押物的范围扩展至动产和权利。我国作为一个立法晚进的国家，法律规定的抵押物范围较为广泛，包括不动产、动产和权利。《担保法》第

---

① 债务履行期限连补正都不需要，直接把主债权债务合同中的债务履行期限拿来即可。

34条第1款列举了六种可以设定抵押的财产,《物权法》180条第1款列举了七种可以设定抵押的财产,二者大同小异;但是,《物权法》180条第1款第7项的规定,即"法律、行政法规未禁止抵押的其他财产",显示出二者立法理念上的截然不同。如此一来,只要不是法律禁止抵押的财产,都可以用来抵押,如此广泛的抵押财产范围为企业融资提供了更加广阔的空间。

具体来说,我国可以用来设定抵押的财产主要有以下几种。

(1) 不动产

不动产是指依自然性质或法律规定不可移动的物,主要是指建筑物和其他土地附着物。建筑物是指嵌于土地之中的房屋、桥梁、水塔等。其他土地附着物是指除建筑物之外的,根植于土地之中的树木、花草、庄稼等植物和蕴藏于土地之中的矿藏;它们在与土地未完全分离之前属于不动产。由于价值较大,房屋是建筑物中最主要的种类,也是实践中应用最多的抵押物。土地上面的农作物可以与土地使用权分离,单独用来抵押;对此,《担保法司法解释》第52条规定:"当事人以农作物和与其尚未分离的土地使用权同时抵押的,土地使用权部分的抵押无效。"

(2) 动产

动产是指能够移动而不损害其经济用途和经济价值的物。在我国,可以用于抵押的动产范围较为广泛,包括《担保法》第34条和《物权法》第180条所列举的生产设备、原材料、产品、交通运输工具、船舶、航空器;除此之外,洗衣机、挖掘机、电脑、衣服、牛羊等日常社会生活中大量存在的动产都可以用于抵押。

(3) 权利

我国可以用来抵押的权利主要指《担保法》第34条、《物权法》第180条和第182条、《农村土地承包法》第49条规定的建设用地使用权、以其他方式承包的土地承包经营权、乡镇村企业的建设用地使用权。这里的建设用地使用权是指通过出让方式取得的建设用地使用权,如果是通过划拨方式取得的建设用地使用权,则要经过法定机关批准,办理建设用地使用权出让手续并且缴纳土地使用金[1];这里的以其他方式承包的土地承包经营权是指对不宜采取家庭承包方式的荒山、荒沟、荒丘、荒滩等农村土地,权利人通过招标、拍卖、公开协商等方式取得的土地承包经营权[2];这里的乡镇村企业的建设用地使用权必须和乡镇、村企

---

[1] 《划拨土地使用权管理暂行办法》第5、6、11、12、13、14、15、16条,《城市房地产管理法》第40条,《最高人民法院关于破产企业国有土地划拨使用权应否列入破产财产等问题的批复》及《国土资源部关于划拨土地使用权抵押登记有关问题的通知》等都对此作出了规定。

[2] 这是《物权法》第180条第1款第3项的规定。其与《担保法》第34条第1款第5项"抵押人依法承包并经发包方同意抵押的荒山、荒沟、荒丘、荒滩等荒地的土地使用权"的规定有所不同,抵押人进行抵押无须经过发包人同意。

业的厂房等建筑物一并抵押,而不能单独抵押。①

一些特许物权,比如海域使用权、采矿权、捕捞权、取水权等,它们既特定化、具有价值、能够流通,也符合抵押物的条件,因此可以用来抵押。《海域使用权管理办法》《海域使用权登记办法》对海域使用权的抵押明确作出了规定;修订后的《矿产资源法》删去原来的第3条"采矿权不得买卖、出租、不得用作抵押",在第6条有条件地允许转让,从而间接承认了采矿权可以用于抵押。

另外,材林、经济林、薪炭林等林木所有权也可以用来抵押。基于森林与土地的不可分离性②,其林地使用权也随之抵押。此外,用材林、经济林、薪炭林的采伐迹地、火烧迹地的林地使用权也可以用来抵押。对此,《森林资源资产抵押登记办法(试行)》第8条作出了规定。

稍有疑问的是草地使用权。与林地使用权可以设定抵押的法律明确规定不同,《担保法》《物权法》《草原法》对于草地使用权的抵押并无规定。本书赞同下列观点:根据《农村土地承包法》第49条的立法精神,以其他方式承包的集体所有的草地使用权可以用来抵押;关于国有的草地使用权,既然《担保法》《物权法》没有将其列为禁止抵押的财产,那它就可以用来抵押。③

3. 我国法律禁止设定抵押的财产

我国法律不仅从正面规定了哪些财产可以用来抵押,还从反面规定哪些财产不能用于抵押。《担保法》第37条和《物权法》184条对于禁止抵押的财产明确作出了规定。

(1)土地所有权。我国的土地所有权归国家或集体,土地所有权禁止在私人主体之间流通,所以,它不能用来设定抵押。

(2)耕地、宅基地、自留地、自留山等集体所有的土地使用权,但法律规定可以抵押的除外。耕地是农产品的生产用地,宅基地是农民建造私有房屋的用地,自留地、自留山是分配给农民用于解决生活需要的用地。这些土地对于农业、农村、农民来说具有不可或缺的意义,为了保障这些土地用途的不变,保障农业生产和农民生活秩序的稳定,法律禁止用这些土地使用权进行抵押,除非法律另有规定。

(3)学校、幼儿园、医院等以公益为目的的事业单位、社会团体的教育设施、医疗卫生设施和其他社会公益设施。在我国,学校、幼儿园、医院等以公益为目的的事业单位、社会团体属于社会公益事业,如果允许用教育设施、医疗卫生设施和其他社会公益设施进行抵押,一旦日后行使抵押权,将导致这些社会公益设

---

① 这是《担保法》第36条第2款后段、《物权法》第182条的规定,体现了"房地一体"原则。
② 不妨把这称为"林地一体"原则。
③ 参见曹士兵:《中国担保制度与担保方法》,中国法制出版社2015年版,第209页。

施的所有权人发生变更,从而影响这些社会公益单位的使用,最终损害社会公益事业。所以,为了保障社会公益事业(学生有教室上课、病人有病房住院),法律禁止用教育设施、医疗卫生设施和其他社会公益设施设立抵押财产。

当然,如果这些事业单位、社会团体以社会公益设施之外的财产进行抵押,则是另外一种情况。《担保法司法解释》第53条规定:"学校、幼儿园、医院等以公益为目的的事业单位、社会团体,以其教育设施、医疗卫生设施和其他社会公益设施以外的财产为自身债务设定抵押的,人民法院可以认定抵押有效。"公益性事业单位、社会团体为了更好地运营,有时会需要融通资金,所以,应当允许公益性事业单位、社会团体为了自己的债务而设定担保。同时为了防止社会公益设施的出售而带来的不利影响,应当将担保物的范围限制在社会公益设施以外的财产上;并且抵押并不移转占有,公益性事业单位、社会团体仍然可以使用这些财产。所以,利用社会公益设施以外的财产为自身债务设定抵押的为法律允许。

(4) 所有权、使用权不明或者有争议的财产。法律之所以禁止这类财产进行抵押,原因在于,"如果一项财产的所有权归属或使用权尚不明确,甚至存在很大纠纷,将其抵押不仅可能侵犯所有人或者使用权人的合法权利,而且可能引起矛盾和争议,使得社会关系更加紊乱。"①本书对此不敢苟同。所有权、使用权不明或者有争议的财产用来抵押,的确可能会产生一些法律上的纠纷与争议,但这些纠纷与争议会因为所有权、使用权的争议的解决而自然而然地解决;因此,并不会引发更多的纠纷与争议,更无侵犯真正的财产所有人或者使用权人的合法权利的可能。对此,有学者指出,"在实践中,虽存在所有权、使用权争议,争议人仍然设定抵押,如果事后确认设定抵押之人并非所有权人或使用权人,则为无权处分,按照无权处分的规则处理;如果事后确认设定抵押之人为所有权人或使用权人,则所设定抵押有效。可见,此条规定无意义。"②

(5) 依法被查封、扣押、监管的财产。抵押人设定抵押权,必须对财产享有处分权。在财产被查封、扣押、监管时,其处分权受到限制,无法用来抵押。但是如果抵押权设定后抵押物依法被查封、扣押、监管的,依法设定在先的抵押权并不受查封、扣押、监管的影响。对此,《担保法司法解释》第55条规定:"已经设定抵押的财产被采取查封、扣押等财产保全或者执行措施的,不影响抵押权的效力。"最高人民法院《关于人民法院执行工作若干问题的规定(试行)》第40条规

---

① 全国人大常委会法制工作委员会民法室编:《中华人民共和国物权法条文说明、立法理由及相关规定》,北京大学出版社2007年版,第334页。
② 叶金强:《担保法原理》,科学出版社2002年版,第103页。司法实务人士也指出,该规定很少被判决所援引。参见曹士兵:《中国担保法诸问题的解决与展望——基于担保法及其司法解释》,中国法制出版社2001年版,第191页。

定:"人民法院对被执行人所有的其他人享有抵押权、质押权或留置权的财产,可以采取查封、扣押措施。财产拍卖、变卖后所得价款,应当在抵押权人、质押权人或留置权人优先受偿后,其余额部分用于清偿申请执行人的债权。"

(6) 法律、行政法规规定不得抵押的其他财产。所谓其他依法不得抵押的财产既包括一般法上的法定不得抵押财产,也包括特别法上的法定不得抵押财产。前者是指一般意义上的法律不予保护的不法财产以及法律禁止交易的财产,比如盗赃物、违章建筑[1],等等。特别法上的法定不得抵押财产是指特别法所规定的不得抵押的财产,比如修订前的《矿产资源法》第 3 条第 4 款规定:"采矿权不得买卖、出租,不得用作抵押。"

4. 几种特殊的抵押物

在我国法律允许抵押的财产中,有一些比较特殊的抵押物,它们是房地产、正在建造物、共有物、限制流通物。

(1) 房地产。房地产是房屋及其土地使用权的合称。由于房、地在物理属性上的不可分割性,它们的价值分别确定也比较困难;为了简化权利义务关系,保障房屋所有权人享有土地使用权,减少因土地与房屋分离引起交易中的纠纷,我国法律历来坚持"房屋所有权主体与土地使用权的主体相一致"原则。[2]《城镇国有土地使用权出让和转让暂行条例》第 33 条、《城市房地产管理法》第 31 条、《担保法》第 36 条、《城市房地产抵押管理办法》第 4 条都对此作出了规定,《物权法》第 182 条、183 条进一步确定了该规则。[3]

不仅城市房地产如此,农村的房地产亦然;农民可以用自己的房地产进行抵押,因为他对自己的房地产享有处分权。但是,《担保法》第 37 条第 2 项、《物权法》第 184 条第 2 项对于宅基地使用权的抵押权作了禁止规定,虽然其出发点是为了保护农民的利益[4],但无视农民理性人的实际情况,剥夺了农民的权利,并不妥当。

---

[1] 《担保法司法解释》第 48 条规定:"以法定程序确认为违法、违章的建筑物抵押的,抵押无效。"

[2] 它又被称为"房地一体"原则,即俗称的"房随地走,地随房走"原则。

[3] 其实,更能体现"房地一体"原则的是《物权法》第 146 条和第 147 条。《物权法》第 146 条规定:"建设用地使用权转让、互换、出资或者赠与的,附着于该土地上的建筑物、构筑物及其附属设施一并处分。"第 147 条规定:"建筑物、构筑物及其附属设施转让、互换、出资或者赠与的,该建筑物、构筑物及其附属设施占用范围内的建设用地使用权一并处分。"

[4] 《担保法》立法者认为:"宅基地是农民生活的必须和赖以生存的所在,由于《中华人民共和国土地管理法》规定:农村居民'出卖、出租住房后再申请宅基地的不予批准',因此如果允许对宅基地设定抵押权,一旦实现抵押权,就会出现农民无住所的严重情况,带来社会不安定的因素,因此禁止以宅基地占用范围内的土地使用权抵押。"参见全国人大常委会法制工作委员会民法室编著:《中华人民共和国担保法释义》,法律出版社 1995 年版,第 55 页。《物权法》立法者的认识同《担保法》立法者几乎相同,其详细论述参见全国人大常委会法制工作委员会民法室编:《中华人民共和国物权法条文说明、立法理由及相关规定》,北京大学出版社 2007 年版,第 333—334 页。

也正是因为法律作出了禁止性规定,成都市、厦门市、铜陵市、巴中市等地出台的《农村房屋抵押融资管理办法》中的抵押物只是房屋所有权,而不包括宅基地使用权。尽管有人赞同这种做法①,但笔者认为,这样的做法首先违反了"房地一体"原则,将二者人为地分离;其次,抵押权实现后将会导致房屋所有权与宅基地使用权分离,房屋所有权人并不享有宅基地使用权,房屋成为空中楼阁。

(2)正在建造物。抵押物一般是现实存在的物,但现实经济生活中出于融资的需要,一些国家有条件地允许用将来物进行抵押;我国法律也允许部分正在建造物进行抵押,即《担保法司法解释》第47条和《物权法》第180条第1款第5项的"正在建造的建筑物、船舶、航空器"。它又有两种情况。

第一,正在建造的建筑物。根据《城市房地产抵押管理办法》第3条,正在建造的建筑物又有预售商品房贷款抵押和在建工程抵押两种。预售商品房贷款抵押是指购房人在支付首期规定的房价款后,由贷款银行代其支付其余的购房款,将所购商品房抵押给贷款银行作为偿还贷款履行担保的行为。它就是我们日常生活中所说的"按揭"。在建工程抵押是指抵押人为取得在建工程继续建造资金的贷款,以其合法方式取得的土地使用权连同在建工程的投入资产,以不转移占有的方式抵押给贷款银行作为偿还贷款履行担保的行为。

第二,正在建造的船舶、航空器。船舶、航空器属于价值较大的动产,在其建造完毕之前,本身就具有较大的价值。而船舶、航空器的建造周期长、资金需求量大,建造人往往需要大量的投资;如果不允许以正在建造的船舶、航空器抵押,其可能就难以融资,从而影响了建造。②

(3)共有物。如果抵押人与他人共同对某物享有所有权,他也可以用共有物进行抵押,不过共有人并不享有对共有物的完整处分权,抵押人用共有物抵押要经过其他共有人的同意。根据《物权法》第97条的规定,在共同共有中要经过全体共同共有人同意,在按份共有中要经占份额2/3以上的按份共有人同意。当然,这里有两个例外。一个是善意取得,即抵押人具有完整处分权的表象,善意的抵押权人接受了抵押人提供的共有物的抵押,取得抵押权——关于这点,本章第二节第二部分将会详细论述。另一个是推定同意,即其他共有人知道或者应当知道共有人用共有物抵押而未提出异议的,则视为同意,抵押有效。《担保法司法解释》第54条第2款后段对此作出了规定。

此外,在按份共有中,按份共有人对其共有物中的应有份额享有处分权,可以自行设定抵押而无须经过其他共有人的同意。在抵押权实现时,抵押权人只

---

① 参见李国光等:《〈关于适用《中华人民共和国担保法》若干问题的解释〉理解与适用》,吉林人民出版社2000年版,第204—205页。

② 参见姚红主编:《中华人民共和国物权法精解》,人民出版社2007年版,第324页。

能出售抵押人的份额,然后从其变价所得价款中优先受偿——当然,其他共有人享有优先购买权。

（4）限制流通物。限制流通物是指法律法规规定只能在特定主体之间进行流通或者只能按照特定程序进行流通的物,比如文物。限制流通物也符合特定化、具有价值、具有流通性三个条件,还不是消耗物,它也可以用来设定抵押。由于其流通性受到限制,那么在抵押权实现时,对抵押物的变价就只能按照法律法规的特殊规定来处理,与一般抵押物不同。对此,《担保法司法解释》第5条第2款作出了规定。

（三）抵押权登记

1. 概述

众所周知,物权公示原则要求物权在设立时进行公示,抵押权也不例外。由于抵押权的设立并不移转抵押物的占有,所以,抵押权设立的公示就不能采交付的方式。在我国,交付之外的公示方法就是登记[①],因此,我国的抵押权公示方法为登记。

理论界和实务界又习惯把抵押权登记称为抵押登记或抵押物登记甚至抵押合同登记,不管如何称呼,必须明确的是,登记的对象是抵押权而非抵押物或抵押合同。因为物权登记簿显示的是抵押物上的权利状态,即该物上面是否存在抵押权。《担保法》《担保法司法解释》都表述为"抵押物登记"[②],容易让人产生误解;《物权法》表述为"抵押登记",一定程度上纠正了这一误解。

2. 登记机关

关于抵押权登记机关的设置,世界各国做法并不一样;在大陆法系国家和地区,大概可以分为两类:一是以德国、法国、瑞士为代表的司法机关;二是以日本和我国台湾地区为代表的行政机关。

我国可以归入第二类,但同时又采分别登记制,即不同的抵押物在不同的机关办理抵押权登记。在现行法律规定下,它们分别是:(1)以无地上定着物的土地使用权抵押的,为核发土地使用权证书的土地管理部门;(2)以城市房地产或者乡(镇)、村企业的厂房等建筑物抵押的,为县级以上地方人民政府规定的部门;(3)以林木抵押的,为县级以上林木主管部门;(4)以航空器、船舶、车辆抵押的,为运输工具的登记部门;(5)以企业的设备和其他动产抵押的,为财产所在地的工商行政管理部门;(6)企业、个体工商户、农业生产经营者设定浮动抵

[①] 当然,在日本和我国台湾地区还存在打刻抵押烙印或标记、粘贴抵押标签的公示方法。参见孙鹏、杨会:《论动产抵押物的转让——兼析动产物权公示方式之调整》,载《西南政法大学学报》2005年第2期。

[②] 1995年国家工商行政管理局出台了《企业动产抵押物登记管理办法》,从标题可以看出其也是采用抵押物登记的表述。

押的,为抵押人住所地的工商行政管理部门;(7)以其他财产抵押的,为抵押人所在地的公证部门。

针对我国不动产登记机关的不统一,很多学者提出了批评意见,建议统一登记机关。《物权法》第10条第2款前段表明了国家对不动产实行统一登记制度的决心。2014年11月12日国务院公布了《不动产登记暂行条例》,2016年1月1日国土资源部公布了《不动产登记暂行条例实施细则》,开始对不动产登记实行统一登记;这就意味着以后不动产抵押权登记机关就是一个机关了,方便了当事人。关于动产抵押登记,国家工商总局于2007年10月17日出台了《动产抵押登记办法》,根据其规定,动产抵押登记机关为县级工商行政管理部门;《物权法》对此没有作出规定。

3. 登记效力

关于抵押权登记的效力,世界各国主要有两种做法:登记生效主义和登记对抗主义。登记生效主义又被称为登记成立主义或强制登记主义,是指设定抵押权必须进行抵押权登记,否则抵押权不生效,在当事人之间不发生效力,对外自然亦无对抗力。实行此种主义的国家,登记机关对登记内容进行实质审查,登记也具有公信力。登记对抗主义又被称为自愿登记主义,是指设定抵押权当事人可以选择是否进行抵押权登记,无论登记与否抵押权都成立,在当事人之间都发生效力;但是如果不进行登记,对外就无对抗力,无法对抗善意第三人。实行此种主义的国家,登记机关对登记内容进行形式审查,抵押权登记仅仅具有对抗力而无公信力。[①]

根据《物权法》第9条和第187条,抵押物为"建筑物和其他土地附着物""建设用地使用权""以招标、拍卖、公开协商等方式取得的荒地等土地承包经营权""正在建造的建筑物"的,抵押权自登记时设立,不登记抵押权不成立。[②] 根据《物权法》第188条,抵押物为"生产设备、原材料、半成品、产品""正在建造的船舶、航空器""交通运输工具"的,抵押权自抵押合同生效时成立;未经登记,抵押权不能对抗善意第三人。由此可见,对于抵押权登记的效力,我国法律对不动产抵押权、权利抵押权登记采登记生效主义,对动产抵押权采登记对抗主义。

不动产抵押权、权利抵押权登记采登记生效主义,理所当然;而动产抵押权

---

① 关于这两种主义的详细介绍参见叶金强:《担保法原理》,科学出版社2002年版,第111—113页;高圣平:《物权法担保物权编》,中国人民大学出版社2007年版,第143—148页。

② 当然,考虑到我国登记机关不完善的实际情况,司法认定上有所松动。《担保法司法解释》第59条规定:"当事人办理抵押物登记手续时,因登记部门的原因致使其无法办理抵押物登记,抵押人向债权人交付权利凭证的,可以认定债权人对该财产有优先受偿权。但是,未办理抵押物登记的,不得对抗第三人。"这里尽管否认了其对抗力,但一定程度上还是承认了抵押权已经生效。这样的规定是为了迁就我国国情,但破坏了不动产物权变动的登记生效主义;《物权法》生效后,该规定将不再适用。与之相似的是《担保法司法解释》第49条,该规定也不再适用。

的登记对抗主义固然尊重了当事人的意思自治,也机动灵活,但抵押权欠缺公示,与物权变动的公示原则不符,容易引发纠纷①——关于这点,本章第三节第一部分将会详细论述。

例题: 甲向某银行贷款,甲、乙和银行三方签订抵押协议,由乙提供房产抵押担保。乙把房本交给银行,因登记部门原因导致银行无法办理抵押物登记。乙向登记部门申请挂失房本后换得新房本,将房屋卖给知情的丙并办理了过户手续。甲届期未还款,关于贷款、房屋抵押和买卖,下列哪些说法是正确的?(2015年司法考试第三卷第53题)

A. 乙应向银行承担违约责任

B. 丙应代为向银行还款

C. 如丙代为向银行还款,可向甲主张相应款项

D. 因登记部门原因未办理抵押登记,但银行占有房本,故取得抵押权

解析: 本题考点是不动产抵押权登记的效力。根据乙和银行之间的抵押合同,乙应当办理抵押权登记,但是乙却向登记部门申请挂失房本后换得新房本避免抵押权的登记,此举违反了抵押合同中的义务,他应向银行承担违约责任;所以A正确。丙与银行之间并无债权债务关系的存在,他没有义务向银行还款;所以B错误。《物权法》第191条第2款规定:"抵押期间,抵押人未经抵押权人同意,不得转让抵押财产,但受让人代为清偿债务消灭抵押权的除外。"本题中,如果丙代为向银行还款,此举使得甲的主债务消灭,他可向甲主张相应款项;所以C正确。《物权法》第187条规定:"以本法第一百八十条第一款第一项至第三项规定的财产或者第五项规定的正在建造的建筑物抵押的,应当办理抵押登记。抵押权自登记时设立。"根据该条,不论什么原因未办理抵押权登记的,抵押权都不成立;所以D错误。由此可见,本题应当选A、C。

需要指出的是,根据物权变动区分原则②,抵押权没有进行登记只影响抵押权的效力,并不影响抵押合同的效力。《担保法》第41条和《城市房地产抵押管理办法》都将抵押合同的生效时间规定抵押登记之日,无视物权生效与债权生效的区别③;可喜的是,《物权法》第15条对物权变动区分原则明确作出了规定;所

---

① 关于动产抵押权的成立及其公示,世界其他国家和地区采取的模式还有意思成立主义、书面成立主义、登记成立主义。这四种模式的详细介绍参见何志:《担保法疑难问题阐释》,中国法制出版社2011年版,第215—216页。

② 关于物权变动区分原则的详细介绍参见孙宪忠:《物权变动的原因与结果的区分原则》,载《法学研究》1999年第5期。

③ 《担保法司法解释》第56条第2款通过"抵押人应当承担赔偿责任"的规定,一定程度上纠正了《担保法》第41条的弊端。

以,在我国抵押权没有进行登记只对抵押权效力产生影响,要么登记生效要么登记对抗。

例题:5月10日,甲以自有房屋1套为债权人乙设定抵押并办理抵押登记。6月10日,甲又以该房屋为债权人丙设定抵押,但一直拒绝办理抵押登记。9月10日,甲擅自将该房屋转让给丁并办理了过户登记。下列哪种说法是错误的? (2006年司法考试第三卷第9题)

A. 乙可对该房屋行使抵押权
B. 甲与丙之间的抵押合同已生效
C. 甲与丁之间转让房屋的合同无效
D. 丙可以要求甲赔偿自己所遭受的损失

解析:本题考点是不动产抵押权的登记效力。《担保法》第41条规定:"当事人以本法第四十二条规定的财产抵押的,应当办理抵押物登记,抵押合同自登记之日起生效。"《担保法》第42条规定:"办理抵押物登记的部门如下:(一) 以无地上定着物的土地使用权抵押的,为核发土地使用权证书的土地管理部门;(二) 以城市房地产或者乡(镇)、村企业的厂房等建筑物抵押的,为县级以上地方人民政府规定的部门;(三) 以林木抵押的,为县级以上林木主管部门;(四) 以航空器、船舶、车辆抵押的,为运输工具的登记部门;(五) 以企业的设备和其他动产抵押的,为财产所在地的工商行政管理部门。"本题中,丙没有办理抵押登记,抵押合同并不生效;所以B错误。抵押合同不生效给丙造成了损失,甲对此应当予以赔偿;所以D正确。甲为乙设定抵押并办理抵押登记,抵押权已经成立生效,乙可以对该房屋行使抵押权;所以A正确。《担保法》第49条前段规定:"抵押期间,抵押人转让已办理登记的抵押物的,应当通知抵押权人并告知受让人转让物已经抵押的情况;抵押人未通知抵押权人或者未告知受让人的,转让行为无效。"本题中,甲是擅自将该房屋出卖给丁,没有经过乙的同意,其买卖合同无效;所以C正确。由此可见,本题应当选B。

需要指出的是,本题是2006年的司法考试题,只能依据《担保法》《担保法司法解释》来答题。如果依据《物权法》则会得出另一个答案。《物权法》第15条规定:"当事人之间订立有关设立、变更、转让和消灭不动产物权的合同,除法律另有规定或者合同另有约定外,自合同成立时生效;未办理物权登记的,不影响合同效力。"本题中,丙的抵押权并没有办理登记,但根据物权变动区分原则,抵押合同仍然有效;所以B正确。由此可见,本题没有答案可选。如果按照《买卖合同司法解释》又会得出另一个答案。《买卖合同司法解释》第3条第1款规定:"当事人一方以出卖人在缔约时对标的物没有所有权或者处分权为由主张合同无效的,人民法院不予支持。"本题中,尽管甲擅自将该房屋转让给丁,但其买卖合同并不无效；所以 C 错误。由此可见，本题应当选 C。

例题：郑某开办公司资金不足，其父将 3 间祖屋以 25 万元卖给即将回国定居的郭某，但其父还未来得及办理过户手续即去世。郑某不知其父卖房一事，继承了这笔房款及房屋，并办理了登记手续。随后，郑某以 3 间祖屋作抵押向陈某借款 10 万元，将房产证交给了陈某，但没有办理抵押登记。下列哪些选项是正确的？（2008 年司法考试四川地震灾区延期考试第三卷第 57 题）

A. 郑某的父亲与郭某之间的房屋买卖合同有效
B. 郑某享有房屋的所有权
C. 郑某在其父亲去世后，有义务协助郭某办理房屋过户手续
D. 陈某对房屋不享有抵押权

解析：本题考点是不动产抵押权登记的效力。郑某的父亲与郭某之间的房屋买卖合同并没有任何瑕疵，当然有效；即使他们之间没有办理房屋登记手续，基于物权变动区分原则，买卖合同效力并不受到影响；所以 A 正确。郑某是郑某父亲的继承人，其父亲去世他通过继承取得房屋所有权；所以 B 正确。郑某自其父亲死亡时取得该房屋的所有权，他取代了其父在房屋买卖合同中当事人的地位，他有义务协助郭某办理房屋过户手续；所以 C 正确。根据《物权法》187 条的规定，以建筑物抵押的，应当办理抵押登记，抵押权自登记时设立。本题中，因为郑某和陈某之间的抵押未办理抵押登记，因此抵押权不成立，陈某对房屋不享有抵押权；所以 D 正确。由此可见，本题应当选 A、B、C、D。

例题：甲向乙借款，丙与乙约定以自有房屋担保该笔借款。丙仅将房本交给乙，未按约定办理抵押登记。借款到期后甲无力清偿，丙的房屋被法院另行查封。下列哪些表述是正确的？（2013 年司法考试第三卷第 57 题）

A. 乙有权要求丙继续履行担保合同，办理房屋抵押登记
B. 乙有权要求丙以自身全部财产承担担保义务
C. 乙有权要求丙以房屋价值为限承担担保义务
D. 乙有权要求丙承担损害赔偿责任

解析：本题考点是不动产抵押权登记的效力。《物权法》第 187 条规定："以本法第一百八十条第一款第一项至第三项规定的财产或者第五项规定的正在建造的建筑物抵押的，应当办理抵押登记。抵押权自登记时设立。"本题中，丙乙没有办理抵押权登记，抵押权没有成立；但根据物权变动的区分原则，此时抵押合同的效力不受影响，因此乙有权要求丙继续履行担保合同，办理抵押权登记；所以 A 正确。丙是用房屋提供担保，这是物保而非保证，丙乙间并未成立保证合同，乙无权要求丙以自身全部财产承担担保义务；所以 B 错误。因房屋的抵押权未成立，丙对乙并不承担抵押责任；所以 C 错误。借款到期后甲无力清偿，乙

的所谓抵押权并不存在,由于丙的房屋被法院另行查封又无法再办理抵押权登记,因此,乙的债权无法从该房屋上获得担保,他只能要求丙承担损害赔偿责任;所以D正确。由此可见,本题应当选A、D。

需要指出的是,司法部公布的答案是C、D。理由是由于房屋已经被法院查封,而《物权法》第184条第5项规定依法被查封、扣押、监管的财产不得抵押,这导致无法办理抵押权登记。此时,由于法律的禁止性规定,抵押合同不可能再被继续履行,此为法律上的履行不能,只能主张其他的违约责任;所以A错误。本书认为这种理解并不妥当。丙的房屋被法院另行查封是发生在主债务履行期限届满之后,而在此之前,房屋并未被查封、并非履行不能,乙有权要求丙办理房屋抵押权登记;所以A正确。

很多考生对该答案提出了异议,异议数达到了306人次。

4. 抵押权顺位
(1) 抵押权顺位的含义

抵押权是价值性支配权,只要抵押权人信任抵押物的价值和安排好数个抵押权的先后顺序,一个物上可以设定两个或两个以上的抵押权。这种充分发挥抵押物交换价值的现象叫作重复抵押或多重抵押。在重复抵押中,同一个抵押物上数个抵押权有先后的顺序,这个顺序被称为抵押权的顺位。数个抵押权在实现时,要按照这个顺位进行,只有先顺位的抵押权实现后,后顺位的抵押权人才能就剩余价款来实现。这就意味着,尽管抵押权人和普通债权人相比具有优先地位,但抵押权人相互之间也存在优先劣后之分。

抵押权的顺位只存在于已登记的抵押权之间,因为未登记的抵押权,或者不成立,或者成立但不具有对抗力,也就劣于其他已经登记的抵押权,自然就不存在顺位问题。

(2) 抵押权顺位的确定

抵押权顺位的确定,世界各国大都根据抵押权登记时间的先后顺序来决定的:最先登记的,享有第一顺位的抵押权;次之登记的,享有第二顺位的抵押权;最后登记的,享有最末顺位的抵押权。我国亦是如此,《物权法》第199条第1项规定:"同一财产向两个以上债权人抵押的,拍卖、变卖抵押财产所得的价款依照下列规定清偿:(一)抵押权已登记的,按照登记的先后顺序清偿……"。

这里的登记时间以日计算,如果当事人同一天在不同的登记机关办理抵押登记的,抵押权的顺位相同。对此,《担保法司法解释》第58条第1款作出了规定。

(3) 抵押权顺位的递升

如果先顺位的抵押权消灭了,那么后顺位的抵押权是否依次递升?对此,当今世界主要有两种做法：顺位升进主义和顺位固定主义。

顺位升进主义是指在抵押权设定后，抵押权的顺位并非永恒不变，如果顺序在前的抵押权消灭，那么顺序在后的抵押权可以递升。易言之，第一顺位的抵押权消灭后，第二顺位的抵押权就升进为第一顺位的抵押权，第三顺位的抵押权就升进为第二顺位的抵押权，第四顺位的抵押权就升进为第三顺位的抵押权……顺位固定主义是指在抵押权设定后，抵押权的顺位保持不变，即使顺序在前的抵押权消灭，顺序在后的抵押权仍然处在原来的顺位。易言之，第一顺位的抵押权消灭后，第二顺位的抵押权还是第二顺位的抵押权，第三顺位的抵押权还是第三顺位的抵押权，第四顺位的抵押权还是第四顺位的抵押权……至于先顺位抵押权消灭后空出的抵押权顺位，则为空白担保制度和所有人抵押制度创造制度空间。[1]

关于这个问题，我国立法并不明确。《担保法司法解释》第77条规定："同一财产向两个以上债权人抵押的，顺序在先的抵押权与该财产的所有权归属一人时，该财产的所有权人可以以其抵押权对抗顺序在后的抵押权。"很多学者认为我国立法采顺位升进主义，第77条为例外规定[2]，本书从之。

(4) 抵押权顺位的让与

抵押权顺位对抵押权人而言是一种利益，抵押权人自然可以处分，比如让与。

抵押权顺位的让与是指重复抵押中的先顺位抵押权人与后顺位抵押权人协商后将自己的顺位让与给后顺位抵押权人。比如债务人甲在自己价值100万元的抵押物上，针对乙的20万元债权、丙的40万元债权、丁的70万元债权先后设定了三个抵押权；第一顺位的抵押权人乙将自己的第一顺位让与给丁，这就是抵押权顺位的让与。

关于抵押权顺位让与的效力，有"全额交换说""定额交换说"和"顺位变更说"三种观点[3]；通说采"定额交换说"，本书从之。抵押权顺位的让与仅仅具有对内效力，其本质是让与人将其依先顺位所能获得的利益让与给受让人；对外因没有获得其他抵押权人的同意，而不具有效力。在上述例子中，就100万元的变

---

[1] 顺位固定主义如何为空白担保制度和所有人抵押制度创造制度空间，详细介绍参见王利明：《物权法研究》(下)，中国人民大学出版社2007年版，第448—449页；更详细的介绍参见许明月：《抵押权制度研究》，法律出版社1998年版，第272—273页。

[2] 参见曹士兵：《中国担保制度与担保方法》，中国法制出版社2015年版，第277页；郭明瑞、房绍坤、张平华编著：《担保法》，中国人民大学出版社2014年版，第103页；唐义虎：《担保物权制度研究》，北京大学出版社2011年版，第87页；高圣平：《担保法论》，法律出版社2009年版，第348页；叶金强：《担保法原理》，科学出版社2002年版，第122页。

[3] 关于这三种观点的详细介绍参见程啸：《物权法·担保物权》，中国法制出版社2005年版，第249—250页。

价所得价款,第二顺位的抵押权人丙本来可以获得40万元的完全清偿,但乙将自己顺位让与给丁后,如果丁成为第一顺位的抵押权人他将能获得70万元的清偿,丙只能获得30万元的清偿;这样明显对丙不公平,为法律所不允。所以,抵押权顺位的让与并不导致让与人和受让人之间抵押权顺位发生变化,只不过是按照两人的抵押权所能获得的全部金额,由受让人先受偿,如有剩余,再由让与人受偿。① 易言之,让与人将自己本来可以获得的那部分变价所得价款让受让人先受偿。在上述例子中,让与之后,就100万元的变价所得价款,乙可以获得0万元,丙可以获得40万元,丁可以获得60万元。

(5) 抵押权顺位的抛弃

抵押权顺位对抵押权人而言是一种利益,抵押权人自然可以处分,比如抛弃。

抵押权顺位的抛弃包括相对抛弃和绝对抛弃两种情况。② 抵押权顺位的相对抛弃是指重复抵押中的先顺位抵押权人为了某特定后顺位抵押权人的利益而抛弃自己的抵押权顺位。与抵押权顺位的让与相同的是,因为没有获得其他抵押权人的同意,抵押权顺位的相对抛弃也只具有相对效力。与抵押权顺位的让与不同的是,抵押权顺位的相对抛弃导致抛弃人与受益人处于同一顺位,二人依各自的债权比例受偿他们共同可以获得的变价所得价款。在上述例子中,第一顺位的抵押权人乙为了第三顺位抵押权人丁的利益,抛弃自己的第一顺位;抛弃之后,就100万元的变价所得价款,债权人丙仍然可以获得40万元的清偿,乙和丁二人从剩余的60万元中按各自债权比例受偿,其中乙受偿 $40/3\left(60\times\frac{20}{90}\right)$ 万元,丁受偿 $140/3\left(60\times\frac{70}{90}\right)$ 万元。

抵押权顺位的绝对抛弃是指重复抵押中的先顺位抵押权人为了全体抵押权人的利益而抛弃自己的抵押权顺位。因为受益者是除他之外的全体抵押权人,一旦抛弃的,抛弃人就变成最后顺位的抵押权人,其他抵押权人的顺位依次递进。在上述例子中,第一顺位的抵押权人乙为了全体抵押权人的利益,而抛弃自己的抵押权顺位;那么,本来处于第二顺位丙的抵押权变成第一顺位的抵押权,本来处于第三顺位丁的抵押权变成第二顺位的抵押权,乙的抵押权变成第三顺位的抵押权。在上述例子中,抛弃之后,就100万元的变价所得价款,债权人乙

---

① 参见郑玉波:《民法物权》,台湾三民书局2007年版,第280页。
② 有学者认为相对放弃纯属理论上毫无意义的假设,抵押权顺位的抛弃就是指绝对抛弃。参见尹田:《物权法》,北京大学出版社2013年版,第544页。这种观点在学界较为少见,通说认为两者都包括,本书从之。

获得 0 万元,丙可以获得 40 万元,丁可以获得 60 万元。①

(6) 抵押权顺位的变更

抵押权顺位对抵押权人而言是一种利益,抵押权人自然可以处分,比如变更。

抵押权顺位的变更是指经过协商后重复抵押中的数个不同顺位的抵押权人将其抵押权顺位相互交换。与抵押权顺位的让与、抵押权顺位的相对抛弃相同的是,抵押权顺位的变更也是先顺位抵押权人为了某特定后顺位抵押权人的利益而为之;但与抵押权顺位的让与、抵押权顺位的相对抛弃不同的是,抵押权顺位的变更将产生绝对效力:一旦抵押权顺位变更的,两个抵押权人分别享有对方本来享有的抵押权顺位。在上述例子中,乙和丁协商进行抵押权顺位的变更,变更后丁变成第一顺位的抵押权人,丙变成第二顺位的抵押权人,乙变成第三顺位的抵押权人;就 100 万元的变价所得价款,乙可以获得 0 万元,丁可以获得 70 万元,丙可以获得 30 万元。

在上述例子中,在抵押权顺位变更之前丙可以获得 40 万元的清偿,在抵押权顺位变更之后丙只能获得 30 万元的清偿,他因为抵押权顺位变更而遭受不利影响。既然抵押权顺位的变更可能会影响到其他抵押权人的利益,所以,该变更首先必须经过其他抵押权人的同意,否则该变更无效。其次,抵押物上可能存在其他利害关系人(比如顺位变更当事人的债权质权人、申请扣押抵押物之债权人)的利益,抵押权顺位的变更对其也可能会造成不利影响,自然也要经过其同意。再次,抵押权顺位的变更产生绝对效力,对外具有对抗力,因此,抵押权顺位的变更要进行物权登记才行。最后,抵押权顺位的变更还要通知抵押人。这四点是抵押权顺位变更的必要条件。

《物权法》第 194 条第 1 款规定了抵押权顺位的抛弃和抵押权顺位的变更,而没有规定抵押权顺位的让与。如前所述,抵押权顺位的让与是两个抵押权人之间协商的结果,其相对效力又不会损害其他抵押权人的利益,对于当事人的意思自治,法律没有理由不认可。② 此外,该款尽管也规定了抵押权顺位的变更,但是"抵押权的变更,未经其他抵押权人书面同意,不得对其他抵押权人产生不

---

① 该例中抵押权顺位的绝对抛弃与抵押权顺位的让与效果相同,换个例子就能够看出它们之间的区别。比如债务人甲在自己价值 100 万元的抵押物上,针对乙的 70 万元债权、丙的 40 万元债权、丁的 20 万元债权先后设定了三个抵押权。乙与丁协商进行抵押权顺位让与,就 100 万元的变价所得价款,乙可以获得 50 万元,丙可以获得 30 万元,丁获得 20 万元。乙将自己的抵押权顺位绝对抛弃,就 100 万元的变价所得价款,债权人乙可以获得 40 万元,丙可以获得 40 万元,债权人丁获得 20 万元。两种情形的法律后果不同。

② 有学者认为动产抵押权顺位的让与,登记为对抗要件;不动产抵押权顺位的让与,登记为生效要件。参见崔建远:《物权:规范与学说——以中国物权法的解释论为中心》(下册)清华大学出版社 2011 年版,第 809 页。笔者对此不敢苟同,抵押权顺位的让与仅仅发生债的效力,对外并无对抗力,无须登记。

利影响"。由此可见,该变更并不产生绝对效力,并非真正意义上抵押权顺位的变更,在效果上要么与抵押权顺位的让与相同、要么与抵押权顺位的相对抛弃相同。还有,让人费解的是该款"抵押权人与抵押人可以协议变更抵押权顺位"的规定,变更主体竟然是抵押权人与抵押人。抵押权顺位的变更是数个抵押权人之间交换其顺位,影响的是数个抵押权人(及相关利害关系人)的利益,协商主体肯定是数个抵押权人;抵押权顺位的变更不会对抵押人的利益造成影响,他不应该参与协商。对于这点,有的学者也予以批评。①

例题:黄河公司以其房屋作抵押,先后向甲银行借款 100 万元,乙银行借款 300 万元,丙银行借款 500 万元,并依次办理了抵押登记。后丙银行与甲银行商定交换各自抵押权的顺位,并办理了变更登记,但乙银行并不知情。因黄河公司无力偿还三家银行的到期债务,银行拍卖其房屋,仅得价款 600 万元。关于三家银行对该价款的分配,下列哪一选项是正确的?(2008 年司法考试第三卷第 11 题)

A. 甲银行 100 万元、乙银行 300 万元、丙银行 200 万元
B. 甲银行得不到清偿、乙银行 100 万元、丙银行 500 万元
C. 甲银行得不到清偿、乙银行 300 万元、丙银行 300 万元
D. 甲银行 100 万元、乙银行 200 万元、丙银行 300 万元

解析:本题考点是抵押权顺位的变更。《物权法》第 194 条规定:"抵押权人可以放弃抵押权或者抵押权的顺位。抵押权人与抵押人可以协议变更抵押权顺位以及被担保的债权数额等内容,但抵押权的变更,未经其他抵押权人书面同意,不得对其他抵押权人产生不利影响。"本题中,甲银行和丙银行协议变更抵押权的顺位没有经过抵押权人乙银行的书面同意,不能对其产生不利影响;因此,虽然抵押权人丙银行变更后成为第一顺位的抵押权人,但是其 500 万的债权只有 100 万(变更前第一顺位的抵押权人甲银行的主债权数额就是 100 万)可以先于第二顺位的抵押权人乙银行受偿,至于丙银行的其余 400 万债权,只有乙银行受偿 300 万之后,才可以受偿。所以,最终受偿顺序如下:丙银行的 100 万债权、乙银行的 300 万债权、丙银行的 400 万债权、甲银行的 100 万债权。而黄河公司的房产变价所得价款只有 600 万,所以最终甲银行的 100 万债权无法得到清偿、丙银行只能得到 300 万元。由此可见,本题应当选 C。

---

① 参见孙鹏、王勤劳、范雪飞:《担保物权法原理》,中国人民大学出版社 2009 年版,第 194 页;崔建远:《物权:规范与学说——以中国物权法的解释论为中心》(下册)清华大学出版社 2011 年版,第 813 页。当然,也有的学者认为该规定具有合理性。其详细论述参见尹田:《物权法》,北京大学出版社 2013 年版,第 541—542 页。

二、抵押权的善意取得

(一) 含义

抵押权善意取得是指为了担保债务的履行,无处分权人以他人的财产设立抵押权,抵押权人在接受该抵押时善意,抵押权人因此取得抵押权。

关于抵押权的善意取得,《担保法》《担保法司法解释》《物权法》都没有规定,但其具有合理性,我国司法实践中已经出现承认抵押权善意取得的案例[①],最高人民法院在《物权法》出台前的一则答复[②]中也流露出这点。

(二) 理论依据

抵押权善意取得的理论依据与所有权别无二致:一是占有和登记的公信力,二是保护交易安全。

动产以占有为物权公示的方式、不动产以登记为物权公示方法,如果抵押人占有抵押物或为抵押物的登记权利人,那么,该占有或登记就应当具有公信力,债权人基于此接受抵押人的抵押,即使日后查明抵押人并非抵押物的有权处分人,该抵押仍然有效。

基于抵押人对抵押物的占有或登记,抵押权人无过失[③]地相信抵押人有处

[①] 如海安县农村信用合作联社诉海安县爱之缘服饰有限公司借款合同案,最终一审和二审法院依据抵押权属善意取得理论,确认海安县老坝港信用社与海安县爱之缘服饰有限公司之间的抵押合同有效。一审法院在判决中说道:"基于被告与第三人之间的买卖合同,该批设备作为动产,事实上是由爱之缘公司合法占有和使用,购买设备的发票也是爱之缘公司所持有,老坝港信用社与爱之缘公司订立抵押合同时,没有理由不相信该批设备不属于爱之缘公司所有,老坝港信用社主观上并无过错。而且该抵押物依法办理了抵押登记,因此,老坝港信用社的抵押权属善意取得,应认定该抵押合同有效。"二审法院在判决中说道:"老坝港信用社与爱之缘公司订立抵押合同时善意无过失,并办理了抵押物的登记手续,依法取得了该设备的抵押权。爱之缘公司故意隐瞒真实情况,将自己尚无处分权的缝纫机及其设备抵押给他人,并在贵宏公司扬州分公司起诉向其索要货款时隐瞒设备已经抵押的情况与其签订还款的调解协议,缺乏基本的诚信,对所造成的贵宏公司扬州分公司的损失应承担赔偿责任,贵宏公司扬州分公司可就此另行主张权利。原审事实清楚,处理正确,应当维持。"

[②] 参见最高人民法院答复(2003)民二他字第 26 号。该答复的全文如下:"辽宁省高级人民法院:你院(2002)辽民三初字第 12 号请示收悉。经研究,答复如下:从你院请示材料看,依据大连市中级人民法院(1999)大民初字第 160 号民事调解书、大连市房地产管理局大房局管字(2000)16 号文件以及大连市中级人民法院(2002)大行再字第 21 号行政判决书,中大大厦 9—15 层的产权确系中国大连国际经济技术合作集团有限公司(以下简称大连国际)所有,大连中大集团公司(以下简称中大集团)未经大连国际的同意将中大大厦整体抵押给债权人中国农业银行大连市分行友好支行(以下简称友好支行)的行为,属于无权处分行为,依照《中华人民共和国合同法》第 51 条的规定,抵押合同涉及无权处分部分无效。但鉴于中大大厦在抵押时的全部产权登记在中大集团名下,不动产登记具有权利推定效力,因此,如无证据证明友好支行在接受抵押时对中大大厦 9—15 层产权的真实状况为明知或应知的,友好支行可以善意取得对中大大厦 9—15 层的抵押权。你院应当在查明案件事实,尤其是债权人在接受抵押时是否属于善意的基础上,妥善处理该案。此复。2003 年 11 月 24 日。"

[③] 根据《物权法司法解释(一)》第 15 条第 1 款,善意第三人的无过失是指无重大过失。关于重大过失的理解,参见杜万华主编:《最高人民法院物权法司法解释(一)理解与适用》,人民法院出版社 2016 年版,第 359—360 页。

分权,该合理信赖应受法律保护。如果不赋予抵押权人抵押权,就会损害了抵押权人的合理信赖;在其为交易秩序化身的情况下,此举动摇了市场交易主体对市场交易安全的信心(为了避免这种风险,债权人在交易之初只得查询债务人是否为真正的所有权人;这样不仅增加了其征信成本[①],也会陷入"恶魔的证明"[②]的沼泽里),进而影响交易秩序的稳定。所以,此时应当让抵押权人取得抵押权。

(三)构成要件

债权人要想通过善意取得制度取得不动产抵押权,必须符合如下条件:

1. 抵押人对抵押动产不享有处分权

这是最基本的条件。如果抵押人为抵押物的真正权利人,其抵押行为属于有权处分,那么债权人直接取得抵押权,而不需要通过善意取得制度。

2. 抵押人占有抵押动产或为不动产的登记权利人

抵押权善意取得的理论依据之一是物权公示的公信力,这就要求抵押人占有抵押动产或者是抵押不动产的登记权利人;因为只有这样,占有和登记才能产生公信力。

3. 债权人善意

债权人必须善意,对抵押人没有处分权无过失地不知情,合理信赖抵押人享有处分权。只有这样,才需要法律通过善意取得制度来保护他的合理信赖及其背后的交易安全。

4. 抵押权已经登记

抵押人用不动产向抵押权人抵押的,除了订立抵押合同,还要双方当事人办理抵押权登记。设立抵押权需要公示,而不动产的物权公示方法为登记,所以善意取得中的不动产抵押权要进行登记。这和所有权善意取得中的"转让的不动产依照法律规定应当登记的已经登记"的道理一样。

如果抵押物是动产,要想善意取得也需要抵押人和善意债权人已经了办理抵押权登记。如果设立的动产抵押权没有进行登记,就没有对抗力,无法对抗善意第三人,无法对抗物的原权利人;无法对抗物的原权利人就意味着抵押权人并没有真正地取得抵押权。因此,动产抵押权也要和不动产抵押权一样进行登记才能善意取得。

---

① 征信成本,简单地说就是当事人在交易前的调查成本。笔者在《善意取得制度理论基础之探究》一文第二部分中使用了"征信成本"的表述,却被编辑改为"诚信成本",让人哭笑不得。参见杨会:《善意取得制度理论基础之探究》,载《安徽理工大学学报(社会科学版)》2004 第 3 期。

② "恶魔的证明"是指在交易时当事人通过历史追溯的方式以获取物权的真实信息,而非通过物权公示来体现;如此一来,就要追溯至前手的前手的前手……的前手,直至物的第一个所有人,从而获得物权的真实信息;这种获取物权真实信息的方式被称为"恶魔的证明"。关于"恶魔的证明"的详细介绍参见肖厚国:《物权变动研究》,法律出版社 2002 年版,第 302 页。

需要指出的是,抵押权的善意取得构成要件中并无《物权法》第106条第1款第2项"以合理的价格转让"的规定。因为买卖合同是有偿合同、双务合同,而抵押合同为无偿合同、单务合同,抵押权人获得抵押权并不需要向抵押人支付对价。

此外,对于所有权善意取得的构成要件,《物权法》第106条第1款没有区分动产与不动产,而是一起规定;该规定无视二者的区别,遭到学界的广泛批评。经由上述分析可以发现,动产抵押权的善意取得和不动产抵押权的善意取得在构成要件上并无区别,无须分开规定。

(四) 法律后果

一旦发生抵押权善意取得的,会产生如下两个法律后果:

第一,抵押权人取得抵押权,并且是原始取得;其抵押权并不因为抵押物所有权人的反对而受影响,抵押物所有权人必须接受和容忍抵押权存在的事实。

第二,对于抵押物所有权人遭受的损害,法律提供救济。当抵押物为不动产时,抵押物所有权人有权根据《物权法》第21条向登记错误的肇事者(登记机关或抵押人)主张损害赔偿;当抵押物为动产时,他有权根据《物权法》第106条第2款向抵押人主张损害赔偿。

第三节 抵押权的效力

抵押权生效后,抵押人和抵押权人都享有一定的权利,负担一定的义务;这些权利义务关系若从权利的角度来说,就是当事人所享有的权利。而抵押关系的当事人就是抵押人和抵押权人,所以,接下来本书分别从抵押人和抵押权人的角度讨论他们享有的权利。

一、抵押人的权利

(一) 抵押物的占有、使用、收益权

设立抵押并不需要移转抵押物的占有,所以,设定抵押后抵押人仍然继续占有抵押物。抵押权人只是支配抵押物的交换价值,抵押物的使用价值仍然被抵押人支配,抵押人可以继续使用该抵押物。自然而然地,对于抵押物的收益,也只能由抵押人来享有,其他人(特别是抵押权人)无权染指。

(二) 担保物权再设权

抵押权设定后,抵押人对于抵押物仍然可以再次设定抵押,这就是前文提及的重复抵押。通说认为,很多情况下抵押物的价值大于抵押权担保的主债权数额,抵押物多余部分的交换价值未被利用;如此一来,与其让抵押物的部分交换价值空闲,不如把它充分利用起来,而利用的一个重要方式就是把该抵押物再次进行抵押。本书赞同通说的理由，同时还认为，即使抵押物的价值不大于抵押权担保的主债权数额，如果债权人愿意在已经设立抵押的财产上为自己的债权设定抵押(因为抵押权顺位存在递进的可能性，再加上抵押物有升值的可能，后顺序的债权人的此举仍然是理性举措)，对于当事人的意思自治，法律也没有理由禁止。因此，抵押权设定后，抵押人有权就自己的抵押物再次设定抵押。这样不仅不妨碍抵押物使用价值的利用，而且还最大限度地利用了抵押物的交换价值，促进了资金和物质的流通。所以，近代各国立法大都允许抵押人就一个抵押物设定多个抵押权。我国《担保法》第 35 条第 2 款[1]附条件地承认了抵押人的该项权利[2]，《物权法》第 199 条更是明确承认了重复抵押。

此外，抵押设定后，抵押人不仅有权就该抵押物再次设定抵押，还有权就该抵押物再设定质押权。由于质押权的具体内容要到第五章再介绍，所以，该问题本书第五章第二节第三部分再详细论述。

(三) 用益物权设定权

由于设定抵押后抵押物的使用价值仍然被抵押人支配，他可以将抵押物的使用价值通过设定用益物权的方式进行充分利用。比如抵押权设定后，抵押人将抵押物给第三人设定典权。

由于用益物权和抵押权对抵押物支配的价值不同(前者支配的是抵押物的使用价值，后者支配的是抵押物的交换价值)，二者可以和谐共存于同一抵押物上，抵押人可以在抵押物上再设定用益物权。但是，设定在后的用益物权不能对设定在先的抵押权造成损害；因为一旦遭受损害，那么先设立的抵押权就无安全性可言，抵押人可以随意通过设定用益物权的方式去损害在先的抵押权。

何谓抵押权不受影响，学者意见不一，有谓仍得追及供抵押之不动产而行使抵押权，有谓如因设定他种权利之结果而影响抵押物之卖价者，他种权利归于消减。[3] 通说采后者，本书从之。即抵押权的实现不受后来设定的用益物权的影响；抵押物如果能顺利变价则无任何问题，如果抵押物的出售因为该用益物权的存在而受阻时，抵押权人可以向人民法院申请除去该用益物权——抵押物的买受人购买的抵押物并无用益物权的负担。[4]

当然，这是理论上的分析。在我国现行法律框架中，由于土地这种最重要的

---

[1] 有人认为，除了《担保法》第 35 条，《担保法司法解释》第 51 条也认可了抵押人的这些权利。参见高圣平：《物权法担保物权编》，中国人民大学出版社 2007 年版，第 216 页。对此本书不敢苟同。从文义解释看，《担保法司法解释》第 51 条中的"抵押人所担保的债权"不是"抵押人所担保数个债权"；从体系解释看，《担保法司法解释》第 51 条更是与重复抵押不沾边。

[2] 该款"但不得超出其余额部分"的规定无视债权人的意思自治，招致了学界的广泛批评。

[3] 参见郑玉波：《民法物权》，台湾三民书局 2007 年版，第 274 页。

[4] 当然，后设定的用益物权人的利益如何保护，那是他与抵押人之间的事情，与设定在先的抵押权人无关。

不动产所有权属于国家和集体,而建设用地使用权等用益物权都由土地派生出来,所以,我国的抵押人很少能在抵押后再设定用益物权——但也并非没有,房屋抵押后,所有权人就可以在上面设定地役权。

(四)抵押物出租权

租赁权和用益物权一样,支配的都是物的使用价值而非交换价值,因此,与抵押设定后可以再设定用益物权一样,抵押权设定后,抵押人有权将抵押物出租。

同理,设定在后的租赁权不能妨碍设定在先的抵押权。关于这点,我国法律有所体现。《担保法司法解释》第 66 条第 1 款规定:"抵押人将已抵押的财产出租的,抵押权实现后,租赁合同对受让人不具有约束力。"该规定没有区分动产抵押物和不动产抵押物。实际上,当抵押物为动产时,动产抵押权奉行登记对抗主义,动产抵押权可能没有进行登记,如果设定在后的承租人善意,抵押权就无法对抗租赁权。① 所以,《物权法》第 190 条后段规定为"该租赁关系不得对抗已登记的抵押权",较为科学。至于因此给承租人造成损害的,则取决于抵押人将抵押物出租时是否告知承租人:如果抵押人未告知,抵押人有过错,他应当对承租人的损失承担赔偿责任;如果抵押人已告知,基于风险自负,承租人的损失自己承担。对此,《担保法司法解释》第 66 条第 2 款作出了规定。

例题:2013 年 2 月 1 日,王某以一套房屋为张某设定了抵押,办理了抵押登记。同年 3 月 1 日,王某将该房屋租给李某 1 年,以租金抵偿王某欠李某的借款。房屋交付后,李某向王某出具了借款还清的收据。同年 4 月 1 日,李某得知房屋上设有抵押后,与王某修订租赁合同,把起租日改为 2013 年 1 月 1 日。张某实现抵押权时,要求李某搬离房屋。下列哪些表述是正确的?(2014 年司法考试第三卷第 57 题)

A. 王某、李某的借款之债消灭
B. 李某的租赁权可对抗张某的抵押权
C. 王某、李某修订租赁合同行为无效
D. 李某可向王某主张违约责任

解析:本题考点是抵押物的租赁。《合同法》第 100 条规定:"当事人互负债务,标的物种类、品质不相同的,经双方协商一致,也可以抵销。"本题中,王某与李某协商以租金抵偿借款,李某还向王某出具借款还清收据,该借款之债因抵销而消灭;所以 A 正确。

---

① 此外,该规定不分情况地绝对地"买卖击破租赁"固然是保护了设定在先的抵押权,但对抵押权的保护是否过度则值得思考。租赁权的存在并不必然影响抵押权的实现,如果负有租赁权的抵押物仍然可以出卖,并且所得价款足以清偿抵押权所担保的主债权,为什么要否认租赁权的继续存在?

《物权法》第190条规定:"订立抵押合同前抵押财产已出租的,原租赁关系不受该抵押权的影响。抵押权设立后抵押财产出租的,该租赁关系不得对抗已登记的抵押权。"本题中,抵押在先租赁在后,李某的租赁权不能对抗张某的抵押权;所以B错误。

根据《合同法》第52条第2项的规定,恶意串通,损害国家、集体或者第三人利益的,合同无效。本题中,王某、张某将改变抵押合同与租赁合同的成立时间顺序,损害抵押权人张某的利益,该修订行为无效;所以C正确。

《合同法》第107条规定:"当事人一方不履行合同义务或者履行合同义务不符合约定的,应当承担继续履行、采取补救措施或者赔偿损失等违约责任。"本题中,因张某实现抵押权,要求李某搬离房屋,致使王某无法合理履行出租人义务,构成违约,应当承担违约责任;所以D正确。

由此可见,本题应当选A、C、D。

以上是先抵押后租赁,如果是先租赁后抵押①,结果自然就恰恰相反。设定在先的租赁权并不受设定在后的抵押权影响,抵押权实现导致抵押物所有权人发生变化的,买卖不破租赁,租赁权继续存在于该物上。对此,《担保法司法解释》第65条、《物权法》第190条前段都作出了规定,不过前者规定得更为明确。有学者指出,此时租赁权对抗抵押权,先成立的租赁权要有"公示"方法,否则对于后来的善意的抵押权人不公平,即不动产租赁要进行租赁登记,动产租赁要交付租赁物。② 根据民法的合理信赖原理,该观点可资赞同。

(五)抵押物转让权

抵押设定后抵押人仍然享有抵押物的所有权,基于所有权的应有之义,他自然有权在不损害抵押权的前提下处分自己的所有物。上述的设定担保物权、设定用益物权、出租都是处分,毫无疑问,最重要的处分是转让。

理论争鸣 抵押人是否享有抵押物转让权?

关于抵押物的转让,传统民法都不否认抵押人的该项权利;和上述所有的处分一样,抵押物的转让不能损害在先的抵押权。如果抵押人将该物已经抵押的

---

① 有学者敏锐地指出,《物权法》第190条前段的时间表述为"订立抵押合同前"而后前段的时间表述为"抵押权设立后",两个时间点不同,宜同一表述为"抵押权设立"。其详细论述参见丁南:《担保物权释论》,中国政法大学出版社2013年版,第29—30页。

② 参见徐洁:《抵押权论》,法律出版社2003年版,第201页。

事实告诉受让人,受让人可以通过涤除制度①,既维护了自己的利益也保护了抵押权人的利益。但是,如果抵押人没有告知,就可能会损害抵押权人的利益;传统民法主要应对措施就是赋予抵押权以追及效力:无论抵押物辗转至何处,抵押权人均可以追及而行使抵押权,除非被善意取得等切断。所以,一些学者据此对我国法律中限制抵押人的转让权进行了批评,主张学习传统民法赋予抵押人完全自由的抵押物转让权,同时赋予抵押权以追及效力。② 这种观点可能不妥。传统民法中抵押物为不动产③,而不动产抵押权由于采登记生效主义都已经进行登记,所以,在抵押物转让前抵押物受让人通过物权查询登记簿能够知悉抵押权的存在,在作出相应利益安排的前提下购买了该不动产;如此一来,赋予抵押权以追及效力不会损害抵押物受让人的权利,自然妥当。但我国法律与传统民法不同,我国的抵押物不仅包括不动产,还包括动产和权利;权利抵押权和不动产抵押权一样是登记生效主义,可以赋予抵押权的追及效力,但动产抵押权并非如此:我国的动产抵押权的登记采登记对抗主义而非登记生效主义,再加上动产的物权公示方法为占有(或交付),所以,在动产买卖时买受人没有义务查询登记簿;即使此时的动产抵押权已经进行登记,除非抵押人告知,动产抵押物受让人不可能知悉该抵押权的存在,这种情况下也赋予登记动产抵押权以追及效力,将会打破善意买受人的合理信赖、侵害其交易安全,对动产买受人来说极不公平。④

关于抵押物转让权,我国立法态度有所犹豫。《民通意见》第 115 条通过"非经抵押权人同意,转让无效"否认了抵押人的自由转让权;《担保法》第 49 条通过"非经通知抵押权人(和受让人),转让无效"又较大程度地承认了抵押人的自由转让权;《担保法司法解释》第 67 条通过"已登记抵押权具有追及效力,未登记抵押权不具有对抗力"几乎完全地承认了抵押人的自由转让权;《物权法》第 191 条

---

① 所谓涤除制度是指受让人将购买抵押物的贷款向抵押权人提前清偿主债务或者将贷款提存。它是为了平衡抵押物流转中受让人利益与抵押权人利益的冲突,使受让人享有对已设定抵押受让物的自我救济权利。《物权法》第 191 条前段对此作出了规定。

② 参见叶金强:《担保法原理》,科学出版社 2002 年版,第 140—142 页;邹海林、常敏:《债权担保的理论与实务》,社会科学文献出版社 2005 年版,第 1160—162 页;陈祥健:《担保物权研究》,中国检察出版社 2004 年版,第 109—110 页;陈华彬:《物权法》,法律出版社 2004 年版,第 498—499 页。

③ 所以,谢在全先生的书中使用的是"得将不动产让与他人"(着重号为笔者所加)。参见谢在全:《民法物权论》(下册),中国政法大学出版社 1999 年版,第 612 页。另外,我国台湾地区"民法"物权编担保物权部分修正草案于 2007 年 3 月 5 日在"立法院"通过;修订后的抵押权这章分三节,第一节为普通抵押权,第二节为最高额抵押权,第三节为其他抵押权。其中第一节的普通抵押权就是指以不动产为标的物的抵押权。

④ 笔者关于这一问题的详细论述参见杨会、何莉苹:《动产抵押权不应具有追及效力》,载《人民法院报》2007 年 1 月 22 日第 5 版。

则回到了老路,通过"非经抵押权人同意,转让无效"①又一次否认了抵押人的自由转让权。对于我国的立法,学者们存在着不同的看法。本书认为,由于抵押权追及效力的存在,不动产抵押人应当享有充分的抵押物转让权,但对于动产抵押物,这个问题还真不好解决;原因在于动产抵押权人和善意买受人之间的利益冲突很难协调②——其实这个难题不独中国法律存在,认可动产抵押制度的国家和地区都面临这样一个因动产抵押权公示而出现的难题。

例题: 甲公司向某银行贷款100万元,乙公司以其所有的一栋房屋作抵押担保,并完成了抵押登记。现乙公司拟将房屋出售给丙公司,通知了银行并向丙公司告知了该房屋已经抵押的事实。乙、丙订立书面买卖合同后到房屋管理部门办理过户手续。下列哪些说法是正确的?(2009年司法考试第三卷第55题)

A. 不论银行是否同意转让,房屋管理部门应当准予过户,但银行仍然对该房屋享有抵押权

B. 如丙公司代为清偿了甲公司的银行债务,则不论银行是否同意转让,房屋管理部门均应当准予过户

C. 如丙公司向银行承诺代为清偿甲公司的银行债务,则不论银行是否同意转让,房屋管理部门均应当准予过户

D. 如甲公司清偿了银行债务,则不论银行是否同意,房屋管理部门均应当准予过户

解析: 本题考点是抵押物的转让。《物权法》第191条规定:"抵押期间,抵押人经抵押权人同意转让抵押财产的,应当将转让所得的价款向抵押权人提前清偿债务或者提存。转让的价款超过债权数额的部分归抵押人所有,不足部分由债务人清偿。抵押期间,抵押人未经抵押权人同意,不得转让抵押财产,但受让人代为清偿债务消灭抵押权的除外。"本题中,抵押人乙未经抵押权人即某银行的同意而转让房屋的,该转让行为无效,房屋管理部门不会予以过户;所以A错误。如果受让人丙公司代为清偿了甲公司对银行的债务,抵押权人的利益得到了保障,即使他不同意该转让行为仍然有效,房屋管理部门应当准予过户;所以B正确。如果受让人丙公司仅提出代为清偿承诺,而没有实际代为清偿债务的,抵押权人的利益无法得到保障,法律不应允许;所以C错误。如果甲公司已经清偿了银行的债务,那么甲公司与银行之间的主债就消灭了,抵押权也随之消

---

① 当然,与《民通意见》第115条不同的是,《物权法》第191条有个例外,即受让人代为清偿债务消灭抵押权。

② 有学者认为,法律既然设计了动产抵押制度,就应该赋予动产抵押权登记的对抗力和对世性;只要动产抵押权办理了登记,不管第三人是否善意,都只能取得有抵押权负担的所有权。参见唐义虎:《担保物权制度研究》,北京大学出版社2011年版,第114页。这样的观点就是无视第三人的合理信赖,有违于动态交易安全的保护。

灭,乙公司当然可以对房屋进行自由买卖;所以D正确。由此可见,本题应当选B、D。

根据《物权法》第191条,转让抵押物应当经过抵押权人的同意,那么赠与抵押物的,举轻以明重,自然应当经过抵押权人的同意。

(六)追偿权

如果抵押人是第三人,当抵押权实现后,抵押人就会丧失抵押物的所有权。与此同时,主债权因为抵押权的实现而消灭,主债务人从中受益。为了维持他们之间的利益平衡,法律赋予抵押人向债务人进行追偿的权利。这就是抵押人的追偿权。

当然,如果抵押人代为清偿消灭主债权的,基于同样的原因,抵押人对债务人也享有追偿权。

抵押人的追偿权在本质上与保证人的追偿权相同,由于本书第二章第三节第二部分已经详细论述,此处不再赘述。

二、抵押权人的权利

(一)抵押权次序权

次序权是指先顺位的抵押权人较后顺位的抵押权人享有的对抵押物变价所得价款优先受偿的权利。关于这个问题,本章第二节第一部分已经作了详细的介绍,此处不再赘述。

(二)抵押权保全权

抵押权为交换价值支配权,抵押权人的利益主要体现在抵押物的交换价值上;而抵押物又不被抵押权人占有,抵押权人对抵押物并不具有事实上的支配力。所以,当抵押人的不当行为导致抵押物的交换价值减少时,抵押权人的利益就受到了损害。此时,法律应该赋予抵押权人一定的救济,救济措施就是抵押权保全权。从性质上看,抵押权人的这种权利属于物权请求权。

根据抵押人不当行为发生时间的不同,抵押权保全权在不同阶段有不同的体现;具体来说,有防止抵押物价值减少的权利、请求恢复抵押物价值或增加担保的权利、请求提前清偿债务的权利。《担保法》第51条第1款、《担保法司法解释》第70条、《物权法》第193条都对此作出了规定。

1. 防止抵押物价值减少的权利

防止抵押物价值减少的权利是指当抵押人的不当行为足以使抵押物价值减少时,抵押权人享有的要求抵押人停止其不当行为的权利。

抵押人的不当行为足以使抵押物价值减少是指抵押物价值有减少之虞。在抵押物价值有减少之虞时,无须等到损害结果的实际发生,抵押权人就可以行使这个权利来防止损害结果的发生。

抵押人致使抵押物价值减少的行为只能是不当行为,抵押人对于抵押物价值的减少要有过错。如果抵押人的正当合理行为导致抵押物价值减少的,抵押权人只能忍受该不利结果——只有这样才能避免侵蚀抵押人(对抵押物享有的)行为自由——学界常举的例子"抵押人没有将破旧的房屋修缮"可能就不太妥当,因为此时抵押人的不作为并无过错,难谓不当行为。也正是因为抵押人有过错,抵押权人行使防止抵押物价值减少的权利因抵押人而起,所需费用应由抵押人负担。

另外,当情势紧急时,抵押权人可否采取一定的防卫措施来防止抵押物价值减少?比如抵押人以砍伐林木损害抵押权的,情况紧急时抵押权人可否将砍伐工具毁弃?我国法律对此没有规定,但是学界通说认为应当赋予抵押权人该权利[①],本书赞同这种观点。

2. 请求恢复原状或增加担保的权利

请求恢复原状或增加担保的权利是指当抵押人的不当行为已经使抵押物价值减少后,抵押权人享有的要求抵押人恢复抵押物价值或要求抵押人增加担保的权利。其中"要求抵押人恢复抵押物价值"是指要求抵押人采取一定的措施使抵押物的价值恢复到未减少之前;"要求增加担保"是指当抵押物的价值不可恢复地减少后,抵押权人要求抵押人另行提供担保——另行提供担保即另行增加担保,增加的担保又被称为增担保,其担保形式不限,只要价值与原抵押物减少的价值相当即可。

3. 请求提前清偿债务的权利

抵押权人请求抵押人恢复原状或提供担保,有可能遭到抵押人的拒绝;如果是这样,法律又该如何救济抵押权人?《担保法司法解释》第70条给出的答案是"抵押权人可以请求债务人履行债务,也可以请求提前行使抵押权",《物权法》第193条则稍有改变,其给予的救济措施是"抵押权人有权要求债务人提前清偿债务"。遗憾的是,这两个规定都没有区分抵押人是否为债务人。实际上,当抵押人不是债务人时,对于抵押人的减少抵押物的行为(及其造成损害抵押权人的后果),债务人并无过错(甚至可能都不知情);如果让债务人丧失债务履行期限利

---

① 参见何志:《担保法疑难问题阐释》,中国法制出版社2011年版,第256页;陈祥健:《担保物权研究》,中国检察出版社2004年版,第128—129页。此外,《物权法》制定前学界的两个学者建议稿中也都规定了这点。参见梁慧星主编:《中国物权法草案建议稿附理由》,社会科学文献出版社2007年版,第59页;王利明主编:《中国物权法草案建议稿及说》,中国法制出版社2001年版,第100页。

益,对债务人不甚公平。① 因此,合理的措施是抵押权人有权请求提前行使抵押权,让抵押人自己承受不利后果。②

抵押权人的保全权针对的是抵押人的不当行为,是抵押人的行为导致抵押权价值减少;如果非归责于抵押人而抵押物价值减少或丧失的,则要作不同的处理:当抵押人因为抵押物价值的减少或丧失而获得其他利益,基于抵押权的代位性,抵押权的效力及于抵押人新获得的利益。当抵押人因为抵押物价值的减少或丧失并未获得其他利益,那么作为所有权人的抵押人承担所有权减少或消灭的风险,作为抵押权人的债权人自然就要承担抵押权减少或消灭的风险,抵押人无须恢复抵押物价值或增加担保,抵押权人只能就抵押物未减少部分继续享有抵押权。关于这点,《担保法》第51条第2款已经作出了规定。③

(三) 抵押权处分权

抵押权处分权是指抵押权人对其抵押权享有的进行处分的权利。抵押权对抵押权人来说是一种财产利益,自然可以处分。具体来说,抵押权的处分权包括抵押权的转让、设定担保和抛弃。

1. 抵押权的转让

抵押权的处分首要之义就是抵押权的转让。抵押权具有从属性,所以,抵押权人在转让抵押权时,不能将抵押权与主债权分离处分,而要一并转让;但法律另有规定或者当事人另有约定的除外。此外,转让债权和抵押权时,抵押权人应当通知债务人和抵押人,自不待言。

有疑问的是转让抵押权是否要重新办理抵押权登记,特别是抵押物为不动产或权利时。有学者认为抵押权的转让是以抵押权的有效存在为前提的,若主债权转让,作为从权利的抵押权也随之转让,针对主债权而设立的抵押权应当继续存在,无须重新办理抵押权登记。④ 本书赞同这种观点。最高人民法院《关于审理涉及金融资产管理公司收购、管理、处置国有银行不良贷款形成的资产的案

---

① 王利明教授一定程度上发现了这个问题,他说:"笔者认为,《物权法》关于提前清偿债务的权利的规定尽管在一定程度上剥夺了债务人的期限利益。"但他随后却为我国法律规定进行辩护,"但是,因为抵押人不采取措施恢复抵押物价值或增加担保,会使得抵押权人的利益受到严重威胁,法律为保障抵押权人的利益,也只能要求抵押人提前清偿,这对抵押人并非不公平"。参见王利明:《物权法研究》(下),中国人民大学出版社2007年版,第489页。很明显,他的论述也混淆了抵押人与债务人二者的身份,没有考虑到抵押人不是债务人的情况。

② 参见丁南:《担保物权释论》,中国政法大学出版社2013年版,第36页。对于这个问题,德国与瑞士的做法是使债务人丧失与抵押物价值减少部分金额相当的那一部分债务的期限利益。德国和瑞士的法律规定及其合理化说明,参见程啸:《物权法·担保物权》,中国法制出版社2005年版,第264页。

③ 美中不足的是,《担保法》第51条第2款有一个小瑕疵:其规定的代位物仅仅为"因损害而得到的赔偿",而实际上抵押物的代位物还包括补偿等其他情形。所以,本书认为,把"而得到的赔偿"改成"而得到的利益"更为妥当。

④ 参见何志:《担保法疑难问题阐释》,中国法制出版社2011年版,第245页。

件适用法律若干问题的规定》也采取了这种观点,第9条规定:"金融资产管理公司受让有抵押担保的债权后,可以依法取得对债权的抵押权,原抵押权登记继续有效。"

2. 抵押权的设定担保

抵押权对抵押权人来说是一种财产利益,他有权利用该利益为自己或他人的债务设定担保。同样基于抵押权的从属性,抵押权人在把自己享有的抵押权用来设定担保时,要把主债权和抵押权一起用来设定担保,而不能仅仅用抵押权来设定。由于主债权是主权利、抵押权是从权利,新设的担保其实就是债权质权。

3. 抵押权的抛弃

抵押权处分权还包括抵押权人对抵押权的抛弃。抵押权的抛弃包括相对抛弃和绝对抛弃。

抵押权的相对抛弃是指抵押权人为了同一抵押人的某特定债权人的利益而抛弃其抵押权。它需要抵押权人作出抛弃的意思表示和某特定债权人的同意。抵押权相对抛弃发生相对效力,即抵押权抛弃后,抵押权人并不丧失抵押权,仅就自己可优先受偿价款与某特定债权人按照债权比例受偿;其他人的利益并不受影响。比如债务人甲在自己价值80万元的抵押物上,针对乙的20万元债权、丙的40万元债权先后设定了两个抵押权;此外,丁是甲的60万元一般债权人。当乙为丁抛弃抵押权时,丙的40万元仍然可以获得完全清偿,抵押财产剩余价值40万元;乙和丁的债权总和为80万元,他们俩按比例获得清偿,即乙可以获得10万元清偿,丁可以获得30万元清偿。

抵押权的绝对抛弃其实就是解除抵押关系,抵押权从而归于消灭。它需要抵押权人向抵押人作出抛弃抵押权的意思表示,并且办理抵押权注销登记。抵押权绝对抛弃发生绝对效力,即抵押权抛弃后,抵押权人丧失抵押权,其变成无担保的普通债权人。

(四)抵押权物权请求权

物权请求权是物权保护的重要手段,不仅所有权人享有物权请求权,其他物权人也享有物权请求权,其中就包括抵押权人。

当抵押权受到侵害或有侵害之虞时,抵押权人对于侵害人就享有物权请求权。上述的抵押权保全权其实就是抵押权人针对抵押人的侵害抵押权行为享有的物权请求权。这里所指的物权请求权是针对第三人侵害抵押权的行为。不管该第三人是抵押物的合法占有人还是毫无关系的第三人,只要第三人的行为将致使抵押物价值减少或损失,抵押权人有权要求第三人停止侵害、消除危险、恢复原状等。①

(五) 抵押权实现权

抵押权实现权是指当抵押权实现的条件成就时,抵押权人享有的实现抵押权来满足自己债权的权利。抵押权的实现既是抵押权的最主要效力,也是抵押权人最主要的权利。鉴于该问题的重要性,本章专设一节予以详细论述。

第四节 抵押权的实现

一、抵押权的实现概述

抵押权的实现,又被称为抵押权的行使,是指当抵押权实现条件成就时,抵押权人将抵押物出售,并从变价所得价款中优先受偿从而满足自己的主债权。设定抵押权的目的就是为了保障主债权的完全实现,当履行期限届满主债权未获完全清偿时,抵押权人自然有权实现抵押权,这是抵押权担保功能的最终实现。

抵押权的实现其实是一个漫长的程序。这个程序又包括两个环节,一是变现(即抵押权人将抵押物出售),二是受偿(即抵押权人就变价所得价款优先受偿);并且这两个环节有先后的顺序,先变现,后受偿。

抵押权最终发挥保障债权实现的作用,就要通过行使抵押权来实现。所以,保障抵押权的顺利实现,有利于充分发挥抵押权制度的价值,有利于保障抵押权人的利益。所以,抵押权实现是抵押权制度中的重要部分,在整个担保物权制度中居于比较重要的地位。②《担保法》专门设一节规定抵押权的实现,《物权法》也用了八个条文对抵押权实现进行了规定。

抵押权的实现是抵押权人的权利,既然是抵押权人的权利,抵押权人能否在抵押权行使条件成就时不行使抵押权而就债务人的一般责任财产清偿?对此,有"肯定说"(又被称为"选择主义")与"否定说"(又被称为"先行主义")两种观点。前者认为,抵押权人是否实现抵押权是其权利,因此,他当然有权不实现抵押权而先就债务人的其他财产清偿,不足部分再实现抵押权,即便抵押物的价值足以清偿债权。后者认为,担保物权既然以担保主债权的清偿为目的,那么债权负有担保物权的,应先就担保物变价清偿,不足部分再就债务人的其他财产清

---

① 抵押权人是否享有损害赔偿请求权,各国立法及学说并不相同。各国立法及学说的详细介绍参见许明月:《抵押权制度研究》,法律出版社1998年版,第323—324页。

② 参见王利明:《物权法研究》(下),中国人民大学出版社2007年版,第498—499页。

偿。① 我国法律到底持何种态度，由于立法的不明确，学界的观点也有争议；不过从《担保法》第 53 条的"不足部分由债务人清偿"、《担保法司法解释》第 73 条的"……应当按照抵押物实现的价值进行清偿。不足清偿的剩余部分，由债务人清偿"和《物权法》第 198 条的"不足部分由债务人清偿"看，我国法律好像采先行主义。②

二、抵押权实现的条件

抵押权的实现应当满足以下几个条件。

（一）存在有效的抵押权

抵押权的实现必须以抵押权的有效存在为前提。抵押权不成立，无法行使；抵押权虽然成立但无效或被撤销，也无法行使。

（二）履行期限届满主债权未获完全清偿或发生当事人约定的实现抵押权的情形

这里又包含两种情形。

第一，履行期限届满，但是债务人没有按约定履行自己的债务。

如果主债权未届清偿期，债权人连向债务人主张清偿的权利都没有，更无权向抵押人主张权利；如果履行期限届满主债权已获完全清偿，抵押权自然也不能实现。只有当清偿期届满主债权仍未获完全清偿时，抵押权才有实现的必要性。

当抵押人为第三人时，第三人为了避免自己的所有物被出售，能否代替债务人清偿主债务从而消灭抵押权？一般情况下，第三人代为清偿能够使债权人的债权得以实现，又没有损害其利益，应当允许；但主债权对债务履行人有特殊要求的情况下，则不允许。

第二，发生当事人约定的实现抵押权的情形。

如果当事人事先就抵押权的实现约定了条件，当该条件成就时，不管主债权是否到期，抵押权人都可以实现抵押权。通过这样的约定，债权人可以对债务人的某些行为进行约束。比如贷款用途只能用来购买原材料，如果改变贷款用途则实现抵押权，债务人就不会轻易把购买原材料的贷款用于其他用途。这是当事人意思自治的体现，法律自然应当允许。

---

① 参见许明月：《抵押权制度研究》，法律出版社 1998 年版，第 328—330 页；陈祥健：《担保物权研究》，中国检察出版社 2004 年版，第 135 页；程啸：《物权法·担保物权》，中国法制出版社 2005 年版，第 264 页；曹士兵：《中国担保制度与担保方法》，中国法制出版社 2015 年版，第 299 页。

② 有人对此进行了批评，认为除了债务人破产等特殊情况，应当允许抵押权人进行选择。其详细论述参见曹士兵：《中国担保制度与担保方法》，中国法制出版社 2015 年版，第 300 页。还有人认为要分情况，如果抵押权人从债务人的一般责任财产中受偿并不损害其他债权人的利益，则采选择主义；如果抵押权人的选择权损害了其他债权人的利益，则采先行主义。其详细论述参见陈祥健：《担保物权研究》，中国检察出版社 2004 年版，第 136 页。

《担保法》第53条仅仅规定了第一种情形,《物权法》第195条把这两种情形都涵盖进去;很明显,后者更加尊重当事人的意思自治,属于立法上的进步。

(三) 抵押人无抗辩权

抵押人如果享有抗辩权,其行使抗辩权就会阻止抵押权的实现,那就必须等到抗辩事由消灭后抵押权才能实现。比如,债务人在履行合同义务时,债权人不进行协助致使债务人不能顺利履行债务而使主债权的履行期限发生延长;此时,债权人应当对债权延期负责,若债权人与债务人就债权的履行期限达成新的协议,抵押人应享有抗辩权,那么,抵押权只有在新的履行期限届满才能实现。[①]

关于这点,尽管《担保法》第53条和《物权法》第195条都没有提及,但它仍属于抵押权实现的条件。

(四) 在法定期限内行使

除了所有权,鲜有物权的行使不受期限的限制,抵押权也不例外。随着市场经济的快速运转,法律的制度设计更加注重对物的利用,抵押权的长期存在可能会使抵押权人怠于行使抵押权,也对抵押人造成了长久的限制;这样就制约了对抵押物的充分利用,也不利于发挥抵押权的经济效用。因此,抵押权应当在一定的期间内行使,否则,法律就不对其提供保护。

在我国,根据《物权法》第202条的规定,这个法定期间是"主债权诉讼时效期间";抵押权人超过这个期间行使抵押权的,人民法院不予保护。

例题:甲公司向乙银行贷款1000万元,约定2005年12月2日一次性还本付息。丙公司以自己的一栋房屋作抵押。甲到期没有清偿债务,乙银行每个月都向其催收,均无效果,最后一次催收的时间是2007年3月6日。乙银行在下列哪一时间前行使抵押权,才能得到法院的保护?(2007年司法考试第三卷第13题)

A. 2007年12月2日
B. 2009年12月2日
C. 2009年3月6日
D. 2011年3月6日

解析:本题考点是抵押权的保护期限。《物权法》第202条规定:"抵押权人应当在主债权诉讼时效期间行使抵押权;未行使的,人民法院不予保护。"本题中,乙银行的最后一次催收的时间是2007年3月6日,那么其债权在2009年3月6日诉讼时效期间届满。由此可见,本题应当选C。

[①] 参见许明月:《抵押权制度研究》,法律出版社1998年版,第342页。

三、抵押权实现的途径

关于抵押权实现的途径,当今世界主要有当事人自救主义和司法保护主义两种。前者是指当事人既可以通过强制执行程序实现抵押权,也可以协商决定如何实现抵押权;后者是指抵押权的实现必须由法院通过强制执行程序进行,不允许当事人自行协商来实现抵押权。应当说,这两种途径各有利弊。司法保护主义的优点在于因为强制执行程序十分严格,该程序充分考虑了各方当事人的利益,通过强制执行程序实现抵押权能够较好地照顾到大多数债权人的利益;其缺点在于程序复杂,消耗时间长且成本比较大。允许当事人自由协商实现抵押权的当事人自救主义正是克服了强制执行程序的缺点,但是这样容易给其他利害关系人造成损害,比如抵押人和抵押权人故意贬低抵押物的价值,让抵押权人实际上获得更多的清偿。[①]

在这两种选择中,前者的拥趸较多;从《担保法》第 53 条、《物权法》第 195 条、《民事诉讼法》第 197 条、《民事诉讼法司法解释》第 372 条等法律规范来看,我国法律也采当事人自救主义。然而,在当事人协商与寻求人民法院救济之间,是否应当安排一个先后的顺序,即当事人是否应当先就以抵押财产折价或者以拍卖、变卖该抵押财产所得的价款优先受偿事宜进行协商,只有在协商未果时才能寻求司法保护?对此又有两种不同的观点:选择主义及先行主义。[②] 本书认为,尽管这样的先后顺序既可以满足当事人的需求,又可以避免司法资源的浪费;但是任何一方当事人并没有协商的义务——就像当事人发生民事争议后,一方当事人既可以寻求调解未果后再诉至人民法院,也有权拒绝任何先行调解而直接将对方当事人诉至人民法院[③]——所以,选择主义更为科学。

在我国,《担保法》第 53 条、《物权法》第 195 条、《民事诉讼法》第 197 条、《民事诉讼法司法解释》第 372 条等法律规范对抵押权的实现途径作出了规定。根据上述法律规定,应当作如下处理:

第一,抵押权实现条件成就时,抵押权人与抵押人没有争议,双方就以抵押财产折价或者以拍卖、变卖该抵押财产所得的价款优先受偿通过协商达成协议的,根据意思自治原则,就按照该协议来实现抵押权。

[①] 参见程啸:《物权法·担保物权》,中国法制出版社 2005 年版,第 323 页;两种途径更详细的介绍参见许明月:《抵押权制度研究》,法律出版社 1998 年版,第 326—328 页。

[②] 两种主义的详细介绍及世界主要国家和地区的选择参见唐义虎:《担保物权制度研究》,北京大学出版社 2011 年版,第 76 页。

[③] 早就有学者敏锐地发现这一点。参见程啸:《中国抵押权制度的理论与实践》,法律出版社 2002 年版,第 386 页。不过,他是根据文义解释而得出的结论,并且没有阐释该规定的理由。

同时,为了避免抵押权人与抵押人的自由协商给其他利害关系人造成损害,根据《物权法》第 195 条第 1 款后段,协议损害其他债权人利益的,其他债权人可以在知道或者应当知道撤销事由之日起 1 年内请求人民法院撤销该协议。该规定通过赋予其他债权人以撤销权来保障公正,值得表扬。

第二,抵押权实现的条件成就时,抵押权人与抵押人就以抵押财产折价或者以拍卖、变卖该抵押财产所得的价款优先受偿通过协商无法达成协议的,抵押权人可以向人民法院申请实现担保物权。

抵押权人向人民法院申请后,人民法院应当予以审查;审查后按下列情形分别处理:(1)当事人对主合同的效力、期限、履行情况及担保物权是否有效设立、担保财产的范围、被担保的债权范围、被担保的债权是否已届清偿期等无实质性争议且实现担保物权条件成就的,人民法院裁定准许拍卖、变卖担保财产。(2)当事人对上述事项有实质性争议的,人民法院裁定驳回申请,并告知抵押权人向人民法院提起诉讼。(3)当事人对上述事项有部分实质性争议的,就无争议部分裁定准许拍卖、变卖担保财产;就有争议部分裁定驳回申请,并告知抵押权人向人民法院提起诉讼。

四、抵押权实现的方法

世界各国和地区关于抵押权实现方法的规定大同小异,大都是拍卖、协议取得所有权、以其他方式出售三种方法。我国法律也规定了这三种方法,并且将其称为拍卖、折价、变卖。

(一)拍卖

拍卖是指在抵押权实现时,通过拍卖的方式将抵押物出售,用拍卖所得价款来清偿主债权。该定义中的拍卖,根据《拍卖法》第 3 条的规定,是指以公开竞价的形式,将特定物品或者财产权利转让给最高应价者的买卖方式。

从保护各方当事人利益的角度看,拍卖应该是抵押权实现的最佳方法。一方面,拍卖的透明度高,有利于杜绝暗箱操作,比较公正,容易为各方当事人所接受;另一方面,竞价往往可以获得较高的价款[①],这样既有利于抵押权人,又有利于抵押人。所以说,拍卖是认可度最高、实践应用最广泛的抵押权实现方法。当然,拍卖也有其缺点:程序繁琐,成本较高,同时拍卖的价款容易受到拍卖市场行情的影响,等等。

---

① 一般的拍卖都是增价拍卖,通过竞价可以获得较高的价款,而实际上拍卖还有减价拍卖。这种特殊的拍卖就是荷兰式拍卖,是指拍卖标的物的竞价由高到低依次递减直到第一个竞买人应价(达到或超过底价)时击槌成交的一种拍卖。参见百度百科"荷兰式拍卖"词条,http://baike.baidu.com/link?url=0-fH8X9fJdmvq8CREd43EVRprMX1RQju6Wy2EZBQhD6HTFybdVq61eNx-mCXdB89XFZVUJWU8-oweKHyQzmSqoa,访问日期:2015 年 3 月 8 日。

拍卖包括当事人委托拍卖人和法院委托拍卖人两种。前者是指当事人协议后共同委托拍卖人，由其负责抵押物的拍卖；后者是指法院经抵押权人的申请，按照强制执行程序，委托拍卖人，由其负责抵押物的拍卖。前者又被称为任意拍卖，是当事人意思自治的体现；后者又被称为强制拍卖，是法院的强制执行程序。按照《物权法》第195条，先由当事人协议，由当事人委托拍卖人；如果协商未果，抵押权人有权申请人民法院进行强制拍卖，这时再由人民法院委托拍卖人。

此外，需注意的是拍卖成功后抵押物上的其他权利。由于一个抵押物上面可能存在多个担保物权甚至用益物权，当买受人取得抵押物所有权后，其他权利的命运将会怎样？是继续存在还是因拍卖成功而归于消灭？世界各国和地区法律对此规定不一，主要有两种立法例。第一为涤销主义，也被称为负担消灭主义，即当拍卖的抵押物存在担保物权、用益物权等权利时，这些权利都因为拍卖的成功而归于消灭，买受人取得没有任何权利负担的抵押物。拍卖所得价款依据权利负担的性质及顺位依次进行清偿或补偿。第二为承受主义，即当拍卖的抵押物存在担保物权、用益物权等权利时，这些权利不因拍卖而消灭，仍继续存在于抵押物上由买受人承受。[①] 至于我国采哪种主义，《担保法》和《物权法》都没有明确规定；但从最高人民法院《关于人民法院民事执行中拍卖、变卖财产的规定》第31条[②]看，对担保物权似采涤销主义，对用益物权似采承受主义。

（二）折价

折价俗称以物抵债，是指在抵押权实现时，抵押人和抵押权人协议让抵押权人取得抵押物的所有权，然后用抵押物买卖价款来充抵主债权。折价的实质是买卖加抵销，即抵押人将抵押物出卖给抵押权人，并用自己的买卖价款债权与对方的主债权相抵销，二债权在相同数额内消灭，抵押权人的主债权得以实现。

折价有两个优点。第一是低成本。折价只需要抵押人与抵押权人达成一致意见即可，成本非常低；所以，折价的便捷、低成本往往更容易受到当事人的偏爱。第二是无风险。由于货款债权与主债权相抵销，双方当事人都无须担心对方主观上的不履行或客观上的履行不能，该风险通过抵销而消除，从而实现了当事人之间的利益平衡。

但是，抵押物的买卖价格仅仅由抵押人和抵押权人决定，价格可能就不客观、不合理；如此一来，就可能损害利害关系人的利益。根据《物权法》第195条

[①] 涤销主义和承受主义的详细介绍参见许明月：《抵押权制度研究》，法律出版社1998年版，第360—362页。另外，郭明瑞教授在其《担保法》一书中也提及了涤销主义和承受主义，但其介绍与许明月教授的介绍有所不同。郭明瑞教授的介绍参见郭明瑞：《担保法》，法律出版社2010年版，第130页。

[②] 该条规定："拍卖财产上原有的担保物权及其他优先受偿权，因拍卖而消灭，拍卖所得价款，应当优先清偿担保物权人及其他优先受偿权人的债权，但当事人另有约定的除外。拍卖财产上原有的租赁权及其他用益物权，不因拍卖而消灭，但该权利继续存在于拍卖财产上，对在先的担保物权或者其他优先受偿权的实现有影响的，人民法院应当依法将其除去后进行拍卖。"

第 3 款,抵押财产折价或者变卖的,应当参照市场价格。此外,折价仅仅在抵押人和抵押权人之间发生,缺乏透明度,容易成为损害其他利害关系人的工具,应当给利害关系人一定的救济措施。《担保法司法解释》第 57 条第 2 款后段对此作出了规定,《物权法》第 195 条第 1 款后段对此也作出了规定:"协议损害其他债权人利益的,其他债权人可以在知道或者应当知道撤销事由之日起一年内请求人民法院撤销该协议。"

折价与流质契约相似,都是以让抵押权人取得抵押物的所有权而消灭债务人的主债务;但是,它们有区别:第一,时间的不同。折价发生在抵押权实现阶段,而流质契约发生在抵押权设定时。第二,是否估价不同。折价要进行估价,应当参照市场价格;而流质契约则无须估价,双方当事人自行决定。第三,是否结算不同。折价要结算,抵押物价值高于债权数额的,超过部分返还给抵押人;而流质契约并不结算,直接让抵押权人取得抵押物所有权。也正是因为这几个区别,前者合法而后者不合法。

(三) 变卖

变卖是指以拍卖、折价之外的方式出售抵押物,用变价所得价款来清偿主债权。在某些情况下,拍卖并不合适且当事人又不能就折价达成协议的,就只有采用其他方式(比如委托他人出卖)出售抵押物。这些其他的买卖方式统称为变卖。

变卖是当事人或人民法院直接将抵押物以合适的价格出卖给买受人,它无须遵守严格的程序,也无须竞价。因此,变卖成本低、效率高;但是,其公开性较差,容易侵犯其他利害关系人的利益。

为了防止变卖中的当事人侵犯其他利害关系人的利益,法律对变卖这种抵押权实现方法作了一定的限制:第一,除非债务人或债权人申请,否则不采取变卖的方法。第二,变卖原则上只能适用于动产、有价证券和一些特殊的财产。[①] 第三,变卖的价格必须合理。《物权法》第 195 条第 3 款对第三点作出了规定。

需要说明的是,关于拍卖、折价和变卖三种方法的适用,取决于当事人的选择。如果抵押人和抵押权人事先没有约定,实现时可以协商;协商未果的,抵押权人有权请求人民法院对抵押物拍卖或变卖。

五、变价所得价款的分配

(一) 一般情况下的变价所得价款的分配

通过拍卖、折价或变卖等方法,抵押物得以出售,从而换取了一定数额的金钱;对于该变价所得价款,抵押权人自然可以优先于普通债权人而受偿;但是,其

---

① 崔建远主编:《物权法》,清华大学出版社 2008 年版,第 322 页。

抵押权不能优先某些税款①、建设工程价款等,只有等这些债权实现后,抵押权人才能用剩余价款清偿主债权、利息、违约金、损害赔偿金和实现抵押权的费用等。

如果变价所得价款恰好等于上述债权总额,这样的巧合自然使得操作十分方便,抵押人将所有价款都给抵押权人。如果二者不相等,那该如何处理呢?《担保法》第53条后段和《物权法》第198条给出了答案,笔者称之为多退少补。所谓多退是指当抵押物变价所得价款大于债权总额时,多余的价款退还给抵押人;如此规定的原因很简单,抵押人是抵押物的所有人,他对抵押物享有除抵押权之外的所有利益。所谓少补是指当抵押物变价所得价款小于债权总额时,变价所得价款全部用来清偿主债权,剩余未清偿的部分由债务人继续清偿,只不过该部分债权变成了普通债权;如此规定的原因也很简单,主债权未获完全清偿,未获清偿部分的债权仍然存在,债务人当然有义务继续清偿,但是抵押权因为实现而消灭,这部分债权自然就没有担保了。

(二)特殊情况下的变价所得价款的分配

以上介绍的是一般情况下变价所得价款的分配,然而现实生活中还有一些特殊情形,比如抵押物上面存在多个抵押权、土地上新增了一些建筑物。

1.多个抵押权存在时的变价所得价款的分配

上面讨论的是抵押物上只有一个抵押权的情形,如果抵押物上存在多个抵押权,变价所得价款的分配规则就大不一样。首先,根据抵押权是否登记来确定数个抵押权之间优先受偿的先后顺序,已经登记的抵押权优先于未登记的抵押权清偿,因为未登记的抵押权无法对抗已登记的抵押权。其次,根据抵押权登记的时间来确定数个抵押权之间优先受偿的先后顺序,即抵押权顺位,登记在先的抵押权优先于登记在后的抵押权清偿;登记时间相同的,彼此之间不优先,按照各自担保的债权比例清偿。最后,数个抵押权都没有登记的,彼此之间不能对抗也就无法优先,则按照各自担保的债权比例清偿。

如此设计既尊重了抵押权登记的公信力,又符合债权的平等性,还与登记对抗主义的理念契合,甚为科学。可喜的是《物权法》第199条改变了《担保法》第54条②的不合理规定,作出了与前述设计相同的规定。

---

① 《税收征收管理法》第45条前段规定:"税务机关征收税款,税收优先于无担保债权,法律另有规定的除外;纳税人欠缴的税款发生在纳税人以其财产设定抵押、质押或者纳税人的财产被留置之前的,税收应当先于抵押权、质权、留置权执行。"

② 《担保法》第54条规定:"同一财产向两个以上债权人抵押的,拍卖、变卖抵押物所得的价款按照以下规定清偿:(一)抵押合同以登记生效的,按照抵押物登记的先后顺序清偿;顺序相同的,按照债权比例清偿;(二)抵押合同自签订之日起生效的,该抵押物已登记的,按照本条第(一)项规定清偿;未登记的,按照合同生效时间的先后顺序清偿,顺序相同的,按照债权比例清偿。抵押物已登记的先于未登记的受偿。"

上面的价款分配是基于前后顺位的抵押权担保的主债权履行期限相同的情形,如果数个债权的履行期限不同,此时抵押物变价所得价款又将如何分配?当后顺位的抵押权担保的主债权履行期限先届满时,后顺位的抵押权人只能就抵押物价值超出顺序在先的抵押担保债权的部分受偿;当先顺位的抵押权担保的主债权履行期限先届满时,先顺位的抵押权实现,实现后的剩余价款应予提存,留给后顺位的抵押权人。《担保法司法解释》第78条对此作出了规定。

2. 新增建筑物变价所得价款的分配

除了从物、代位物等特殊情况,抵押物的范围一般都是在抵押合同中约定好的,因此,在抵押权实现时能够变价的抵押物范围也是确定的;但是,用建设用地使用权单独进行抵押时,情况就会发生变化:当抵押人用单独的建设用地使用权(俗称裸地)抵押时,过了一段时间经过开发,土地上往往会新建起一些建筑物。那么,该新增建筑物的变价所得价款如何分配?

由于当事人订立的抵押合同中约定的抵押物只是建设用地使用权,那么新增建筑物并不属于抵押物的范围,不为抵押权效力所及。但考虑到房地一体原则,抵押权在实现时,被变价的不仅包括建设用地使用权,还包括新增的建筑物;易言之,应当将该土地上新增建筑物与建设用地使用权作为一个整体出售而变价。该变价所得价款就包括两部分,一部分是建设用地使用权的变价所得,另一部分是新增建筑物的变价所得;由于抵押物仅仅是建设用地使用权,抵押权人只能对建设用地使用权的变价所得价款优先受偿,对于新增建筑物的变价所得价款,抵押权人无权优先受偿,而应该退还给抵押人。对此,《物权法》第200条作出了规定。

第五节 特殊抵押权

以上介绍的抵押权都是普通的抵押权,除此之外,还有一些特殊的抵押权。

需要说明的是,我国的抵押权客体包括不动产、动产和权利,所以,在我国,动产抵押权、权利抵押权都不再是特殊抵押权,这和传统民法有所不同。一般认为,在我国,特殊抵押权包括最高额抵押权、共同抵押权和浮动抵押权。

一、最高额抵押权

(一)最高额抵押权概述

最高额抵押权是指在预定的限额内,抵押人对将来一定范围内连续发生的债权进行担保,在抵押权实现条件成就后,抵押权人就抵押物变价所得价款在限额内优先受偿的权利。比如甲经常从乙处购买原材料,甲用自己价值约1000万的房屋为自己一年内与乙之间多次买卖原材料的付款义务进行600万限额的抵押。该抵押就是最高额抵押,乙享有的抵押权就是最高额抵押权。

最高额抵押是现代民法中的一项重要的抵押形式,它是为了适应有长期业务往来的民商事主体之间的连续性交易需要而产生的。现代市场经济条件下,银行与企业之间的资本信用关系、银行与客户之间的票据贴现关系、经销商与制造商之间的商业信用关系、批发商与零售商之间的商业信用关系,等等,仅有一次便寿终正寝的比较少见;比较常见的是循环反复、生生不息的连续性交易。此种交易将会先产生出债权,然后债务人履行而消灭债权,接着又产生出新的债权、债务人履行又消灭该债权,又产生新的债权……对于这种不断发生又不断消灭再不断产生的债权,如果设定普通抵押权来担保,那么就得先设立一个抵押权,该抵押权消灭,再设立一个抵押权,该抵押权又消灭,再设立一个抵押权……如此一来将会十分麻烦,徒增劳费,不符合追求交易效率的现代市场经济本质。而最高额抵押可以克服这一缺陷。按照最高额抵押,当事人只需设立一个抵押权便可以担保基于某一法律关系于特定期间内重复发生的债权,简便了抵押权的设定,节约了交易成本。①

最高额抵押制度首创于德国,后为瑞士、日本、韩国、我国台湾地区所借鉴。我国的担保制度起步较晚,但1995年的《担保法》就规定了最高额抵押,殊值褒奖;不过《担保法》中的最高额抵押规定只有4条,过于简单。后来的《担保法司法解释》在第81条、第82条、第83条,对最高额抵押进行了补充规定。《物权法》在"抵押权"这一章用一节规定最高额抵押权,把它放到和普通抵押权相并列的地位,重视程度可见一斑。

(二) 最高额抵押权的特征

作为一种特殊的抵押权,最高额抵押权具有以下几个特征。

第一,被担保的主债权不特定。普通抵押权都用来担保特定的主债权,主债权在设立时必须特定,否则无从担保;但最高额抵押权不是这样,在设立时被担保的主债权并不特定。② 主债权的不特定性表现在:一是设立时被担保的主债权往往在一段时间后消灭,又产生新的债权,二者并非同一个债权。所以,最高额抵押权担保的不是某一个具体的债权,而是一个连续性交易;这个连续性交易又被称为基础关系,比如连续买卖、连续借贷、票据贴现等。二是被担保的主债权数额在设立时并不明确,它在最高额抵押权确定之前都处于变动之中,只有等到确定后它才能特定。

---

① 参见陈华彬:《物权法》,法律出版社2004年版,第532—533页。
② 当然,也有学者,比如谢在全教授和高圣平教授,认为最高额抵押所担保的主债权具有特定性。其详细论述参见谢在全:《民法物权论》(下册),中国政法大学出版社1999年版,第710—711页;高圣平:《物权法担保物权编》,中国人民大学出版社2007年版,第291页。本书和他们的差异主要在于对"特定性"理解不同,就内容本身来看并无差异。

第二，从属性十分微弱。普通抵押权具有发生、转让和消灭三个方面的从属性，但是最高额抵押权的从属性却十分微弱，甚至有人主张以"最高额抵押权的独立性"[①]来表示最高额抵押权在从属性方面与普通抵押权的巨大差别。实际上也的确如此：就设立的从属性而言，最高额抵押权所担保的主债权在设立时往往并不存在；就移转的从属性而言，最高额抵押权所担保的主债权部分转让的，最高额抵押权并不随之转让；就消灭的从属性而言，最高额抵押权所担保的主债权在约定期限内消灭的，最高额抵押权并不随之消灭，仍然担保着日后基于同一交易关系而发生的债权。

第三，优先受偿有额度限制。最高额抵押权中的最高指的是最高额度，这个额度针对的是被担保的债权数额。比如某一最高额抵押权的限额是 100 万，哪怕最后确定的主债权数额为 160 万，抵押权人能够从抵押物变价所得价款中优先受偿的范围也只有 100 万。此举就限制了抵押人为不确定的交易关系提供担保而带去的主债权数额不断增大的风险，给抵押人、后顺位担保物权人和普通债权人以合理预期。[②] 这是最高额抵押权与普通抵押权的最重要区别。

第四，适用范围比较窄。上述的几个特点决定了最高额抵押的适用范围只能是有限的场合，即一定期限内将要不断发生再不断消灭又不断发生的连续性交易，比如连续买卖、连续借贷、票据贴现等；对于普通债权，最高额抵押权无法适用。

(三) 最高额抵押权的设定

最高额抵押权的设定，也应当经过抵押权人和抵押人订立抵押合同、抵押权公示两个阶段。

1. 订立最高额抵押合同

最高额抵押合同和普通抵押合同并无实质区别，它只是在以下几个方面具有特殊性。

(1) 主债权种类

前文已述，最高额抵押权本质上担保的是不断地产生出新债权的连续性交易，那么，哪些连续性交易、哪些种类的债权可以设立最高额抵押权？《担保法》第 60 条第 2 款的规定是"债权人与债务人就某项商品在一定期间内连续发生交易而签订的合同"，《物权法》第 203 条第 1 款将范围扩大至"一定期间内将要连续发生的债权"。如此一来，只要是连续发生的债权即可，未必是商品交易债权，

[①] 黄章任：《论最高额抵押》，载《法律科学》1996 年第 3 期。

[②] 有学者指出，约定的最高限额使得抵押权对于物的交换价值的支配范围有一个量上的限度，也是基于物权公示的需要。参见徐洁：《抵押权论》，法律出版社 2003 年版，第 229 页。

提供服务的债权也可以设立最高额抵押权。①

最高额抵押权担保的基于基础关系而发生的债权,是将来才发生的债权,所以,在最高额抵押权设立前就已经存在的债权不能被最高额抵押权担保;当然,如果经过当事人的同意,可以转入最高额抵押权担保的债权范围。最高额抵押权的特征在于其担保的债权不特定,再加上最高限额对抵押人进行保护;因此,即使某债权发生在最高额抵押权设立前,也应当允许增补到最高额抵押权所担保的债权范围。更何况,这是当事人意思自治的范畴,法律应当允许。②《物权法》第203条第2款对此也作了规定。

(2) 最高限额

最高限额是设立最高额抵押权的必备要素,否则最高额抵押就难谓最高额抵押了。如前所述,主债权可能生、灭、增、减,其数额并不固定,只有确定后,主债权的数额才固定下来;但是,并非实际发生的全部主债权都能从抵押物变价所得价款中优先受偿,如果主债权数额大于最高限额的,抵押权人只能够优先受偿最高限额数额相等的变价所得价款。这个最高限额的具体数字,需要当事人在抵押合同中约定。

需要指出的是,通说认为最高限额是最高额抵押所担保的最高债权额,连《物权法》第203条的表述也是"最高债权额限度"或"最高债权额"。本书认为,最高限额是指抵押权人就抵押物变价所得价款可优先受偿的最高限额,"最高受偿额"的表述可能更为科学。因为当确定后实际发生的主债权数额大于最高限额的,抵押权人只能优先受偿最高限额数额相等的变价所得价款,超出限额的那部分主债权就变成了无担保的普通债权。易言之,最高额抵押权虽然担保着确定后的所有主债权,但由于最高限额的存在,抵押权人能够优先受偿的最大数额也就是最高限额。由此可见,这里的最高限额类似于普通抵押中抵押物的价值:抵押物担保着全部的主债权,但抵押物的价值是有限的(也是一个限额);超出抵押物价值的那部分债权额(相当于超出最高限额的那部分),就无法从抵押物变价所得价款中优先受偿,只能成为无担保的普通债权。因此,"最高受偿额"的表述比"最高债权额限度"或"最高债权额"更为科学、更为妥当。

(3) 结算期

结算期又被称为决算期,它是指最终确定最高额抵押权担保的主债权数额

---

① 有学者认为,基础关系可以是连续性交易,非因法律行为而生的法律关系也可以。如甲之土地与乙工厂相邻,双方约定由乙提供不动产,设定最高限额为500万元的抵押权于甲,以担保乙工厂日后排放废水,可能导致甲农作物损害所生之损害赔偿。参见谢在全:《民法物权论》(下),中国政法大学出版社1999年版,第711页。

② 参见全国人大常委会法制工作委员会民法室编:《中华人民共和国物权法条文说明、立法理由及相关规定》,北京大学出版社2007年版,第369页。

的日期。它不是一个期间,而是一个期日。当法定事由出现,就要进行主债权数额的结算;因此,它才被称为结算期。

结算期属于意思自治的范畴,由当事人在最高额抵押合同中约定。如果当事人没有约定或约定不明,根据《物权法》第206条第2项的规定,债权确定期间就是最高额抵押权设立之日起满2年,结算期就是该2年的届满之日。

例题:2014年7月1日,甲公司、乙公司和张某签订了《个人最高额抵押协议》,张某将其房屋抵押给乙公司,担保甲公司在一周前所欠乙公司货款300万元,最高债权额400万元,并办理了最高额抵押登记,债权确定期间为2014年7月2日到2015年7月1日。债权确定期间内,甲公司因从乙公司分批次进货,又欠乙公司100万元。甲公司未还款。关于有抵押担保的债权额和抵押权期间,下列哪些选项是正确的?(2015年司法考试第三卷第54题)

A. 债权额为100万元
B. 债权额为400万元
C. 抵押权期间为1年
D. 抵押权期间为主债权诉讼时效期间

解析:本题考点是最高额抵押权。《物权法》第203条第1款规定:"为担保债务的履行,债务人或者第三人对一定期间内将要连续发生的债权提供担保财产的,债务人不履行到期债务或者发生当事人约定的实现抵押权的情形,抵押权人有权在最高债权额限度内就该担保财产优先受偿。"本题中,第一次甲公司与乙公司之间的主债权是300万元,第二次是100万元,那么,实际发生债权额为400万元(300万元+100万元);所以A错误B正确。《物权法》第202条规定:"抵押权人应当在主债权诉讼时效期间行使抵押权;未行使的,人民法院不予保护。"可见,抵押权期间为主债权诉讼时效期间而非1年;所以C错误D正确。由此可见,本题应当选B、D。

2. 最高额抵押权的公示

订立最高额抵押合同之后,应当进行物权公示。基于其本身的特殊性,最高额抵押权的公示方法是登记,并且采登记生效主义。这是承认最高额抵押制度国家的立法通例。[①] 基于最高额抵押权的便捷性,抵押权登记仅仅需要一次登记,而非基于基础关系产生的每个债权产生时都要登记。我国法律对最高额抵押权的登记并未规定[②],根据《担保法》第62条和《物权法》第207条的准用规

---

① 参见梅夏英、高圣平:《物权法教程》,中国人民大学出版社2007年版,第446—447页。
② 虽然法律没有明确规定,但有的规定暗含了登记的必要性。如《担保法司法解释》第82条规定最高额抵押权对抗顺序在后的抵押权。既然抵押权有顺序,则必然有抵押权登记。

则,最高额抵押权的登记适用普通抵押权登记的规定①,而普通抵押权的登记有登记生效主义和登记对抗主义两种;如此一来就忽视了最高额抵押权登记的特殊性,有失妥当。

(四) 最高额抵押权的效力

1. 最高额抵押权担保的主债权范围

最高额抵押权担保的主债权范围由当事人事先约定,如果没有约定或者约定不明,则准用普通抵押权的规定,包括主债权、利息、违约金、损害赔偿金和实现担保物权的费用。

最高额抵押权在确定之前,基于基础关系产生的债权或生或灭或增或减,主债权数额也会随之变动,即使债权额一度为零,也不影响最高额抵押的效力,其仍然对确定前发生的债权承担担保责任。②

2. 主债权的让与

最高额抵押权在确定之前,债权人享有的主债权可以让与,毋庸置疑,但最高额抵押权并不随之转让;因为最高额抵押权的从属性比较特殊,并不依附于具体债权。《担保法》第 61 条规定:"最高额抵押的主合同债权不得转让。"该规定无视最高额抵押权与主合同债权之间的特殊关系,遭到学界广泛的批评。《物权法》第 204 条将其修正为"最高额抵押担保的债权确定前,部分债权转让的,最高额抵押权不得转让,但当事人另有约定的除外。"该规定甚为妥当。

3. 最高额抵押权的变更

最高额抵押设定后,当事人协议对抵押合同的相关事项进行变更,这是合同自由的体现,法律当然应当允许。《物权法》第 205 条继承《担保法司法解释》第 82 条的精神,也赋予了当事人变更的权利。

根据该条的规定,最高额抵押权的变更应当遵守以下几点:第一,变更主体仅限于抵押权人与抵押人。③ 第二,能变更的事项限于结算期、主债权范围和最高限额这三项。第三,变更的时间要在确定之前。第四,变更的内容不得对其他利害关系人产生不利影响。如果延后结算期或增加最高限额,可能就会侵害后顺位抵押权人和普通债权人的利益,为法律所不允。

(五) 最高额抵押权的确定

1. 确定的含义

前文已多次提及确定,那么何为确定?确定是指最高额抵押权所担保的不

---

① 《物权法》立法者也指出,最高额抵押权可以适用普通抵押权的规定包括抵押权登记与生效时间的规定。参见全国人大常委会法制工作委员会民法室编:《中华人民共和国物权法条文说明、立法理由及相关规定》,北京大学出版社 2007 年版,第 376 页。

② 有学者将其称为最高额抵押担保债权的新陈代谢。转引自王昱之:《最高限额抵押权所担保债权之确定》,载郑玉波主编:《民法物权论文选辑》(下册),台湾五南图书出版公司 1984 年版,第 768 页。

③ 有学者提到了债务人的变更。他认为,由于最高限额的存在,不会对其他利害关系人造成损害,应当允许。其详细介绍参见许明月:《抵押权制度研究》,法律出版社 1998 年版,第 433—434 页。

特定债权因为特定事由的出现而固定。因为是不特定的主债权归于固定,它又被称为主债权的确定。

2. 确定的原因

之所以让不特定的债权确定,有两个方面的原因:第一,是抵押权实现的需要。如果被担保的主债权一直处于不确定的状态,具体的债权数额就不清楚,那么债权人就无法要求债务人履行债务,最高额抵押权也就无法实现。第二,是保护利害关系人的需要。如果被担保的主债权不确定,最高额抵押权就无法实现,自然地,后顺位的抵押权人和普通债权人无法就该抵押物主张权利。

3. 确定的事由

哪些事由的出现会导致最高额抵押权确定呢?根据《物权法》第206条,最高额抵押权的确定事由有以下六种:(1)约定的债权确定期间届满。这是当事人意思自治的体现,债权应当确定。(2)没有约定债权确定期间或者约定不明确,抵押权人或者抵押人自最高额抵押权设立之日起满2年后请求确定债权。这是通过一个合理期间来确定不明确的法律关系,避免最高额抵押权的无限期延长。(3)新的债权不可能发生。此时持续下去对债权人来说并无意义,此时确定既无害于抵押权人,也有益于抵押人。(4)抵押财产被查封、扣押。这说明有其他人向抵押人主张权利,对抵押权人的利益有直接影响,应当确定主债权进而实现抵押权。(5)债务人、抵押人被宣告破产或者被撤销。该情形下确定主债权,一来此时新的债权也不可能发生,二来保护抵押权人的需要。(6)法律规定债权确定的其他情形。

4. 确定的效力

最高额抵押权一旦确定,则产生如下法律后果:

第一,主债权确定。一旦确定,主债权就是确定前发生且存在的全部债权,确定后发生的债权不属于主债权范围;一旦确定,主债权数额也固定下来,为确定前发生且存在的全部债权数额之总和。

第二,最高额抵押变成普通抵押。一旦确定,主债权的不特定性丧失、债权的流动性丧失,被担保的主债权特定,也就变成了普通抵押。

(六)最高额抵押权的实现

1. 实现的条件

最高额抵押权实现需要以下几个条件:一是最高额抵押权已确定。① 二是

---

① 有学者认为最高额抵押权的决算期与被担保债权履行期限无关,并引用我国台湾地区1990台上字第682号判决的内容,"至抵押权所担保债权之清偿期,则应依各个具体的债权定之,不可将抵押权存续期间之末日与抵押权所担保债权之清偿期混为一谈。"参见谢在全:《民法物权论》(下册),中国政法大学出版社1999年版,第735—736页。这种认识可能忽略了最高额抵押权的特殊性,最高额抵押权不确定,其无法实现。

履行期限届满债权未完全获清偿或发生当事人约定的实现抵押权的情形。三是抵押权人证明主债权的存在。在普通抵押中,基于抵押权的从属性,抵押权的存在自然就能证明主债权的存在;但在最高额抵押中,由于从属性的特殊性,可能主债权并不存在或已经消灭,所以,在实现抵押权时,抵押权人要证明主债权的存在。[①] 第四,抵押人无抗辩权。第五,在法定期限内行使。

2. 实现的效力

通过拍卖、折价或变卖将抵押物出售后,最高额抵押权人可以就变价所得价款优先受偿;但是,其有权优先受偿的范围与普通抵押不同。这又分两种情况来处理:(1)当确定后的债权数额大于最高限额的,抵押权人可以优先受偿的范围仅仅是最高限额;超出部分,则变成了无担保的普通债权。(2)当确定后的债权数额小于最高限额的,抵押权人可以优先受偿的范围是全部债权数额;抵押物变价所得价款剩余部分归还给抵押人。

二、共同抵押权

(一) 共同抵押权概述

1. 共同抵押权的含义

共同抵押权是指为了担保同一个债权在数个抵押人的数个抵押物上设立的数个抵押权。

由该定义我们可以发现:

第一,从数量上看,抵押人有数个[②],抵押物有数个,抵押权也是数个。当然,数个抵押物在设定抵押时是独立的,设定抵押后数个抵押权也相对独立。

第二,从目的上看,数个抵押权担保着同一个主债权。如果不是因为相同的目的,那它们就是数个独立的毫无关联的抵押权。

2. 共同抵押权的种类

根据数个抵押权相对于主债权实现的内部关系的不同,共同抵押权又分为按份共同抵押权和连带共同抵押权。

每个抵押人在设立抵押时与抵押权人约定了自己抵押物所担保的主债权数额,这样的共同抵押权就是按份共同抵押权。在这种共同抵押中,每个抵押物所

[①] 关于抵押权人证明义务的详细介绍参见许明月:《抵押权制度研究》,法律出版社1998年版,第449—450页。

[②] 对此,有学者有不同意见,认为抵押人可以是同一个人。其详细论述参见郭明瑞、房绍坤、张平华编著:《担保法》,中国人民大学出版社2014年版,第116页。有学者认为《担保法》第36条的规定也是共同抵押权,并且是法定抵押权。参见邹海林、常敏:《债权担保的理论与实务》,社会科学文献出版社2005年版,第198,199页。笔者对此不敢苟同,共同抵押权在法律上的特殊之处在于抵押权实现时在不同抵押人的抵押物之间作出选择,从而对抵押人内部造成影响;若抵押人是同一人,其特殊性丧失,与普通抵押权无异。

担保的主债权数额是特定的,每个抵押人都有自己的担保份额,每个抵押人仅仅对特定债权额负责,抵押权人也只能从每个抵押物变价所得价款中优先受偿约定的份额。由此可见,在这种共同抵押中,数个抵押权在设定后完全是独立的,每个抵押人只需对自己担保的份额负责,其他抵押人的担保责任与自己没有关联。也正是因为这个原因,有人认为它不是真正的共同抵押。[①]

连带共同抵押权是指每个抵押人在设立抵押时与抵押权人并未约定自己抵押物担保的主债权数额,每个抵押物都担保全部主债权实现的抵押权。在这种共同抵押中,每个抵押物之间不存在担保的份(数)额,它们都担保主债权的全部,抵押权人在抵押权实现时可以就其中的一个或几个抵押物的变价所得价款优先受偿。由此可见,连带共同抵押和连带债务比较相似,每个抵押物对主债权都负有全部的担保责任;但是,二者毕竟是不同的法律制度,连带共同抵押为"物"的连带,属物权关系的范畴,而连带债务是"人"的连带,属债的关系范畴——因此,共同抵押不能适用连带债务的规定。[②]

按份共同抵押权需要当事人作出约定,而连带共同抵押权则是当事人没有约定或者约定不明时的推定。对此,《担保法司法解释》第75条第2款作出了规定。

3. 共同抵押权的法律规定

共同抵押具有积累交换价值和分散风险的优点,可以更有效地确保债权的实现。[③] 世界上很多国家和地区都规定了共同抵押,我国《担保法》没有规定[④],不过《担保法司法解释》第75条对其作出了规定。

(二)共同抵押权的设立

共同抵押权既可以同时设立,也可以分别设立。前者是指初始的共同抵押

[①] 参见百度百科"共同抵押"词条,http://baike.baidu.com/link?url=551Ec_I7kVq7PF0CyvdIat8qI1gE9TExKALgT8fUs5fuvP2jXN7cTFXV7moyvZoynfB1GnPJ1NqeSJDuZRKFGM-AguI3hmCHhG42GV71hvIcKGHI6NAvPRk8rvFghEayYHciQBk78COlFZtuUk1NIuY4CyBxXht4HZyIB-MIypbMgW7y-uJG0M0oDBImshYbum,访问日期:2015年3月8日。对此,有学者说道:"共同抵押的特殊效力主要非指此,……"参见郭明瑞、房绍坤、张平华编著:《担保法》,中国人民大学出版社2014年版,第117页。

[②] 参见李国光等:《〈关于适用《中华人民共和国担保法》若干问题的解释〉理解与适用》,吉林人民出版社2000年版,第276页。

[③] 〔日〕近江幸至:《担保物权法》,祝娅、王卫军、房兆融译,法律出版社2000年版,第186页。

[④] 有人认为《担保法》第34条第2款和《物权法》第108条第2款规定的也是共同抵押。参见许明月:《抵押权制度研究》,法律出版社1998年版,第102—103页;郭明瑞:《担保法》,法律出版社2010年版,第146页;丁南:《担保物权释论》,中国政法大学出版社2013年版,第57页;李国光等:《〈关于适用《中华人民共和国担保法》若干问题的解释〉理解与适用》,吉林人民出版社2000年版,第193页。本书认为,《担保法》第34条第2款和《物权法》第180条第2款规定的不是共同抵押权,而是集合抵押权。集合抵押权是指同一主体以其所有的不同种类的特定财产作为集合物,为特定债权而设立的抵押权。集合抵押权与普通抵押权的最大区别在于其抵押物并非单纯的动产、不动产或权利,而是由抵押人可以处分的动产、不动产以及权利所组成的总体。因此,集合抵押被视为"一物一权"的例外。

权设立,即数个抵押人以数个抵押物为了担保某一债权与抵押权人设定的共同抵押权;后者是指追加的共同抵押权设立,即在一个普通抵押权设定后,为了担保同一债权,其他抵押人用自己可处分的抵押物设立抵押权。其中连带共同抵押权需要全体抵押人与抵押权人共同作出约定,只能是同时设立;按份共同抵押权既可以是全体抵押人与抵押权人共同作出约定,也可以是抵押权人与每个抵押人分别作出约定,同时设立和分别设立都行。

此外,设立共同抵押权的,每个抵押权都应当进行物权公示。如前所述,如果是不动产的,应当进行抵押权登记;如果是动产的,不登记就没有对抗力。

(三) 共同抵押权的效力

共同抵押权担保的主债权范围、担保物的范围、抵押人的权利、抵押权人权利等内容与普通抵押并无太大差异,无须赘述;需要研究的是如果抵押权人对数个抵押物中的一个放弃抵押权的,法律后果将如何?

《担保法司法解释》第75条第1款给出的答案是"同一债权有两个以上抵押人的,债权人放弃债务人提供的抵押担保的,其他抵押人可以请求人民法院减轻或者免除其应当承担的担保责任"。它是区分被放弃对象,如果是债务人的抵押物,其他抵押人相应地免责;如果是其他人的抵押物,其他抵押人不免责。对于这样的规定,有些学者予以批评,而意见却恰恰相反。有人认为不论被放弃的是债务人的抵押物还是其他人的抵押物,都应该允许,其他抵押人都不能相应地免责[1];有人认为不论是债务人的抵押物还是其他人的抵押物,抵押权人都不能放弃,如果放弃,都应该相应地免责。[2]

理论争鸣 共同抵押中债权人放弃其中一个抵押权的法律后果是什么?

本书认为,对于抵押权人的放弃,应当区分对待,看该共同抵押是按份共同抵押还是连带共同抵押。

如果是按份共同抵押,每个抵押人承担的担保份额都是相互独立的,抵押权人对任何一个抵押权的放弃,只能有利于该抵押人,并不会影响到其他抵押人的担保责任,自然也就不存在什么免责问题。如果是连带共同抵押,每个抵押人也没有什么担保份额而是对全部债权承担担保责任,数个抵押物连带地担保同一个债权,它们之间具有不可分割的紧密联系;如果抵押权人放弃其中一个抵押权,不管是抵押人还是第三人的抵押物,该放弃行为都会对其他抵押人产生不利影响;由于该放弃行为具有绝对效力,其他抵押人因此相应地免责。

---

[1] 参见程啸:《中国抵押权制度的理论与实践》,法律出版社2002年版,第445—446页。
[2] 参见马俊驹、陈本寒主编:《物权法》,复旦大学出版社2007年版,第420—421页。

(四) 共同抵押权的实现

按份共同抵押权和连带共同抵押权的实现并不相同。就按份共同抵押权来说,抵押权人对每个抵押物进行变价,并按照约定的数(份)额从每个抵押物的变价所得价款中优先受偿。① 就连带共同抵押权来说,抵押权人享有自由选择的权利,可以就其中任何一个或者数个抵押物行使抵押权。此时,每个抵押物共同负担着主债权的实现,真正体现了连带的精神。关于此点,《担保法司法解释》75条第2款作出了规定。

例题:甲向乙借款20万元,甲的朋友丙、丁二人先后以自己的轿车为乙的债权设定抵押担保并依法办理了抵押登记,但都未与乙约定所担保的债权份额及顺序,两辆轿车价值均为15万元。若甲到期未履行债务,下列哪些表述是正确的?(2003年司法考试第三卷第37题)

A. 乙应先就丙的轿车行使抵押权,再就丁的轿车行使抵押权弥补不足
B. 乙应同时就两辆轿车行使抵押权,各实现50%债权
C. 乙可以就任一轿车行使抵押权,再就另一轿车行使抵押权弥补不足
D. 乙可同时就两辆轿车行使抵押权,各实现任意比例债权

解析:本题考点是共同抵押权的实现。《担保法司法解释》第75条第1款规定:"同一债权有两个以上抵押人的,债权人放弃债务人提供的抵押担保的,其他抵押人可以请求人民法院减轻或者免除其应当承担的担保责任。"本题中,丙并非债务人,乙不应先就丙的轿车行使抵押权;所以A错误。《担保法司法解释》第75条第2款规定:"同一债权有两个以上抵押人的,当事人对其提供的抵押财产所担保的债权份额或者顺序没有约定或者约定不明的,抵押权人可以就其中任一或者各个财产行使抵押权。"本题中,丙丁都未与乙约定所担保的债权份额及顺序;所以B错误,C、D正确。由此可见,本题应当选C、D。

在连带共同抵押中,如果抵押权人仅就一个抵押物行使抵押权就得以完全清偿,该抵押权因为主债权的消灭而消灭,其他抵押权也随之而消灭。此时,主债务人和其他抵押人都因此而获益,所以,承担担保责任的抵押人不仅有权向债务人追偿,还有权向其他抵押人进行追偿。《担保法司法解释》75条第3款对此作出了规定,殊值赞同。但是向其他抵押人追偿的数额是多少呢?《担保法司法解释》75条第3款的"应当承担的份额"并不明确;可以选择的做法有二:一是平均分担,二是按照每个抵押物价值在所有抵押物价值中所占的比例分担。本书

---

① 这是意思自治的产物,而不像有的学者所说那样"因为考虑共同抵押权人实现抵押权不得损害后次序的抵押权人"。其详细论述参见于海涌、丁南主编:《物权法》,中山大学出版社2007年版,第238页。

认为后者比较合理,因为这样不仅在各个抵押人之间较为公平,对于各个抵押物上的后顺位抵押权人和普通债权人也较为公平。

此外,在连带共同抵押中,如果抵押权人仅就一个抵押物行使抵押权就得以完全清偿,该抵押物上的后顺位抵押权人就遭受了不利益,同时其他抵押人事实上获得了利益;为了矫正这种利益上的失衡,法律应当规定代位求偿规则,即赋予该抵押物的后顺位抵押权人在其他抵押物上可以优先受偿的范围内行使抵押权。①

三、浮动抵押权

(一)浮动抵押权概述

浮动抵押权是指债务人以自己的多项财产向债权人提供抵押,设定抵押后抵押人仍然可以对已抵押财产进行自由处分,等到抵押权确定时,抵押财产才固定下来的一种特殊抵押权。

本书认为,可以把浮动抵押看作是一个"框子"抵押:设定时的抵押物即是这个"框子",而这个"框子"的入口是开放的,任由抵押物自由进出,而不问"框子"里抵押物的多寡;浮动抵押确定时,"框子"的入口封闭,里面的抵押物即为最终的抵押物,为浮动抵押权最终效力所及范围,逸出该"框子"的抵押物不为最终的浮动抵押权所支配。由此可见,在浮动抵押中,抵押物如同云彩一样(漂)浮(变)动——这也是其名称之由来。

浮动抵押权与普通抵押权有两点不同:第一,抵押物并非一个特定物,而是集合物。只有存在很多物,才能在"框子"内外进进出出、自由流动。第二,抵押物可以流动。在设定抵押后,抵押人仍然可以自由处分抵押物,不必经过抵押权人的同意、不受抵押权的限制。

与普通抵押权相比,浮动抵押权具有四个优势:第一,由于抵押物是集合物,这就扩大了抵押权的范围,增强了企业的担保能力。第二,设定抵押后抵押人仍然可以自由处分抵押物,抵押人的生产经营不受设定抵押的影响,这就保障了企业的正常生产经营。第三,浮动抵押的设立非常简便,当事人进行抵押权登记时只需办理一个登记即可,无须因为数个抵押物而办理数个登记。第四,抵押权人最终的利益取决于抵押人的生产经营状况,因此,二者的利益趋于一致,一损俱损一荣俱荣,不像普通抵押中二者利益直接对立而冲突。

浮动抵押是英国衡平法院在司法实践中发展出来的一种特殊的抵押制度。它不仅为英美法系的国家和地区推崇,大陆法系的一些国家和地区(比如俄罗

---

① 参见丁南:《担保物权释论》,中国政法大学出版社2013年版,第58页;唐义虎:《担保物权制度研究》,北京大学出版社2011年版,第132页;郭明瑞:《担保法》,法律出版社2010年版,第143页。

斯、荷兰、日本、我国台湾地区)也借鉴了浮动抵押制度。在我国,《担保法》没有规定它,《物权法》第 181 条首次在立法上承认了该制度。①

(二) 浮动抵押权的设立

1. 抵押人

浮动抵押不同于普通抵押。普通抵押的抵押人既可以是债务人自己,也可以是第三人;而浮动抵押的抵押人只能是债务人自己。因为浮动抵押是为了让债务人能在生产经营不受影响的情况下最大限度地融资,只能是债务人用自己的财产为自己的债务进行抵押。

关于设定浮动抵押的债务人资格,有的国家予以限制,有的国家没有限制。比如在英国,只有公司才可以设定浮动抵押;在苏格兰,只有法人公司才能设立浮动抵押;在日本,只有股份有限公司才可以设定浮动抵押;在美国则无任何限制。②《物权法》第 181 条规定抵押人为企业、个体工商户、农业生产经营者。当然,这里的企业范围很广,可以是国有独资企业、合伙企业、个人独资企业,也可以是公司制企业,只要登记注册为企业的组织都行。③

2. 抵押物

理论上浮动抵押权的标的物范围十分广泛,既可以是抵押人的现有财产,也可以是抵押人将来可得财产;既可以是不动产或者动产,也可以是权利;既可以是抵押人的全部财产,也可以是抵押人的部分财产。但《物权法》第 181 条规定是"现有的以及将有的生产设备、原材料、半成品、产品",并且该规定是结尾没有"等"字的封闭式列举,所以,我国浮动抵押的抵押物只能限于这四种动产,并不包括不动产、财产权利。这种狭窄的范围也体现了立法者注重安全的理念。

3. 抵押权登记

和普通抵押一样,设定浮动抵押需要进行抵押权登记。

由于企业与个体工商户的行政主管部门是国家工商行政管理机关,其设立、变更和消灭的登记都在这里进行。所以,《物权法》第 189 条第 1 款规定浮动抵押权的登记部门是工商行政管理部门。考虑到动产经常移动,难以确定在哪个所在地登记,而抵押人的住所地比较稳定,查询也比较方便。④ 所以,《物权法》第 189 条第 1 款规定动产浮动抵押的登记地点为抵押人所在地。

---

① 当然,也有人认为《物权法》第 181 条规定的是财团抵押制度,但通说认为是浮动抵押,特别是《物权法》的立法者也是这种看法。参见全国人大常委会法制工作委员会民法室编:《中华人民共和国物权法条文说明、立法理由及相关规定》,北京大学出版社 2007 年版,第 326 页。

② 参见孙鹏、王勤劳、范雪飞:《担保物权法原理》,中国人民大学出版社 2009 年版,第 233—234 页;高圣平:《物权法担保物权编》,中国人民大学出版社 2007 年版,第 319—320 页。

③ 参见全国人大常委会法制工作委员会民法室编:《中华人民共和国物权法条文说明、立法理由及相关规定》,北京大学出版社 2007 年版,第 327 页。

④ 同上书,第 345 页。

浮动抵押的抵押权登记的效力是登记对抗主义,非经登记不得对抗善意第三人。《物权法》第 189 条第 1 款对此作出了规定。这是因为我国普通动产抵押的登记就是采登记对抗主义,未经登记,不得对抗善意第三人;浮动抵押的抵押物只能是动产,自然也采登记对抗主义。

（三）浮动抵押权的效力

浮动抵押权与普通动产抵押权的效力大体相同,最大的差别在于浮动抵押权有一个休眠期。浮动抵押的休眠也称浮动抵押权效力的休眠,是指浮动抵押设定后确定前,由于抵押人可以自由处分抵押物,抵押权的效力并不及于某个特定的抵押物,抵押权对抵押物的支配力无从体现,"仅仅于财产的上空盘旋"[①],其效力处于休眠状态,对一般债权人在内的第三人均无对抗力。

在浮动抵押设定后确定前,抵押人可以自由处分抵押物,这就意味着抵押人处分抵押物无须经过抵押权人的同意;但硬币的另一面是,抵押权人的利益可能会因此而受到损害。因此,如何保护抵押权人的利益成为法律关注的焦点。世界各国法律一般都对抵押人的处分自由权进行一定程度的限制,抵押人只能是为了企业正常的生产经营需要而处分抵押物。我国法律没有明确规定这点,但从《物权法》第 189 条第 2 款也可以看出,如果处分抵押物不是发生在正常经营活动中,买受人没有支付合理价款、没有取得抵押财产,那么买受人就无法受到"不能对抗正常买受人"规则的保护。

例题:个体工商户甲将其现有的以及将有的生产设备、原材料、半成品、产品一并抵押给乙银行,但未办理抵押登记。抵押期间,甲未经乙同意以合理价格将一台生产设备出卖给丙。后甲不能向乙履行到期债务。对此,下列哪一选项是正确的?(2008 年司法考试第三卷第 12 题)

A. 该抵押权因抵押物不特定而不能成立
B. 该抵押权因未办理抵押登记而不能成立
C. 该抵押权虽已成立但不能对抗善意第三人
D. 乙有权对丙从甲处购买的生产设备行使抵押权

解析:本题考点是浮动抵押权的设立及效力。《物权法》第 189 条第 1 款规定:"企业、个体工商户、农业生产经营者以本法第一百八十一条规定的动产抵押的,应当向抵押人住所地的工商行政管理部门办理登记。抵押权自抵押合同生效时设立;未经登记,不得对抗善意第三人。"可见,浮动抵押权的标的物并不特定,浮动抵押权的登记仅仅是对抗要件而非生效要件;所以 C 正确,A、B 错误。

此外,《物权法》第 189 条第 2 款规定:"依照本法第一百八十一条规定抵押

[①] 转引自孙鹏、王勤劳、范雪飞:《担保物权法原理》,中国人民大学出版社 2009 年版,第 237 页。

的,不得对抗正常经营活动中已支付合理价款并取得抵押财产的买受人。"本题中,丙是以合理价格取得抵押财产的买受人,乙无权对现在已经归丙所有的生产设备行使抵押权;所以 D 错误。

由此可见,本题应当选 C。

(四)浮动抵押权的结晶

浮动抵押权的结晶,又叫浮动抵押权的固化或确定,是指因为某些事由的出现,浮动抵押权的抵押物停止变动而固定下来,抵押权的效力也就因此而确定,浮动抵押变成普通抵押。应该承认,用"结晶"这个词语来表达浮动抵押的确定十分形象,就像水本来是流动的,但冷到一定程度就结成冰,就不能再流动;浮动抵押权的抵押物本来是变动的,但遇到特定事由就固化,就不能再变动了。

浮动抵押中的抵押物具有不特定性,形态变居不定,价值也因此飘浮不定;这样一来,抵押权就无法行使。抵押权人要想行使抵押权,必须使浮动抵押停止浮动而固定下来;所以,浮动抵押权的结晶是浮动抵押权行使的前提。

《物权法》第 196 条对确定事由作出了规定:"依照本法第一百八十一条规定设定抵押的,抵押财产自下列情形之一发生时确定:(一)债务履行期届满,债权未实现;(二)抵押人被宣告破产或者被撤销;(三)当事人约定的实现抵押权的情形;(四)严重影响债权实现的其他情形。"其中"严重影响债权实现的其他情形"既包括抵押人、债务人严重影响债权实现的各种行为,也包括第三人原因、意外事件、不可抗力等非归责于抵押人、债务人的严重影响债权实现的情形。

浮动抵押权结晶后就成为标的物固定的普通抵押权,对一般债权人在内的第三人就有对抗力。关于浮动抵押权结晶后抵押权如何实现,《物权法》并没有规定;如此一来,只有按照普通抵押中的抵押权实现规则。关于这点,国外大都由管理人(或代管人)制度来维护抵押权人的利益,即当浮动抵押结晶后,抵押权人根据协议或向法院申请给抵押人派遣管理人,管理人对抵押人的财产进行控制、占有、管理等,使得抵押权人的利益尽可能地得以实现。这和破产管理人有相似之处。[①]

例题:某农村养殖户为扩大规模向银行借款,欲以其财产设立浮动抵押。对此,下列哪些表述是正确的?(2010 年司法考试第三卷第 56 题)

A. 该养殖户可将存栏的养殖物作为抵押财产

B. 抵押登记机关为抵押财产所在地的工商部门

---

① 关于英国浮动抵押权中管理人的详细介绍参见徐洁:《抵押权论》,法律出版社 2003 年版,第 276—278 页;更详细的介绍参见李政辉:《论浮动抵押》,载梁慧星主编:《民商法论丛》(第 14 卷),法律出版社 1999 年版,第 734—740 页。

C. 抵押登记可对抗任何善意第三人
D. 如借款到期未还,抵押财产自借款到期时确定

解析: 本题考点是浮动抵押权的设立、登记、效力及结晶。《物权法》第181条规定:"经当事人书面协议,企业、个体工商户、农业生产经营者可以将现有的以及将有的生产设备、原材料、半成品、产品抵押,债务人不履行到期债务或者发生当事人约定的实现抵押权的情形,债权人有权就实现抵押权时的动产优先受偿。"本题中,存栏的养殖物是动产、产品,可以作为浮动抵押的财产;所以 A 正确。《物权法》第189条第1款规定:"企业、个体工商户、农业生产经营者以本法第一百八十一条规定的动产抵押的,应当向抵押人住所地的工商行政管理部门办理登记。抵押权自抵押合同生效时设立;未经登记,不得对抗善意第三人。"本题中,抵押登记机关是该养殖户住所地的工商行政管理部门;所以 B 错误。在休眠期内,浮动抵押权不具有对抗力;所以 C 错误;更何况,C 的表述过于绝对化。《物权法》第196条规定:"依照本法第一百八十一条规定设定抵押的,抵押财产自下列情形之一发生时确定:(一)债务履行期届满,债权未实现……"本题中,借款到期未还意味着债权还没有实现,抵押财产此时可以确定;所以 D 正确。由此可见,本题应当选 A、D。

思 考 题

1. 取消动产抵押制度的利和弊哪个大?
2. 如何理解抵押权的顺位?
3. 在抵押权实现途径上,《担保法》《物权法》《民事诉讼法》有何区别?
4. 法律如何在浮动抵押权人与浮动抵押人之间进行利益平衡?

延 伸 阅 读

1. 许明月:《抵押权制度研究》,法律出版社1998年版。
2. 徐洁:《抵押权论》,法律出版社2003年版。
3. 程啸:《中国抵押制度的理论与实践》,中国工商出版社2004年版。
4. 陈重见:《共同抵押权论》,台湾新学林出版社2007年版。
5. 王仰光:《动产浮动抵押权制度研究》,法律出版社2012年版。

第五章 质 押 权

本章导读

质押需要出质人将质押物的占有移转给质权人,这有助于质权人的利益保障,但也导致了质押物的闲置。质押权与抵押权在标的物范围、生效要件、公示方法、内容、行使方式等方面有所区别。动产质押权标的物是动产,它在取得、效力、实现等方面与(动产)抵押权大体相同。权利质押权标的物是权利,它包括有价证券债权质权、股权质权、知识产权质权、应收账款质权等。

本章的重点内容包括:质押权的含义,质押权与抵押权的区别,动产质押权的善意取得,转质,各种权利质权的设立。

第一节 质押权概述

一、质押权的含义

(一)质押权的定义

在我国,质押权是指债务人或第三人用自己可处分的物,以移转质押物占有的方式对特定债权进行担保,当履行期限届满主债权未获完全清偿时,质押权人可以就质押物的变价所得价款优先受偿的权利。其中,提供质押物的债务人或者第三人为出质人,接受质押的债权人为质权人,移交的财产为质押物。质押权又称质权,《物权法》也将其称为质权。本书在同一意义上使用这两个词语。

作为一项比抵押还历史悠久的担保形式,质押起源于罗马法的 pignus。其最初仅仅具有留置的效力,而不具有变价受偿的效力,质权人只能依照对质押财产的占有,间接强制债务人履行债务。后来裁判官法逐步承认质押的变价受偿效力,在债务人不履行债务时,债权人可以变价质押财产或取得质押财产的所有权。① 它为近代各国民法所继受,德国、法国、瑞士、日本等纷纷在其民法中规定了质押,并且将质押物的范围由动产扩大至权利甚至不动产。1930 年的《中华

---

① 参见梁慧星主编:《中国物权法草案建议稿》,社会科学文献出版社 2000 年版,第 695 页;田土城、宁金成主编:《担保制度比较研究》,河南大学出版社 2001 年版,第 262—264 页;陈华彬:《物权法》,法律出版社 2004 年版,第 549 页;孙鹏、王勤劳、范雪飞:《担保物权法原理》,中国人民大学出版社 2009 年版,第 249 页。

民国民法典》中就规定了质押,后为我国台湾地区"民法"所继承。新中国成立后,《民法通则》首次在法律中规定质押,但是没有区分抵押和质押;《担保法》及后来的《物权法》都明确将抵押和质押区分,将质押作为一种独立的担保方式,都专门用一章的篇幅来规定质押,并且都规定质押包括动产质押和权利质押。

(二)质押权的特征

作为担保物权的一种,质押权也是以保障特定债权的完全实现为目的,存在于债务人或第三人的特定物上,以优先受偿为主要内容;自然也具有不可分性、物上代位性等特征。不过,与其他担保物权相比,质押权还具有自己的特点:

第一,质押权的发生和存续以占有质押物为条件。

质权的设定需要出质人将质押物的占有让渡给质权人,这就意味着出质人用质押物设定担保后就无法继续占有质押物,与此同时,质押权设定后质权人就占有着质押物。由此可见,质押权通过占有质押物进行了物权公示,无须像抵押权那样进行登记——当然,有些权利质权需要通过登记来公示。

设定质押之后,质权人持续占有质押物,这是其权利,从另外一个角度看,也是其义务。如果质权人丧失了对质押物的占有,那么质押权就无支配的对象,质押权就不复存在。当然,这里的占有既包括直接占有,也包括间接占有。

第二,质押权具有留置和优先受偿双重效力。

如前所述,担保物权的主要法律效力有两项:一是优先受偿效力,二是留置效力。有的担保物权(比如抵押权)仅仅具有前者,而质押权两者都具备:质权人占有着质押物,当主债权未获清偿前,质权人可以继续占有质押物而拒绝返还,这给债务人施加了压力,迫使他履行债务;如果质押权实现的条件成就的,质权人有权出售质押物,并从变价所得价款中优先受偿。

二、质押权的社会作用

质押权是大陆法系国家民法中源远流长的一种担保物权,在社会生活中具有十分重要的意义。设定质押需要移转质押物的占有,质权人取得了对质押物的占有,这样会给债务人造成一定的心理压力。因此,质押权的担保效果较好。另外,由于质押无须登记,手续简便,并且成本较低,进而成为普通民众消费性融资的重要手段。

但在质押期间,出质人失去了质押物的占有而无法利用质押物,与此同时,质押权人仅仅支配其交换价值也无权使用质押物。这样就大大地限制了质押物的使用价值,致使质押物处于一种闲置浪费状态。所以,质押物大多是普通民众衣物、邮票、字画等动产,企业大都不愿意以其商品或机器设备来设定质押。这是质押的一个重大缺陷,该缺陷已经使质押这种担保方式在现代社会的发展中陷入了困境并且出现了衰退趋势——甚至有学者对于质押权的作用和存在意义进行质疑,并声称"质权已无存在的价值,快消亡了"①。

不能不承认的是,质押权的确有着上述弊端,但是,这并不意味着质押权在当今社会失去了其作用。上述质疑观点没有看到权利质权的发展。随着物品或权利证券化的趋势,仓单、提单、票据、基金、股票、债券在社会生活中越发广泛和重要,权利质押在投资性融资领域的作用日见突出。出质人将代表设定质押商品的提单、仓单、载货债券等交付质权人占有,自己仍然可以继续占有质押商品。还有,出质人对某些权利的利用无须占有这个权利或权利凭证。由此可见,动产质权中质权人占有质押物导致的缺陷在权利质押中并不存在。因此,质押权也走出了民间担保的狭小空间而成为国际贸易中获取融资的重要手段,为现代经济所接受;甚至与抵押权并驾齐驱,成为投资性融资手段之宠儿。②

有学者说,从质权的发展历史看,质权在适用范围上有两个趋势:一是质权的适用范围在缩小,二是质权的适用范围又在不断扩大。③ 表面上看上去矛盾的两点恰恰是质押权在当今社会发展的体现。

三、质押权的分类

根据不同的标准,质押权有不同的分类;其中,重要的分类有以下四种。

(一)动产质押权、不动产质押权和权利质押权

根据质押标的物的不同,质押权可以分为动产质押权、不动产质押权和权利质押权。

动产质押权是指以动产作为质押物的质押权。它是质权最古老、最普遍的形态。

不动产质押权是指以不动产作为质押物的质押权。不动产质押权是农业经济社会的产物,随着工商业的发展,日益显出其缺点而逐渐被淘汰。日本民法上虽然也规定不动产质押权,但是实际上适用很少。④ 我国法律上没有不动产质押权。

权利质押权是指以权利作为质押物的质押权。如同权利抵押权,权利质押权的标的物不是物而是权利,严格说来它属于准物权。但随着票据、有价证券、知识产权等权利在当代市场经济中的地位日益凸显,权利质权在当今社会经济社会中的地位也日益重要,现代民法不能熟视无睹,当今世界大部分国家和地区

---

① 转引自陈华彬:《物权法》,法律出版社2004年版,第551页。
② 参见陈本寒主编:《担保法通论》,武汉大学出版社1998年版,第224页;谢在全:《民法物权论》(下册),中国政法大学出版社1999年版,第757页。
③ 参见郭明瑞:《担保法》,法律出版社2010年版,第157页。
④ 参见陈本寒主编:《担保法通论》,武汉大学出版社1998年版,第226页;陈华彬:《物权法》,法律出版社2004年版,第553页。

都规定了权利质权,我国也不例外。

(二) 民事质押权和商事质押权

根据质押权适用的法律规范的不同,质押权可以分为民事质押权和商事质押权。

民事质押权是指基于民事活动产生,适用于民法的质押权。民事质押权用来担保民事领域的普通债权,民法上的动产质押权和权利质押权均属于民事质押权。

商事质押权是指基于商事活动产生,适用于商法的质押权。商事质押权主要是基于商事活动的特殊性(力求简便快捷,更加追求效率,富有弹性而比较灵活)而改变民事质押权的某些规定而形成的。比如《日本民法典》第349条禁止流质契约,但《日本商法典》第515条规定:"民法典第349条的规定,不适用于为担保商行为而设定的质权。"

需要指出的是,这种分类为民商分立的国家所采,民事合一的国家没有这种分类。我国由于是民事合一的立法模式,不作这样的区分。

(三) 约定质押权和法定质押权

根据质押权产生的原因不同,抵押权可以分为约定质押权和法定质押权。

约定质押权是指由质押权人与出质人协商设立的质押权,又被称为意定质押权。约定质押权是基于当事人的法律行为而产生,体现了当事人的意思自治,在社会经济生活中大量存在。

法定质押权是指基于法律的规定而当然发生,无须当事人约定的质押权。法律基于一定的政策考量,赋予某些特殊债权以质押权。法定质押权源远流长,早在罗马法就有规定。在当代大陆法系国家内,大凡不承认留置权为独立担保物权的国家,就将留置权的内容规定为法定质押权;大凡承认留置权为独立担保物权的国家,就不承认法定质押权。我国《担保法》和《物权法》均承认了留置权,所以,我国并不存在法定质押权而只有约定质押权。[①]

(四) 普通质押权和特殊质押权

和抵押权有普通抵押权与特殊抵押权之分一样,质押权也分为普通质押权和特殊质押权。

普通质押权是指传统形态的质押权,又被称为一般质押权。传统民法中的普通质押权就是指动产质押权,因为传统民法中的质押就是动产质押。有学者说道:"各国立法上将动产质权称作一般质权,而将权利质权、不动产质权称为特

---

① 有学者从《担保法》第73条的规定推出我国承认法定债权质权。其详细论述参见孙鹏、王勤劳、范雪飞:《担保物权法原理》,中国人民大学出版社2009年版,第255—256页。笔者认为《担保法》第73条规定的是担保物权的物上代位性,而非法定债权质权。

殊质权。"①笼统地看,这种说法没有问题,但在我国,情况却并非如此。从《担保法》到《担保法司法解释》再到《物权法》,质押权都包括动产质押权和权利质押权,它们都属于普通质押权。

特殊质押权是指随着社会经济社会发展,在普通质押权基础上不断发展出来新形态的质押权。营业质权、最高额质押权、共同质押权都是特殊质押权。我国《担保法》和《物权法》均未明确规定营业质权和共同质押权②,只是《物权法》第222条规定了最高额质押权。

四、质押权与抵押权的区别

质押权和抵押权都是担保物权中的约定担保物权,二者有很多相同之处;但是,两者毕竟是不同种类的担保物权,有很多差别。在我国,其区别体现在以下几个方面。

(一) 标的物范围不同

质押权的标的物包括动产和权利,不包括不动产;而抵押权的标的物不仅包括动产和权利,还包括不动产。由此可见,抵押权的标的物范围更宽一些。

(二) 生效要件不同

抵押权的生效要件根据抵押物的不同而不同:用动产设定抵押的,抵押权合同生效时抵押权就生效;用不动产或权利设定抵押的,抵押权自登记之日起生效。质押权的生效要件与抵押权并不相同,虽然它也是根据质押物的不同而不同:用动产设定质押的,质押权自质押物交付给质权人之时生效;用权利设定质押的,因权利的不同,其生效要件也不相同。

(三) 公示方法不同

由质押权和抵押权之间的第二个区别,自然就导致它们的第三个区别,即权利公示方法不同:动产抵押权无须公示,权利抵押权的公示方法是登记;动产质押权的公示方法是占有,权利质押权的公示方法因为权利的不同而有所区别,不过大都是登记。

(四) 内容不同

由于担保物的占有主体不同,质押权和抵押权在权利内容上也不相同。在抵押权中,担保人可以占有、使用、收益担保物;抵押权人既不能占有担保物,也

---

① 温世扬、廖焕国:《物权法通论》,人民法院出版社2005年版,第690页;申卫星:《物权法原理》,中国人民大学出版社2008年版,第365页。

② 不过从《物权法》第218条后段的规定似乎可以推导出共同质押权的存在。《物权法》第218条后段规定:"债务人以自己的财产出质,质押人放弃该质权的,其他担保人在质权人丧失优先受偿权益的范围内免除担保责任,但其他担保人承诺仍然提供担保的除外。"其他担保人可能是保证人或抵押人,也可能是出质人;如果是出质人,那么同一债权上就有债务人和第三人提供的两个质押权,就是共同质押权了。

不能使用担保物。而在质押权中，担保人丧失了对担保物的占有、使用、收益；质押权人取得了质押物的占有，当然，他对质押物没有使用、收益之权利。

（五）行使方式不同

由于担保物的占有主体不同，质押权和抵押权在权利行使方式上也不同。抵押权实现条件成就后，如果当事人不能就抵押权实现方法达成协议的，抵押权人只能寻求公权力的介入来实现自己的权利，即向人民法院申请实现抵押权。而质押权在条件成就后，如果当事人不能就质押权实现方法达成协议的，由于质押权人占有着质押物，质押权人可以自行实现其权利，即单方直接将质押物变价，而无须求助于人民法院。

第二节 动产质押权

一、动产质押权概述

动产质押权是以动产为标的物的质押权。动产质押是动产担保的最典型形式[1]，也是最古老、最普遍的质押方式，所以，质押权的大部分规则都是在动产质押权规则基础上逐渐发展起来的。《物权法》第229条规定："权利质权除适用本节规定外，适用本章第一节动产质权的规定"，也表明了此点。

在我国，动产质押权又可分为普通动产质押权和最高额动产质押权。和前者相比较，最高额动产质押权是一种特殊的动产质押权。《物权法》第十七章第一节题为"动产质权"，15条规定中有14条都是规范普通动产质押权的，只有第222条规定："出质人与质权人可以协议设立最高额质权。最高额质权除适用本节有关规定外，参照本法第十六章第二节最高额抵押权的规定。"所以，本书接下来只介绍普通动产质押权。

二、动产质押权的取得

动产质押权的取得也有依法律行为取得和非依法律行为取得两种方式，其中前者又有原始取得和继受取得之分。由于本书第三章第四节第一部分已经作了详细的介绍，这里只论述两种重要的动产质押权取得方式：设立动产质押权和动产质押权的善意取得。

（一）设立动产质押权

设立动产质押权是指双方当事人通过订立质押合同的方式取得动产质押权；它包括订立动产质押合同和交付动产质押物两个环节。

---

[1] 与之相对应的，不动产抵押是不动产担保的最典型形式。

1. 订立动产质押合同

(1) 概述

动产质押合同有双方当事人,其中出质人既可以是债务人自己,也可以是第三人。质押权人从动产质押合同中纯获利益,法律无须对其行为能力作出要求;但是,质押权人对质押物有保管义务,尽管保管行为是事实行为而非法律行为,但他也应具备一定的认知能力。

动产质押合同应当采书面形式。《担保法》第 64 条对此作出了规定,《物权法》第 210 条第 1 款也作出了同样的规定。

物权法第 210 条第 2 款规定:"质权合同一般包括下列条款:(一) 被担保债权的种类和数额;(二) 债务人履行债务的期限;(三) 质押财产的名称、数量、质量、状况;(四) 担保的范围;(五) 质押财产交付的时间。"其中第一项中的种类及第三项、第五项为必备条款,第二项、第四项和第一项中的数额为非必备条款。当然,和抵押合同一样,当事人不能约定流质契约。

在动产质押合同中,质押物是最为重要的一个内容,有专门介绍之必要。

(2) 质押物

① 质押物的条件

与抵押物一样,质押物也要具备特定化、价值性、流通性三个条件。与抵押物不同的是,质押物可以是消耗物,因为设定质押后质押人和质押权人都无法对质押物使用,质押物的价值并不会减少,质押权人的利益也不会受损。

② 我国法律的规定

与《担保法》和《物权法》均对抵押物的范围作出规定(并且都从正反两个方面作出了规定)不同,《担保法》并没有对动产质押物进行规定,《物权法》也只有一个条文,其第 209 条规定:"法律、行政法规禁止转让的动产不得出质。"

该规定明确指出,禁止性规范只能是法律和行政法规。因为"设定动产质权是一种民事权利,对于禁止性民事权利的限定应当是十分严格的。规定禁止转让的动产的依据只能是全国人大及其常委会制定的法律以及国务院制定的行政法规,其他规范性文件,不能作为规定禁止转让动产的依据"[①]。

出于对公共利益的维护,《担保法》第 37 条、《物权法》第 184 条禁止抵押的财产也不能用来设定质押。

③ 几种特殊的质押物

在我国法律允许质押的动产中,有一些比较特殊的质押物——准不动产[②]、

[①] 全国人大常委会法制工作委员会民法室编:《中华人民共和国物权法条文说明、立法理由及相关规定》,北京大学出版社 2007 年版,第 381 页。

[②] 准不动产是指那些具有流动性大、经济价值较高的特点,并在法律上具有不动产某些特征的动产。准不动产是动产,但在性质上更接近不动产。比如船舶、航空器、机动车等。

特定化后的货币、已抵押动产——由于其自身特性,有专门讨论之必要。

其一,准不动产。对于船舶、航空器、机动车等这些准不动产,有人主张它们因不具有留置性而不能用来质押,因为留置会导致严重地降低质押物的经济效用,妨碍该类动产所有人的使用权和收益权,而该类动产等具有极大的经济价值,关系国家社会公共利益其巨;所以,它们应该设定抵押而非质押。[①] 本书认为,因为质押会导致质押物的闲置而抵押更有利于发挥物的经济效用,所以,凡可以设定抵押的财产,不宜设定质押;但法律应当尊重当事人的意思自治而不能对此作出强制性要求,如果当事人愿意以船舶、航空器、机动车设定质押,法律应当认定其有效。

其二,特定化后的货币。货币是种类物、一般等价物,适用"占有即所有"的特殊规则,它不能作为质押物。而特定化后的货币呢?其典型形态是封金,即把一定金额的货币装入一定器皿然后密封。此时的货币已经特定化,成为不可替代物,就不再是种类物,也非一般等价物。另外,此时的货币丧失了原有的功能,已经不再是等价交换物,"占有即所有"的特殊规则在此也不应该适用,出质人仍然享有封金的所有权。既然不能作为质押物的两个障碍消除了,那么,特定化后的货币就可以作为动产质押物。《担保法司法解释》第85条对此作出了规定:"债务人或者第三人将其金钱以特户、封金、保证金等形式特定化后,移交债权人占有作为债权的担保,债务人不履行债务时,债权人可以以该金钱优先受偿。"[②]

其三,已抵押动产。已经设定抵押的动产,抵押人仍然享有所有权,在不损害抵押权人利益的前提下,抵押人可以处分该动产,其中就包括设定质押。问题是将该动产设定质押是否会侵害抵押权人的利益呢?由于设定抵押并不需要移转该动产的占有,二者可以同时存在于一个动产上;尽管抵押权和质押权在担保物变价所得价款优先受偿上具有竞争性,但后设定的质押权劣于在先设定的抵押权,将该动产设定质押不会侵害抵押权人的利益。所以,抵押人可以将该动产用来设定质押。[③]

2. 交付动产质押物

当事人如无特别约定,质押合同的生效时间为质押合同成立之时;但质押合

[①] 参见曹士兵:《中国担保制度与担保方法》,中国法制出版社2015年版,第325页;丁南:《担保物权释论》,中国政法大学出版社2013年版,第70页;何志:《担保法疑难问题阐释》,中国法制出版社2011年版,第286页;于海涌、丁南主编:《物权法》,中山大学出版社2007年版,第246页;陈华彬:《物权法》,法律出版社2004年版,第557页。

[②] 当然,也有学者对该规定进行了质疑。其详细论述参见叶金强:《担保法原理》,科学出版社2002年版,第190—191页。

[③] 基于同样的道理,设定质押后的动产,仍然可以设定抵押——关于这点,本节第三部分将会详细论述。

同的生效不等于质押权的生效[①],质押权还需在出质人将质押物交付给质权人后才生效。因为动产质押权需要进行物权变动的公示,交付动产质押物就是动产质押权的公示方法。

例题:甲向乙借款,欲以轿车作担保。关于担保,下列哪些选项是正确的?(2013年司法考试第三卷第58题)

  A. 甲可就该轿车设立质权
  B. 甲可就该轿车设立抵押权
  C. 就该轿车的质权自登记时设立
  D. 就该轿车的抵押权自登记时设立

解析:本题考点是动产质押权的设立。汽车作为交通运输工具,根据法律规定既可以设定抵押,也可以设定质押;所以 A、B 正确。《物权法》第 188 条规定:"以本法第一百八十条第一款第四项、第六项规定的财产或者第五项规定的正在建造的船舶、航空器抵押的,抵押权自抵押合同生效时设立;未经登记,不得对抗善意第三人。"本题中,该轿车的抵押权并非自登记时设立,而是抵押合同生效时设立;所以 D 错误。《物权法》第 212 条规定:"质权自出质人交付质押财产时设立。"所以 C 错误。由此可见,本题应当选 A、B。

  质押物的交付即出质人将其对质押物的占有移转给质权人,使得质权人取得对质押物的占有。质押物的交付方式有现实交付和观念交付两种。现实交付是出质人将其对质押物的直接占有移转给质权人,使得质权人取得对质押物的直接占有。观念交付是指动产占有在观念上的移转,包括简易交付、指示交付和占有改定三种形态。动产质押物可以进行现实交付,自不待言;但它们能否进行观念交付,不无研究的余地。

  先看简易交付和指示交付。出质人交付后,他丧失了对质押物的占有,质权人取得了对质押物的占有,并且质权人对质押物的占有是直接占有,存在公示的表象。因此,这两种观念交付形态都可以用来交付质押物。而占有改定则不同:出质人交付后,出质人并未丧失对质押物的直接占有,质权人也未取得对质押物的直接占有;易言之,在这种交付后,双方当事人的占有状态并未发生任何变化,和交付之前一样。如此一来,不存在公示的表象,动产质押权没有公示;更何况,质权人也无物可留置,这与质押权的本质相悖。因此,这种观念交付不能用来交付质押物。我国法律亦是如此对待它们:《担保法司法解释》默认了简易交付的效力,第 88 条承认了指示交付的效力,第 87 条第 1 款否认了占有改定的效力。

---

  ① 《担保法》第 64 条就混淆了这二者,它把本来是质押权公示的占有移转弄成了质押合同生效的条件了,没有对债权合同与物权变动进行区分。可喜的是《物权法》第 212 条纠正了这一错误。

第五章 质押权

例题：方某向孙某借款 1 万元，孙某要求其提供担保，方某说："我有一部手提电脑被刘某租去用了，就以它作质押吧，但租金不作质押。"孙同意，遂付款。下列哪种说法是正确的？（2006 年司法考试第三卷第 8 题）

A. 孙某实际占有电脑时质押合同才生效

B. 如刘某书面同意，则质押合同生效

C. 如刘某收到关于质押的书面通知，则质押合同生效

D. 如质押合同生效，则孙某有权收取电脑租金

解析：本题考点是动产质押合同的生效时间。《担保法》第 64 条规定："出质人和质权人应当以书面形式订立质押合同。质押合同自质物移交于质权人占有时生效。"《担保法司法解释》第 88 条规定："出质人以间接占有的财产出质的，质押合同自书面通知送达占有人时视为移交。占有人收到出质通知后，仍接受出质人的指示处分出质财产的，该行为无效。"本题中，手提电脑的交付是指示交付，质押合同自书面通知送达占有人时视为移交；所以 A、B 错误，C 正确。此外，《担保法》第 68 条第 1 款规定："质权人有权收取质物所生的孳息。质押合同另有约定的，按照约定。"本题中，孙某和方某在质押合同中约定租金不作质押；所以 D 错误。由此可见，本题应当选 C。

需要指出的是，本题是 2006 年的司法考试题，只能依据《担保法》《担保法司法解释》来处理；如果按照《物权法》则会得出另一个答案。《物权法》第 15 条规定："当事人之间订立有关设立、变更、转让和消灭不动产物权的合同，除法律另有规定或者合同另有约定外，自合同成立时生效；未办理物权登记的，不影响合同效力。"可见，质押合同的生效时间为成立时间，与动产质押物的交付无关；所以 C 也错误。

例题：乙欠甲货款，二人商定由乙将一块红木出质并签订质权合同。甲与丙签订委托合同授权丙代自己占有红木。乙将红木交付与丙。下列哪一说法是正确的？（2015 年司法考试第三卷第 8 题）

A. 甲乙之间的担保合同无效

B. 红木已交付，丙取得质权

C. 丙经甲的授权而占有，甲取得质权

D. 丙不能代理甲占有红木，因而甲未取得质权

解析：本题考点是动产质押物的交付。甲乙二人签订质权合同，该合同并无任何导致无效的因素；所以 A 错误。丙只是代为直接占有，他不是质权人，甲才是质权人；所以 B 错误。一旦乙将红木交付给丙，丙成为该红木的直接占有人，他与甲之间存在占有媒介关系，甲为该红木的间接占有人，他取得了质押权；所以 C 正确 D 错误。由此可见，本题应当选 C。

一般情况下,双方当事人都会在质押合同中对质押物的名称、数量、质量等进行明确的约定,而且随后实际交付的质押物就是事先约定的质押物,但实践中也会出现当事人对质押的财产约定不明确的情形。对于这种情形,如果事后出质人交付了质押物且质押权人接受的,质押合同的履行行为就使得原本不明确的质押物明确起来,自然就以出质人实际交付给质权人的动产为准。实践中还会出现交付的质押物与约定的质押物不一致的情形。对于这种情形,推定当事人通过"交付和接受交付"的意思表示变更了质押合同中关于动产质押物的意思表示,从而以实际交付给质权人占有的动产为准。

《担保法司法解释》第 89 条也对这两种情况作出了规定。

(二) 动产质押权的善意取得

1. 概述

如果出质人对动产质押物并无处分权,已经设定的动产质押权效力如何?若出质人占有动产质押物且隐瞒自己无处分权的事实,由于占有为动产的物权公示方法,质权人信赖出质人有处分权是合理的,这个合理信赖应该受到法律的保护。保护措施是让善意的债权人取得动产质押权。如此既保护了善意的债权人,同时也保护了交易秩序和交易安全。这就是动产质押权的善意取得。

关于动产质押权的善意取得,很多国家和地区的法律都已认可,比如《德国民法典》第 1207 条、《瑞士民法典》第 884 条、《意大利民法典》第 1153 条、我国台湾地区"民法"第 886 条等。我国的《担保法》和《物权法》都没有规定,而《担保法司法解释》第 84 条一定程度上承认了质押权的善意取得。[①]

2. 构成要件

质权人要想从无处分权的出质人处通过善意取得获得动产质押权,需要符合如下几个条件:

第一,出质人没有出质该动产的权利。这是不言自明的条件。如果出质人有出质该动产的权利,那么其出质行为就不属于无权处分,就无须善意取得了。

第二,出质人为动产质押物的占有人。出质人应当占有质押物,这样才能给质权人"出质人为质押物所有权人"的外观,这才是质权人产生合理信赖的客观依据。当然,这里的占有应当是直接占有;因为间接占有的公信力非常弱,不足以让债权人产生合理信赖。

第三,质权人善意。质押权人必须善意,对出质人不享有出质权这点无过失地不知情,合理信赖出质人享有出质权。善意取得制度就是用第三人的善意补

---

① 之所以是"一定程度上",是因为从字面上看,该条规范的是"不知情的质权人行使质权后"的权利义务处理;但是,如果质押权人获得占有但未行使质押权呢?质押权人的利益如何保护?《担保法司法解释》第 84 条并不能给予质权人完整的保护。

正处分权上的瑕疵,因此,接受质押的债权人必须善意。

第四,质权人与出质人订立了质押合同,并且出质人已经向质权人交付了动产质押物。光订立质押合同还不行,还要进行动产质押权的公示,这点与《物权法》第106条第1款第3项的要求相同。

因为质押合同的单务性,《物权法》第106条第1款第2项的"以合理对价转让"在此不需要。

3. 法律后果

一旦动产质押权发生善意取得的,则产生如下两个法律后果。

第一,善意债权人取得对该动产的质押权,该动产所有权人必须接受这个约束而不能要求排除。

第二,该动产所有权人有权就其所受损失向无权处分人(即出质人)要求损害赔偿。

例题:甲为乙的债权人,乙将其电动车出质于甲。现甲为了向丙借款,未经乙同意将电动车出质于丙,丙不知此车为乙所有。下列哪些选项是正确的?(2008年司法考试第三卷第59题)

A. 丙因善意取得而享有质权
B. 因未经乙的同意丙不能取得质权
C. 甲对电动车的毁损、灭失应向乙承担赔偿责任
D. 对电动车毁损、灭失,乙可向丙索赔

解析:本题考点是动产质押权的善意取得。《担保法司法解释》第84条规定:"出质人以其不具有所有权但合法占有的动产出质的,不知出质人无处分权的质权人行使质权后,因此给动产所有人造成损失的,由出质人承担赔偿责任。"本题中,甲将电动车出质于丙,实际上他没有处分权但合法占有电动车,债权人丙对此并不知情,这符合动产质押权善意取得的构成要件,丙可以取得质权;所以A正确B错误。《担保法司法解释》第84条后段规定:"因此给动产所有人造成损失的,由出质人承担赔偿责任。"甲的无权出质行为损害了乙的利益,对于电动车的毁损、灭失,甲当然要向乙承担赔偿责任;所以C正确。《物权法》第215条第1款规定:"质权人负有妥善保管质押财产的义务;因保管不善致使质押财产毁损、灭失的,应当承担赔偿责任。"本题中,作为质权人,丙是电动车的直接占有人,他有妥善保管义务,当电动车毁损、灭失,他应当承担赔偿责任;而乙是该电动车的所有权人,乙可以向丙索赔;所以D正确。由此可见,本题应当选A、C、D。

三、动产质押权的效力

动产质押权生效后,出质人和质权人之间发生一定的权利和义务;当然,有时可能还会涉及其他当事人,比如主债务人。接下来本书分别从质押人和质押权人的角度出发,论述他们享有的权利、负担的义务。

(一) 质权人的权利义务

1. 占有质押物的权利

质押权生效后,质权人有权占有质押物直至其债权得到全部满足。质权人的这种权利,是其留置效力的体现,也是其与动产抵押权区别之所在。在质权存续期间,质权人对质押物的占有受到侵害或有侵害之虞的,质权人可以根据物权请求权或占有保护请求权,请求返还原物、排除妨碍、消除危险等。

2. 收取质押物孳息的权利

在质押权存续期间,质权人可以收取质押物的孳息。之所以如此,一是质权人占有着质押物,收取孳息比较方便;二是孳息通过充抵主债权,减少主债权的数额,有利于双方当事人的利益。当然,如果当事人就孳息的收取另有约定的,从其约定。《物权法》第213条第1款对此作出了规定。

收取的孳息首先应当充抵收取孳息的费用,然后充抵利息,最后充抵主债权。如果孳息是金钱,则可以直接充抵债务;如果孳息为其他财产,就需要和原物一起等到质押权实现条件成就后再出售。

需要补充的是,收取质押物的孳息既是质权人的权利,也是其义务。如果质权人不收取、不及时收取、不以适当的方法收取从而导致孳息毁损、灭失或价值减少的,就损害了出质人的利益,有过错的质权人应当向出质人承担损害赔偿责任。

3. 保全质押权的权利

作为一种价值权,动产质押权最终体现在质押物的交换价值上。所以,在质押权存续期间,如果非因质权人的原因致使质押物价值减少或有减少之虞的,质权人的利益就有可能受到损害。为了对质权人的利益进行保护,法律赋予其质押权保全权,具体说来有两个措施。

首先,质权人有权要求出质人提供相应的担保。此时,质权人对出质人享有替代担保请求权。① 这里的替代担保其实类似于抵押权保全权中的增担保。其担保形式也不限,只要其价值与质押物价值减少的数额相当即可。

其次,如果出质人不提供替代担保的,质权人可以不经出质人的同意出卖动

---

① 参见全国人大常委会法制工作委员会民法室编:《中华人民共和国物权法条文说明、立法理由及相关规定》,北京大学出版社2007年版,第391页。

产质押物。这里对质押物的出卖不同于质押权实现时的出售,学界将其称为预行拍卖权。动产质押物出卖后,质权人对该变价所得价款享有提前清偿债务或者提存的权利。至于是提前清偿债务还是提存,则取决于双方协商的结果;如果双方协商未果,为了保护债务人的期限利益[①],应该提存。

《担保法》第 70 条和《物权法》第 216 条都对质权人的替代担保请求权、质押物预行拍卖权、提前清偿债务或者提存请求权作出了规定。需要注意的是,《物权法》第 216 条规定的质押权保全权发生在"因不能归责于质权人的事由可能使质押财产毁损或者价值明显减少"情形;根据文义解释,这里的"因不能归责于质权人的事由"既包括出质人的不当行为、第三人的不当行为,也包括自然原因。[②] 因为自然原因致使动产质押物价值减少固然损害了质权人的利益,同时也损害了出质人的利益;此时赋予质权人质押权保全权,对其保护过度、对出质人并不公平。此外,因为第三人的不当行为致使动产质押物价值减少固然损害了质权人的利益,但这与出质人无关;更何况,第三人的行为同时也损害了出质人的利益;此时赋予质权人质押权保全权,实际上是要出质人为第三人的不当行为埋单,缺乏正当性。

4. 处分质押权的权利

质押权对于质权人来说是一个财产权,自然可以处分。最典型的处分方式就是抛弃,即质权人抛弃质押权。质押权抛弃后,质押权人丧失质押权,变成普通债权人。质押权人抛弃质押权不能侵犯其他人的利益,自不待言;所以,当出质人为债务人自己的情况下,质权人放弃该质权的,其他担保人的利益因此而受到侵害,此时,其他担保人在质权人丧失优先受偿权益的范围应当内免除担保责任——当然,基于意思自治,其他担保人承诺仍然提供担保的除外。对此,《物权法》第 218 条后段作出了规定。

另一种重要的处分方式是转让,即质权人转让质押权。需要注意的是,由于质押权的从属性,质押权不能单独转让,只能和主债权一起转让给他人。

还有一种处分就是设定担保,即质权人用自己的质押权为自己或他人的债务设定担保。同样基于从属性,质权人要把主债权和质押权一起用来设定担保[③],而不能仅仅用质押权设定。

---

① 因为主债务人的履行期限还没有到期,所以,债务人享有期限利益,提前清偿则损害了主债务人的这种期限利益。

② 《物权法》的立法者也认为包括因为自然原因导致质押物的毁损或价值减少。参见全国人大常委会法制工作委员会民法室编:《中华人民共和国物权法条文说明、立法理由及相关规定》,北京大学出版社 2007 年版,第 391 页。

③ 和第四章的抵押权一样,此时设定的担保为债权质权。

5. 质押权实现权

质押权实现权是指当动产质押权实现的条件成就时,质押权人享有的通过行使质押权使自己债权得到全部清偿的权利。质押权的实现既是质押权的最主要效力,也是质押权人最主要的权利。鉴于该问题的重要性,本节将专设一部分予以详细论述。

6. 妥善保管质押物的义务

在质押权存续期间,尽管质权人占有着质押物,但质押物的所有权并不属于他,因此,他自然应当妥善保管质押物。所谓妥善保管,就是以善良管理人的注意义务[①]加以保管;具体到质权人身上,就要求质权人采取有利于维护质押物价值的方式或措施来保障质押物的安全,防止质押物的价值的非正常减少。如果质权人没有尽到善良管理人义务,保管不善导致质押物毁损、灭失的,质权人应当对出质人承担损害赔偿责任。《物权法》第215条第1款对此作出了规定。

> **理论争鸣** 保管质押物费用应当由谁承担?
>
> 根据《物权法》第173条的规定,质权人由于保管质押物对出质人享有费用返还请求权。通说认为如此规定的理由在于这种保管行为本身并不会给质权人带来权利,反而会给质权人构成一种负担,并且这种负担有时还会减损质押权人的现有财产利益。本书对此不敢苟同。
>
> 在不能使用质押物的情况下,单纯的保管的确是质权人的负担,但这种负担是其享有动产质押权所必须承受的。易言之,保管义务和留置质押物是动产质押权必须包含的两个方面,二者不能分离;如果质权人仅仅享有留置质押物的权利而不承担保管质押物费用的义务,那就违背了权利义务一致原则。
>
> 另外,在动产质权设定后,出质人丧失了对动产质押物的占有,也丧失了对动产质押物使用价值的处分,再加上动产质押物的孳息又被质权人收取;可以说,在动产质权设定后,出质人几乎无法从动产质押物身上获得利益。所以,这种情况让其承担动产质押物的保管费用,对出质人来说未免过于苛刻。[②]
>
> 综上所述,保管质押物费用不应当由出质人承担,而应当由质权人承担。

7. 不得使用、处分质押物的义务

质押权人仅仅支配担保物的交换价值而不支配担保物的使用价值,所以,质

---

① 善良管理人的注意义务,是指按照一般交易上观念,有相当知识和经验及诚意的人所具有的注意(以一种善良的心和应当具备的知识)来实施行为。

② 参见何莉苹、杨会:《动产质权效力不及于质押物保管费用》,载《人民法院报》2009年7月19日第007版。

押权人尽管占有质押物,他却没有使用质押物的权利;这就意味着他负有不得使用质押物的义务。如果质权人擅自使用的,属于侵犯出质人所有权的侵权行为,他应当赔偿因此给出质人造成的损失。关于这点,《担保法司法解释》第93条、《物权法》第214条都作出了规定。当然,在特殊情况下,出于保管质押物的需要,质权人可以适当地使用质押物,比如为了防止被质押的自行车生锈而骑该自行车。这种使用又被称为保管上之必要使用。① 由于这种使用是为了避免动产质押物的价值降低,有利于出质人,无须获得出质人的同意。毫无疑问,该种使用应当在合理的限度内以合理的方法进行。

质权人不是质押物的所有人,他没有处分质押物的权利,但在现实生活中,会出现质权人将质押物转质的现象。转质也是对质押物的处分,该处分行为的效力比较特殊,有单独讨论的必要。

(1) 转质概述

转质是指在质押权存续期间内,质权人以自己占有的质押物为标的物,以自己为出质人,以第三人为质权人而设定的质押。转质涉及两个质押:第一个质押是原质押,它是正常的普通质押;第二个质押就比较特殊,标的物就是原质押中的标的物,出质人是原质押中的质权人,质权人是与原质押无关的第三人。由于在第二个质押中出质人将自己占有的质押物转给质权人,所以这个质押被称为转质。这三个当事人分别被称为原出质人、质权人、转质权人。最经典的例子是债务人甲为担保其所欠乙的100万元而以自己的价值120万元的钻石设定质权于乙;其后,乙为担保自己欠丙的80万元债务,将该钻石设定质权于丙。② 在这个例子中,就甲和乙之间的原质权而言,乙将钻石出质给丙的行为是转质。

理解转质概念,需要注意三点:第一,转质也是一个基于法律行为设立的动产质押,其成立不仅需要质权人与转质权人之间的合意,还需要质押物的交付。转质生效后,转质权人享有质押物占有权、孳息收取权、质押物变价权、变价所得价款优先受偿权等普通质押中质权人享有的权利,质权人暂时失去上述权利——只有转质中的债务人履行了自己的债务后质权人才能回复这些权利。第二,在转质中,转质权人必须知道质权人的真实身份和质押物的真实权属,即明白该质押属于转质。在占有为动产物权公示方法的情况下,占有动产质押物的质权人如果没有将真实情况告诉转质权人,那么转质权人就会合理信赖质权人为动产的所有权人,由此产生的质押权就是动产质押权的善意取得,而非转质。第三,转质权具有优先于原质权的效力。因为原质权中的质权人在转质中属于

---

① 关于保管上之必要使用权的详细介绍参见蒋新苗等:《留置权制度比较研究》,知识产权出版社2007年版,第109—110页。尽管这里介绍的是留置中的保管上之必要使用权,但它和质押中的保管上之必要使用权一样。

② 参见谢在全:《民法物权论》(下册),中国政法大学出版社1999年版,第780页。

出质人,他是义务人,原质权自然劣于转质权;否则,转质的设立没有任何意义。①

在转质中,质权人为自己或第三人债务提供担保,把自己占有的质押物移转给转质权人占有;很明显,这是创设一个新的质权,并且该质押权的客体是原质押物。由此可见,转质是质权人处分质押物的行为。

如前所述,作为质权的享有者,质权人只有占有、保管质押物的权利,并无处分质押物的权利;因此,其要想对动产质押物进行处分,必须要经过出质人的同意或法律的特别规定。

根据质权人转质的权利来源不同,转质可以分为承诺转质和责任转质。

(2) 承诺转质

承诺转质是指在质押权存续期间内,质权人经过出质人的同意而设定的转质。

这种同意既可以是双方设定质押时的约定,也可以是质押设定后的授权,甚至可以是质权人擅自转质后出质人的事后追认。

承诺转质经过了出质人的授权,并且这种授权并没有违反法律的强制性规定;所以,承诺转质是一种有效的法律行为。当今世界各国法律,不管有没有规定承诺转质,事实上都承认承诺转质的效力。②《担保法司法解释》第 94 条第 1 款认可了承诺转质的效力,《物权法》没有规定,但应将其解释为有效。

承诺转质生效后,转质权是一个独立于原质权的新质权,它不仅对于双方当事人有效力,对出质人也有效力。出质人清偿债务致使原质权消灭的,转质权并不因此而受到影响,出只转质权所担保的债权得以完全实现后,出质人才能取回动产质押物。

(3) 责任转质

责任转质是指在质押权存续期间内,质权人未经出质人的同意而擅自设定的转质。

理论争鸣 转质人有无责任转质权?

前文已述,质押权的存续期间内,质权人只有占有质押物的权利,并无处分质押物的权利,而转质是设定担保的处分行为;因此,质权人的责任转质行为是无权处分,侵犯了出质人的合法权益——如果没有转质,出质人在履行期限届满

---

① 关于这一点,有学者作了详细论述。参见孙鹏、王勤劳、范雪飞:《担保物权法原理》,中国人民大学出版社 2009 年版,第 261—262 页。

② 关于承诺转质和责任转质的四种立法模式中,前三种都认可了承诺转质;尽管第四种模式对两者都没有规定,但是学说对此多持赞同态度。参见曹诗权:《论动产质权中的转质》,载《律师世界》1998 年第 4 期。

主债务人履行自己的债务就能取回自己的质押物；而在转质中，出质人要想取回自己的质押物，不仅要主债务人在履行期限届满履行自己的债务，还要靠转质中的主债务人在履行期限届满履行自己的债务，即使主债务人在履行期限届满履行自己的债务，如果转质中的主债务人在履行期限届满没有履行自己的债务，质押物也会被出售，出质人的所有权因此丧失。

　　既然责任转质是无权处分，如果质权人事后没有取得处分权或出质人事后不予追认，根据民法理论，新设定的质权就应该归于无效；但是，如果其能带来更大的利益，也不妨让其生效。① 事实上转质行为的确会带来巨大的效率：从微观看，它反映了鼓励交易、保护交易、繁荣市场的客观要求。因为一个转质关系必然伴随着一个合同，一个合同也就是一个交易活动，而一个交易活动即是一次社会财富的配置；只有通过交易才能满足不同的交易主体对不同价值的追求，满足不同的生产者与消费者对价值的共同追求，进而实现资源的优化配置和最有效利用。从宏观看，它是使质物获得更充分利用从而发挥物之价值的有效手段。从充分发挥质押物的效用角度来看，质权以占有获得公示和公信，以质押物的交换价值取得保障，旨在减少债权人的不安，促进交易；转质意味着一物之上多重质权担保并存，其积极作用正在于最大限度地发挥质押物的价值效用和动态安全，使质押物的功能得到充分挖掘，从而避免对质押物的单一主体的简单静态占有和闲置的价值浪费。基于上述原因，在出质人的所有权保护和质权人对质押物的充分利用之间，法律牺牲了前者，认可质权人的擅自转质的效力、让责任转质生效。②

　　由此可见，责任转质生效并非质权人享有转质的权利，而是因为法律的特殊规定、是出于对效率的追求而特殊对待的后果。

　　《担保法司法解释》第 94 条第 2 款否定了责任转质的效力，《物权法》第 217 条规定了责任转质，但其表达并不明确——这可能正是立法者的态度，"不提倡转质，也没有禁止转质"。③

---

　　① 这种做法在民法中已有体现，典型者如恶意添附。尽管小偷偷盗了邻居的石灰和砖块，如果小偷利用这些石灰和砖块与自己的原材料建造了房屋，法律并不会允许邻居主张石灰和砖块的所有权返还，失主只能眼睁睁看着小偷成为房屋的所有权人。法律之所以如此规定，不是因为小偷比失主更值得保护，而是出于效率的考虑：如果支持失主的返还石灰和砖块所有权的请求，则迫使小偷拆除房屋，会导致巨大的资源浪费。为了避免这种结果出现，法律让小偷保有房屋所有权，同时要向失主赔偿石灰和砖块的损失。

　　② 笔者对该问题的详细论述，参见杨会、杨菁：《利益平衡视角下的责任转质效力研究》，载《法律适用》2012 年第 12 期。

　　③ 参见全国人大常委会法制工作委员会民法室编：《中华人民共和国物权法条文说明、立法理由及相关规定》，北京大学出版社 2007 年版，第 393 页。

通过责任转质新设定的质权生效后,将会产生如下法律后果:第一,转质权具有排他性,它不仅对于双方当事人有效力,对出质人也有效力。第二,质权人对于质押物的毁损、灭失承担严格责任,即使因为不可抗力的原因,质权人也要对出质人承担损害赔偿责任。

9. 返还质押物的义务

质权人占有质押物的权源是质押权,当质押权不复存在时,质权人自然就应当向出质人返还质押物。它发生在履行期限届满主债权获得全部清偿或者主债务人提前清偿全部主债务的情形下。对此,《担保法》第 71 条前段、《物权法》第 219 条第 1 款作出了规定。

此时,出质人要求质权人返还质押物的请求权基础既包括基于所有权的物权请求权,还包括基于质押合同的债权请求权。

(二) 出质人的权利义务

1. 质押物转让权

质押权设定后,出质人仍然是质押物的所有权人,基于所有权的应有之义,他有权转让质押物;当然,前提是不损害已经存在的质押权。

出质人将动产质押物转让给第三人的,当受让人请求质权人向自己交付质押物时,由于其占有为有权占有并且其占有并不因为质押物所有权移转而消灭,所以,质权人有权拒绝动产质押物的新所有权人的请求。如此一来,质押物所有权的移转对于质权人毫无影响,不会侵害既存的质权人的利益。

质押物的赠与亦是如此。

2. 质押物再设抵押权

质押权设定后,质押物的价值可能大于被担保的主债权数额,出质人对质押物剩余部分价值的利用并不会损害既存的质押权,所以,出质人可以对剩余价值进行利用,比如用该质押物再次设定担保。由于抵押权人并不需要占用抵押物,所以,再次设定的担保可以是无须占有的抵押;同一动产上既有质押权又有抵押权,此为抵押权与质押权的竞合。此举也实现了在无法对质押物使用价值进行利用情况下对质押物交换价值进行充分的利用,体现了效率的价值取向。此外,再次设定担保还可以是质押。[1] 虽然出质人已经丧失质押物的占有而质权人直接占有质押物,但他对质权人享有返还请求权,他与质权人之间就其对质押物的直接占有存在媒介关系;所以,他是质押物的间接占有人。一旦他再设立质押的,出质人可以通过观念交付将自己对质押物的间接占有让渡给新的质权人。

---

[1] 有学者认为,出质人可以通过以对质押物间接占有的让与实现质押物的交付,出质人可以在质押物上再设质押。参见曹士兵:《中国担保制度与担保方法》,中国法制出版社 2015 年版,第 337 页;郭明瑞、房绍坤、张平华编著:《担保法》,中国人民大学出版社 2014 年版,第 143 页;丁南:《担保物权释论》,中国政法大学出版社 2013 年版,第 81 页。

其实，即使质押物的价值不大于被担保的主债权数额，只要抵押权人愿意接受在该质押物上设立的抵押权，由于设定在后的抵押权效力劣于质押权，并不会对在先的质押权造成损害，法律对于当事人的这种意思自治应当允许，不能否定设立的抵押权的效力。

这是先质押后抵押，本书第四章第三节第一部分已经介绍了先抵押后质押：抵押设定后，抵押人可以将该抵押物用来出质，抵押权与质押权和平地共存在一个担保物上。这两种情形下的竞合都是在保证在先担保权人利益的前提下，对担保物交换价值的充分利用，都为法律所允许。

3. 质押物价值维护权

出质人是质押物的所有权人，质押物的价值高低与其利益休戚相关；当人为原因致使质押物价值减少或有减少之虞的，出质人的利益就受到损害，此时他享有质押物价值维护权。

如果是质权人的行为致使质押物价值减少或有减少之虞的，基于物权请求权，出质人有权要求质权人停止侵害、消除危险、恢复原状；同时根据《担保法》第69条、《物权法》第215条第2款，他还有权要求质权人将质押财产提存，或者要求提前清偿债务并返还质押财产。如果是提存，提存费用由质权人负担；如果是提前清偿，则要扣除债权未到期部分的利息。

如果是第三人的行为致使质押物价值减少或有减少之虞的，基于物权请求权，出质人有权要求第三人停止侵害、消除危险、恢复原状等。虽然《担保法》《担保法司法解释》《物权法》对此都没有作出规定，但基于物权请求权理论，出质人应当享有该权利。

4. 及时行使质权请求权

由于市场价格的不断变动，质押物的价值可能会因为时间的推移而逐渐减少；所以，当质押权实现条件成就时，质权人应当及时行使其权利；如果质权人不行使质押权的，出质人有权请求人民法院拍卖、变卖质押财产，保障质押物的价值，从而维护自己的利益。这就是及时行使质权请求权。

在此期间内，因为质权人怠于行使权利给出质人造成损害的，质权人对于损害后果的发生有过错，他应当向出质人承担损害赔偿责任。

《担保法司法解释》第95条第2款和《物权法》第220条对上述两点都作出了规定。

5. 追偿权

如果出质人为第三人，当质押权实现后，出质人丧失了质押物的所有权；与此同时，主债权因为质押权的实现而消灭，主债务人从中受益。为了维持他们之间的利益平衡，法律赋予质押人向主债务人进行追偿的权利。

如果质押人代为清偿而消灭主债权的，质押人对债务人也享有追偿权，自不待言。

质押人的追偿权在本质上与保证人的追偿权相同,由于本书第二章第三节第二部分已经详细论述,此处不再赘述。

6. 出质人的义务

(1) 隐蔽瑕疵告知义务

在质押权存续期间,质权人占有着动产质押物,若质押物存在隐蔽瑕疵的,质权人就可能遭受损害;基于诚实信用原则[①],出质人应当在交付时就告知质权人,防止其遭受损害;如果出质人没有履行告知义务而质押物的瑕疵造成质权人损害的,出质人应当承担赔偿责任。对此,《担保法司法解释》第 90 条作出了规定。

(2) 容忍义务

质押权存续期间,质权人占有质押物,作为所有权人的出质人对此负有容忍义务,不得侵害质权人的占有。

四、动产质押权的实现

动产质押权的实现,又被称为动产质押权的行使,是指当动产质押权实现条件成就时,质权人对质押物进行出售,并从变价所得价款中优先受偿从而满足自己的主债权。和抵押权的实现一样,动产质押权的实现包括两个环节:先出售,后受偿。

(一) 实现条件

动产质押权的实现应当满足以下几个条件。

1. 存在有效的动产质押权

动产质押权的实现必须以动产质押权的有效存在为前提;动产质押权不成立,自然无法行使;动产质押权虽然成立但无效或被撤销,也无法行使。

2. 履行期限届满主债权未获完全清偿或发生当事人约定的实现动产质押权的情形

这里包括两种情况:

第一,主债权清偿期届满但主债权未获完全清偿。这样就损害了质权人的利益,他可以通过实现质押权来保障自己的利益。这也是最常见的情形。

第二,发生当事人约定的实现动产质押权的情形。如果当事人事先就动产质押权的实现约定了条件,当该条件成就后,质权人也可以实现动产质押权。

---

① 所以,出质人的隐蔽瑕疵告知义务与买卖合同中出卖人的隐蔽瑕疵告知义务性质一样,都因诚实信用原则而生。

3. 出质人无抗辩权

出质人如果享有抗辩权，出质人的抗辩权就可以阻止动产质押权的实现。因此，第三个条件是出质人没有抗辩权。

4. 质权人在法定期限内行使

除了所有权，鲜有权利的行使不受期限的限制，动产质押权也不例外，它也应当在一定的期间内行使，否则就应当丧失法律的保护。《物权法》第 202 条被规定在第十六章（即抵押权这一章），仅仅适用于抵押权，而第十七章（即质权这一章）没有对质权的行使期间进行规定。有学者认为可以类推适用《物权法》第 202 条。[①] 笔者认为，质押权人占有着质押物，而抵押权人由于不占有动产抵押物承担更大的风险，二者并不相同；所以，在权利行使期间上二者应当有所区别，妥当的处理是适用《担保法司法解释》第 12 条第 2 款的规定。即动产质押权所担保的债权诉讼时效结束后，质权人在诉讼时效结束后的 2 年内不行使质权的，人民法院不予保护。如此一来，抵押权的实现期间短于质押权的实现期间，与自己不占有动产抵押物承担更大的风险相一致。

（二）实现方法

动产质押权的实现方法也是折价、拍卖、变卖三种，并且折价处于优先的顺序。如果出质人与质权人协商通过折价来实现动产质押权的，自然按照其协商来处理。如果出质人与质权人不愿协商或就折价不能达成协议的，由于质权人占有着质押物，此时的质押权实现与抵押权有所不同：质权人有权单方拍卖、变卖质押物，将质押物变现。

同时，为了防止动产质押权的实现侵犯其他利害关系人的利益，应当允许其他利害关系人对动产质押物的折价、拍卖、变卖进行监督，监督程序是否公正和价格是否合理，并且其他利害关系人认为自己权利受损时有权向人民法院提起诉讼。《物权法》第 219 条第 3 款仅仅规定了质权人的合理确定价格义务，并未赋予其他利害关系人监督和起诉的权利，有所不当；此时，应当类推适用《物权法》第 195 条第 1 款后段的规定来保护其他利害关系人的利益。

（三）变价所得价款的分配

1. 一般情况下的变价所得价款的分配

就动产质押物的变价所得价款，和一般债权人相比，质权人有权优先受偿。在优先受偿的数额上，和抵押权一样奉行多退少补规则：变价所得价款超过主债权数额的部分退还给出质人，不足部分变成普通债权由债务人继续清偿。《物权法》第 221 条亦是如此规定。

---

① 参见高圣平：《担保法论》，法律出版社 2009 年版，第 272 页。

2. 特殊情况下的变价所得价款的分配：与抵押权的竞合

不论是抵押物出质还是质押物抵押，都会出现动产质押权与动产抵押权的竞合。当二者竞合时，两个担保物权都具有优先性，那么，担保物变价所得价款如何在质押权人和抵押权人之间进行分配？

如果抵押权没有登记，其不具有对抗效力，自然劣后于质押权，抵押权人只有等质押权所担保的债权完全实现后才能就剩余价款受偿。

如果抵押权已经进行了登记，由于质押权和抵押权都进行了物权公示、都具有排他性，那就要遵守"先来后到"或"时间在先，权利在先"规则。易言之，当抵押人用动产抵押物设定质押时，由于抵押权公示在先，抵押权人就变价所得价款优先于质押权人受偿；当出质人用动产质押物设定抵押时，由于质押权公示在先，质押权人就变价所得价款优先于抵押权人受偿；当二者同时公示的，则效力相当、彼此不优先，他们根据各自的债权比例就担保物变价所得价款进行分配。

《担保法司法解释》第79条却不区分已登记抵押权与质押权的生效时间，一概认定已登记抵押权优先，不甚合理。①

例题：甲公司以其机器设备为乙公司设立了质权。10日后，丙公司向银行贷款100万元，甲公司将机器设备又抵押给银行，担保其中40万元贷款，但未办理抵押登记。同时，丙公司将自有房产抵押给银行，担保其余60万元贷款，办理了抵押登记。20日后，甲将机器设备再抵押给丁公司，办理了抵押登记。丙公司届期不能清偿银行贷款。下列哪一表述是正确的？（2013年司法考试第三卷第8题）

  A. 如银行主张全部债权，应先拍卖房产实现抵押权

  B. 如银行主张全部债权，可选择拍卖房产或者机器设备实现抵押权

  C. 乙公司的质权优先于银行对机器设备的抵押权

  D. 丁公司对机器设备的抵押权优先于乙公司的质权

解析：本题考点是共同抵押权、质押权与抵押权的竞合。当债务人提供的物保与第三人的物保并存时，如果没有约定责任的承担方式，两者成立连带共同担

---

① 对此，《担保法司法解释》的制定者给出了两个原因，"同一财产上抵押权与质权并存的情况有两种：一是抵押权设定在先，质权设定在后；二是质权设定在先，抵押权设定在后。这一规则的适用仅指抵押权设定在先而质权设定在后的情况，而质权设定在先抵押权设定在后的情况几乎不存在。""抵押权的设定以登记为共识，设定的时间是确定的。质权的设定时间难以认定，担保人完全可以在设定抵押后与第三人恶意串通，以质权设定在先为由，对抗抵押权人行使抵押权。所以，抵押权的效力应优于未经登记部门公示的质权的效力。"参见李国光等：《关于适用〈中华人民共和国担保法〉若干问题的解释》理解与适用》，吉林人民出版社2000年版，第283、284页。很明显，这两个理由都站不住脚。第一，并无任何统计证明，质权设定在先抵押权设定在后的情况几乎不存在。第二，抵押权的公示方法为登记，质权的公示方法为占有，它们都是法定的公示方法，并无优劣之分；如果这种观点成立，将会对动产物权公示产生致命的打击。

保。本题中，银行享有两个抵押权，一个是对第三人甲机器设备的抵押权，一个是对债务人丙房产的抵押权。《担保法司法解释》第 75 条第 2 款规定："同一债权有两个以上抵押人的，当事人对其提供的抵押财产所担保的债权份额或者顺序没有约定或者约定不明的，抵押权人可以就其中任一或者各个财产行使抵押权。"本题中，他们只对担保数额作出约定而没有对实现顺序作出约定，因此，银行可以自由选择房产或机器设备实现抵押权；所以 A 错误。甲公司机器设备抵押的债权额是 40 万元，丙公司房产抵押的债权额是 60 万元，而全部债权额是 100 万元；因此，如果银行主张全部债权，只能既拍卖房产又拍卖机器设备；所以 B 错误。银行对机器设备的抵押权由于没有进行登记，不具有对抗力、不能对抗善意第三人，因此，乙公司的质权优先于银行的抵押权；所以 C 正确。《担保法司法解释》第 79 条第 1 款规定："同一财产法定登记的抵押权与质权并存时，抵押权人优先于质权人受偿。"本题中，丁公司对机器设备的抵押权已经进行登记，自然优先于乙公司的质权；所以 D 正确。由此可见，本题应当选 C、D。

司法部公布的答案是 C。很多考生对该答案提出了异议，异议数达到了 251 人次。

需要指出的是，这是依据现行法律规范得出的结论。本书认为，丁公司对机器设备的抵押权设定时间晚于乙公司的质权，根据"先来后到"或"时间在先，权利在先"的规则，乙公司的质权优先于丁公司对机器设备的抵押权；所以 D 错误。

第三节 权利质押权

一、权利质押权概述

（一）权利质押权的含义

权利质押权是指客体为权利的质押权。权利质押权的客体为权利而非物，它不是严格意义上的物权。抵押权中有权利抵押权，质押权中也有权利质押权。

（二）权利押质权与动产质押权的区别

动产质权的标的物是物，权利质权的标的物是权利，由此产生了以下区别。

1. 标的物所受限制不同

动产质权的标的物范围广泛，根据《物权法》第 209 条，只有法定禁止转让的动产不得出质，剩下的动产都可以用来出质。但权利质权的标的物范围就没有这样广泛，根据《物权法》第 223 条第 7 项，只有法定可以出质的权利和具有相同性质的权利才可以用来出质,剩下的权利很难出质。① 由此可见,法律对权利质权的标的物限制较大。

2. 权利公示方法不同

动产质权的物权公示方法是占有,即质权人通过占有动产质押物来公示自己的质押权;而权利质押权的公示方法因为权利的不同而有所区别,不过大都是登记。

3. 权利保全方法不同

由于质权人占有动产质押物,动产质权的权利保全方法主要是质权人对质押动产的实际占有、控制;而质权人无法占有、控制出质权利,权利质权的权利保全方法主要是法律对出质人处分权进行限制,即未经质权人同意出质人不能处分已出质的权利。

4. 权利实现方法不同

动产质权的权利实现方法为出售动产质押物以获取价款;而权利质权的权利实现方法则较复杂:有的是效仿动产质权的实现方法,出售出质权利以获取价款;有的采用全新的权利实现方法,比如向出质人的债务人直接主张付款。

需要说明的是,尽管两种质押权存在上述差别,但两者均为质押权,自然具有很多共性。动产质押权很早就出现,法律规范也比较完善,而权利质押权出现较晚,虽然有专门的法律规范加以规定,但不像动产质押权法律规范那样完善;另外,在动产质押权已有法律规定的情况下,权利质押若作同样的规定就属于立法资源浪费。因此,如果权利质权法律规范没有规定,则适用动产质押权的相关规定。《物权法》第229条明确规定了这点。

(三) 可质押的权利

毫无疑问,可质押的权利是财产权利,符合特定化、具有价值、能流通三个条件。此外,它还得是适于设质的权利。究竟哪些财产权利适于设质、哪些财产权利不适于设质呢?有学者认为根据物权法定主义,适用设质的权利就是法律、法规规定的可以出质的权利。② 本书认为,该问题有进一步研究的余地。

根据《物权法》第223条,可以设定质押的权利包括汇票、支票、本票,债券、存款单、仓单、提单,可以转让的基金份额、股权,可以转让的注册商标专用权、专利权、著作权等知识产权中的财产权,应收账款,法定的可以出质的其他财产权利。

例题:根据《物权法》的规定,下列哪一类权利不能设定权利质权? (2009年

---

① 通过和《物权法》第180条第1款第7项的文字对比,就能发现立法者态度上的差别。
② 参见王利明:《物权法研究》(下),中国人民大学出版社2007年版,第595—596页;郭明瑞、房绍坤、张平华编著:《担保法》,中国人民大学出版社2014年版,第103页。

司法考试第三卷第 7 题)

A. 专利权
B. 应收账款债权
C. 可以转让的股权
D. 房屋所有权

解析：本题考点是权利质押的类型。《物权法》第 223 条规定："债务人或者第三人有权处分的下列权利可以出质：(一) 汇票、支票、本票；(二) 债券、存款单；(三) 仓单、提单；(四) 可以转让的基金份额、股权；(五) 可以转让的注册商标专用权、专利权、著作权等知识产权中的财产权；(六) 应收账款；(七) 法律、行政法规规定可以出质的其他财产权利。"所以 A、B、C 正确，D 错误。由此可见，本题应当选 D。

根据这些权利在质押中的特点，可以作如下分类：第一类是有价证券债权，比如汇票、支票、本票、债券、存款单、仓单、提单等所代表的债权，在它们身上设定的质权为有价证券债权质权；第二类是可以转让的基金份额和股权，在它们身上设定的质权为股权质权；第三类是注册商标专用权、专利权、著作权等知识产权中的财产权，在它们身上设定的质权为知识产权质权；第四类是应收账款债权，在它身上设定的质权为应收账款质权。

二、有价证券债权质权

(一) 有价证券债权质权的含义

有价证券是指债券持有人对义务人享有票面记载的权利并且可以转让的书面凭证。这里的有价证券范围没有民法中有价证券那么广，仅仅指汇票、支票、本票、债券、存款单、仓单、提单。

这些有价证券本身不是权利，而是债权的凭证或载体[①]，权利人持有这些证券便有权向义务人主张证券上记载的权利。出质人用来设定质押的也正是这些债权，所以，本书将其称为有价证券债权质权。它也被称为有价证券质权。

(二) 有价证券债权质权的设立

设立有价证券债权质权，自然需要出质人与质权人订立有价证券债权质押合同，然后将该物权变动进行公示。有价证券债权质押合同与动产质押合同并无实质性区别，无须多言，值得考虑的是有价证券债权质权的公示。

由于有价证券债权不是动产，有价证券权利人无法对有价证券债权进行占

---

① 仓单、提单虽然是物权凭证，但持有人并不能直接支配那些物品，而只能请求义务人交付物品；所以，它们同时也是债权凭证，具有物权凭证和债权凭证的双重效力。

有,但可以通过债权凭证或者权利登记等方式对有价证券债权进行准占有①;既然如此,有价证券债权质权的公示可以通过移转准占有而实现。然而,有价证券债权人如何将自己对有价证券债权的准占有"交付"给质权人、进而让质权人取得对有价证券债权的准占有呢?

《物权法》第 224 条后段对此作出了规定:"质权自权利凭证交付质权人时设立;没有权利凭证的,质权自有关部门办理出质登记时设立。"这样的规定根据有无权利凭证进行区分,比较科学;但是,它并没有考虑到各种有价证券的特殊性。接下来本书将对几种有价证券的特殊性进行分析,确定它们的质权公示方式。

1. 票据

《票据法》第 35 条第 2 款规定:"汇票可以设定质押;质押时应当以背书记载'质押'字样……"该背书究竟是生效要件还是对抗要件?从文义解释来看,似乎是生效要件。《担保法司法解释》第 98 条规定:"以汇票、支票、本票出质,出质人与质权人没有背书记载'质押'字样,以票据出质对抗善意第三人的,人民法院不予支持。"似乎又是对抗要件。2000 年 11 月 14 日最高人民法院发布的《关于审理票据纠纷案件若干问题的规定》第 55 条规定:"依照票据法第三十五条第二款的规定,以汇票设定质押时,出质人在汇票上只记载了'质押'字样未在票据上签章的,或者出质人未在汇票、粘单上记载'质押'字样而另行签订质押合同、质押条款的,不构成票据质押",非常明确地将其界定为生效要件。《物权法》和《担保法》对该问题没有明确规定——即使有规定,根据"特别法优于普通法"原则,也不适用《物权法》和《担保法》的规定。

本书认为,基于票据这种有价证券的特殊性,应当将记载"质押"字样的背书界定为生效要件;如果不背书,就会导致票据的背书不连续,质权人(即持票人)日后就无法行使票据权利。

2. 债券

这里的债券是指公司证券。《公司法》第 160 条规定:"记名公司债券,由债券持有人以背书方式或者法律、行政法规规定的其他方式转让;转让后由公司将受让人的姓名或者名称及住所记载于公司债券存根簿。无记名公司债券的转让,由债券持有人将该债券交付给受让人后即发生转让的效力。"转让如此,出质似乎也应作如此解释:记名公司债券的设质应当背书,并且记载于公司债券存根簿;无记名公司债券的设质交付债券即可。《担保法司法解释》第 99 条规定:"以

---

① 准占有又称为权利的占有,指以财产权为客体的占有。占有是指对物的管领与控制,以有体物为限;对于行使权利者,也有管领力与控制力,与占有相似,故称之为准占有。准占有准用关于占有的法律规定。

公司债券出质的,出质人与质权人没有背书记载'质押'字样,以债券出质对抗公司和第三人的,人民法院不予支持",似乎将其界定为对抗要件。《物权法》第224条也没有明确规定。

本书认为,对于纸质版公司债券,应当将记载"质押"字样的背书界定为公司债券债权质权的生效要件,即使是无记名公司债券。因为交付公司债券公示的是公司债券权利本身,设定质押的交付与转让的交付无从区分;交付公司债券将让债权人成为公司债券事实上的权利人,其权利过大,对出质人非常不利。① 对于电子版公司债券,应当将办理质押登记为公司债券债权质权的生效要件;因为电子版公司债券的转让等权利变动都是通过登记来完成,设定质押亦应如此。

例题:周某以公司债券出质,债券上未进行任何记载。周某按约定将债券交付给质权人。下列说法哪项是正确的?(2003年司法考试第三卷第11题)

A. 质押合同成立但不生效
B. 质押合同不成立
C. 质押合同生效,但不具有对抗效力
D. 质押合同生效且具有对抗效力

解析:本题考点是有价证券债权质押的设立。《担保法》第76条规定:"以汇票、支票、本票、债券、存款单、仓单、提单出质的,应当在合同约定的期限内将权利凭证交付质权人。质押合同自权利凭证交付之日起生效。"本题中,周某已经将债券交付给质权人,质押合同生效;所以A、B错误。《担保法司法解释》第99条规定:"以公司债券出质的,出质人与质权人没有背书记载'质押'字样,以债券出质对抗公司和第三人的,人民法院不予支持。"本题中,周某出质的债券上未进行任何记载,无法对抗公司和第三人;所以C正确D错误。由此可见,本题应当选C。

需要指出的是,本题是2003年的司法考试题,只能依据《担保法》《担保法司法解释》来答题;如果按照《物权法》,答案则不同。《物权法》第224条后段规定:"质权自权利凭证交付质权人时设立;没有权利凭证的,质权自有关部门办理出质登记时设立。"而公司债券可能有权利凭证,也可能没有权利凭证,本题中周某用来出质的公司债券不知道是否有权利凭证,如果有则无须背书记载只需交付,如果没有则要办理出质登记。

例题:甲将所持有的A公司债券交付乙,作为向乙借款的质押物。双方签订了书面质押合同,但未在债券上背书"质押"字样。借款到期后甲未还款。甲

---

① 孙鹏教授对此从五个方面进行了详细的阐释。其详细论述参见孙鹏、王勤劳、范雪飞:《担保物权法原理》,中国人民大学出版社2009年版,第300—301页。

的另一债权人丙向法院申请执行上述债券。下列说法哪一个是正确的？（2004年司法考试第三卷第9题）

  A. 质押合同无效
  B. 质押合同自签订书面质押合同之日起生效
  C. 乙对该债券不享有质权
  D. 乙以债券已出质对抗丙的执行申请，不能得到法院的支持

  解析：本题考点是有价证券债权质押的设立。《担保法》第76条规定："以汇票、支票、本票、债券、存款单、仓单、提单出质的，应当在合同约定的期限内将权利凭证交付质权人。质押合同自权利凭证交付之日起生效。"本题中，甲已经将公司债券交付乙，质押合同已经生效；所以A、B错误。《担保法司法解释》第99条规定："以公司债券出质的，出质人与质权人没有背书记载'质押'字样，以债券出质对抗公司和第三人的，人民法院不予支持。"本题中，甲乙没有在债券上背书"质押"字样，其质押权不具有对抗力，当甲的另一债权人丙向法院申请执行上述债券时，乙无法对抗；所以C错误D正确。由此可见，本题应当选D。

  需要指出的是，本题是2004年的司法考试题，只能依据《担保法》《担保法司法解释》来答题；如果按照《物权法》答案则不同。《物权法》第224条后段规定："质权自权利凭证交付质权人时设立；没有权利凭证的，质权自有关部门办理出质登记时设立。"本题中甲持有的公司债券有权利凭证，并且已经交付给乙，那么质权就已经生效，该质权具有对抗性，能够对抗一般债权人丙；所以，A、B、C、D都错误，本题没有正确答案。

  3. 仓单、提单
  《合同法》第387条后半段规定："存货人或者仓单持有人在仓单上背书并经保管人签字或者盖章的，可以转让提取仓储物的权利。"《担保法》第76条规定："以汇票、支票、本票、债券、存款单、仓单、提单出质的，应当在合同约定的期限内将权利凭证交付质权人。质押合同自权利凭证交付之日起生效。"《物权法》第224条规定："以汇票、支票、本票、债券、存款单、仓单、提单出质的，当事人应当订立书面合同。质权自权利凭证交付质权人时设立；没有权利凭证的，质权自有关部门办理出质登记时设立。"

  由此可见，用仓单、提单设质应当由出质人在仓单、提单上背书并经保管人签字或者盖章后交付给质权人，质权自交付仓单、提单时生效。之所以要求保管人签字，"因为保管人是仓储物的合法占有人，而仓储物的所有权仍归存货人，为保护存货人的所有权，防止其他人以不法途径获得仓单，从而损害存货人的利益，也使保管人自己免于承担不应有的责任，因此存货人转让仓单的，除存货人应当在仓单上背书外，还应当由保管人在仓单上签字或者盖章，仓单转让的行为

才发生效力。"①

（三）有价证券债权质权的效力

有价证券债权质权生效后，质权人有权占有已经交付给自己的有价证券，直至自己的主债权获得完全清偿；其对有价证券的占有如同动产质押中对动产的占有，如果丧失该占有，质权因此而消灭。当然，质权人对有价证券有妥善保管义务，因保管不善导致有价证券毁损、灭失进而给出质人造成损害的，质权人应当承担损害赔偿责任。

在有价证券债权质权存续期间，出质人的有价证券债权承载着质权人的利益，其处分权受到很大的限制：出质人无权放弃自己的有价证券债权，因为这样会损害质权人的利益。出于同样的考虑，出质人也不能通过法律行为对自己的有价证券债权进行不利的变更。

有价证券债权质权设立后，出质人能否转让自己的有价证券债权？这取决于转让是否损害有价证券债权质权。当有价证券债权质权的公示方法为登记时，有价证券债权受让人有查询登记簿的义务，他就不是善意受让人，不会与质权人发生利益冲突，应当允许。当有价证券债权质权的公示方法为占有时，如果出质人不告知，受让人就是善意，就会与质权人发生利益冲突，不应允许。

就存单债权质押中，由于质权实现后会导致债权的转让，而《合同法》第80条第1款又要求债权人转让债权时通知债务人；那么，在出质人用存单设定质押时有无义务通知债务人（即银行）呢？由于出质人可以在不告知银行和质权人的情况下在银行通过挂失的方式领走存款，从而损害质权人的利益；因此，本书认为，用存单设定质押出质人应当通知银行，使其知悉存单已经出质的事实，以避免日后受理挂失并造成存款流失。《担保法司法解释》第100条中银行核押的前提是知悉（该存单被质押）。在存单已经出质并且银行已经知情的情况下，出质人到银行申请存单挂失的，银行自然应当拒绝；如果其受理出质人的挂失并造成存款流失的，自然应当向质权人承担赔偿责任。《担保法司法解释》第100条对此作出了规定。

例题：甲公司通知乙公司将其对乙公司的10万元债权出质给了丙银行，担保其9万元贷款。出质前，乙公司对甲公司享有2万元到期债权。如乙公司提出抗辩，关于丙银行可向乙公司行使质权的最大数额，下列哪一选项是正确的？（2014年司法考试第三卷第7题）

A. 10万元

B. 9万元

---

① 胡康生主编：《中华人民共和国合同法释义》，法律出版社2009年版，第559页。

C. 8万元

D. 7万元

解析：本题考点是债权质押的效力。《合同法》第99条第1款规定："当事人互负到期债务，该债务的标的物种类、品质相同的，任何一方可以将自己的债务与对方的债务抵销，但依照法律规定或者按照合同性质不得抵销的除外。"本题中，甲对于乙享有10万的债权，同时乙对甲也享有2万元的债权并且已经到期，而且两者都是普通的金钱债务，因此，乙可以向甲主张2万元的抵销。甲将债权出质于丙，应当参照适用债权让与的规定。《合同法》第85条规定："债务人转移义务的，新债务人可以主张原债务人对债权人的抗辩。"《合同法》第83条规定："债务人接到债权转让通知时，债务人对让与人享有债权，并且债务人的债权先于转让的债权到期或者同时到期的，债务人可以向受让人主张抵销。"本题中，由于乙可以向质权人丙主张2万元的抵销权，则丙主张的质权最大数额就是10－2＝8万元。由此可见，本题应当选C。

（四）有价证券债权质权的实现

1. 实现方法

在动产质押中，双方不能就动产质押物折价达成协议的，质权人有权将质押物出售并从变价所得价款中优先受偿；有价证券债权质权中，如果双方当事人不能就有价证券折价达成协议的，其实现方法不是这样。由于有价证券存在义务人，有价证券债权质权的实现就有该义务人的参与，具体说来是：对于汇票、支票、本票而言，质权人向票据付款人主张付款，然后从所得款项中优先受偿；对于债券、存款单而言，质权人向债务人主张付款，然后从所得款项中优先受偿；对于仓单、提单而言，质权人首先从债务人处提取货物，然后将该货物出售，再从变价所得价款中优先受偿。

2. 特殊情况的处理

如果出质人以载明兑现或者提货日期的汇票、支票、本票、债券、存款单、仓单、提单出质的，主债务的履行期限未必与兑现或者提货日期一致。当汇票、支票、本票、债券、存款单、仓单、提单兑现或者提货日期先于债务履行期时，质权人可以兑现或者提货，但此时他不能就此优先受偿，因为主债务的履行期限并未届满。质权人只能与出质人协商，要么将兑现的价款或者提取的货物用于提前清偿所担保的债权，要么向第三人提存。《担保法》第77条和《物权法》第225条都作出了这样的规定。

当汇票、支票、本票、债券、存款单、仓单、提单兑现或者提货日期迟于债务履行期时，质权人不能行使质押权，因为有价证券债务人的债务履行期限并未届满，其没有履行的义务；质权人只能在兑现或者提货日期届满时兑现款项或者提取货物。对此，《担保法司法解释》第102条作出了规定。

三、股权质权

（一）股权质权的含义

股权质权中的"股权"既包括通常意义上的公司股权，也包括可转让的基金份额。①

公司股权是指股东向公司出资后获得的依照法律规定或公司章程规定享有的各种权利，包括选举权、分红权、剩余财产分配权，等等。公司股权是一个权利束，既有财产权（比如分红权），也有非财产权（比如选举权）。其中的财产权可以转让，又能特定，且适于设质，可以用来设定质押。《担保法》和《担保法司法解释》中的"股票""股份"其实就是指股权，《物权法》使用了"股权"的表述而摒弃了不严谨的"股票""股份"，殊值赞同。

基金份额，是指投资人对可转让的证券投资基金享有的份额，是投资人对基金享有权利和负担义务的依据。它类似于公司中的股份。基于基金份额，投资人对可转让基金享有权利；该权利也是一个权利束，既有财产权，也有非财产权；其中可转让的财产权也可以用来设定质押。所以，严谨科学的表述应当是"可转让基金份额财产权质押"。基金份额在我国是一个比较新鲜的事物，《担保法》和《担保法司法解释》都没有规定，《物权法》对其作出了规定。

出质人用公司股权和可转让基金份额财产权设定的质权，称为股权质权。

（二）股权质权的设立

设立股权质权，需要出质人与质权人订立股权质押合同，然后将该物权变动进行公示。同样，值得考虑的也是质押权的公示。

在我国，有些股份（票）实现了无纸化管理，其发行、转让等行为都通过债券登记结算机构；并且债券登记结算机构的结算采用全国集中统一的电子化运营方式，人们查询起来比较方便。因此，这部分股权质权的物权公示是在证券登记结算机构进行的质押登记。目前这些股权有上市公司股权、公开发行股份的非上市股份有限公司的股权、非公开发行股份但股东在200人以上的公司的股权。

用传统纸面的股份（票）的股权出质，考虑到质权为担保物权，应当具有较强的公示效果，能够让第三人迅速、便捷、清晰地了解到权利上的负担，在股东名册上的记载公示效果也不强，也不便于第三人查询；因此，这些股权的质押公示方

---

① 合伙人对合伙份企业的份额从某种意义上也是一种类似股权的权利，它既包括非财产权也包括财产权，并且特定、能够转让，也适于设定质押；更何况，《合伙企业法》第25条对其质押也作出了规定。因此，它应当被包括进来。但通说认为这里的股权只包括公司股权和基金份额，本书从之。

法是在工商行政管理部门进行的质押登记。①

可转让基金份额与无纸化管理的股票相同,其质权公示方法也是登记。

《物权法》第 226 条第 1 款后段规定:"以基金份额、证券登记结算机构登记的股权出质的,质权自证券登记结算机构办理出质登记时设立;以其他股权出质的,质权自工商行政管理部门办理出质登记时设立。"由此可见,股权质权采登记生效主义。

(三) 股权质权的效力

股权质权生效后,股权人的非财产权(比如投票权、参与经营管理权)不受影响,但股权人的财产权不可避免地要受到影响。在股权质权存续期间,出质人的股权承载着质权人的利益,其处分权也要受到限制:出质人无权放弃自己的公司股权和基金份额财产权,也不能对自己的公司股权和基金份额财产权作不利变更。但出质人能否转让自己的公司股权和基金份额财产权呢?

股权质权采登记生效主义,由于已经进行了质押登记,股权质权人的利益稳稳地获得保护:即使出质人转让自己的公司股权和基金份额权,一方面由于股权质权已经登记具有绝对的排他效力,另一方面负有查询义务的受让人由于知情不是善意第三人;就像不动产抵押权那样,物权的追及效力足以保证质权人的利益不会受到损害。既然赋予出质人的自由处分权并不会损害股权质权人的利益,《担保法》第 78 条和《物权法》第 226 条第 2 款前段限制出质人自由处分权的规定就值得商榷。② 同时,为了避免股权受让人与质权人发生利益冲突,出质人转让股权所得价款应当提前清偿或提存。

(四) 股权质权的实现

当股权质权实现的条件成就时,出质人和质权人可以协商通过折价的方式对出质的公司股权或基金份额财产权进行变现;如果双方不能此达成协议的,质权人有权将出质的公司股权或基金份额财产权出售,然后从变价所得价款中优先受偿。

需要注意的是,如果质押权标的物是上市公司的股权,将该股权变价只能通过证券交易所上市交易的方式,而不能采折价、拍卖、变卖等传统方法。

---

① 参见全国人大常委会法制工作委员会民法室编:《中华人民共和国物权法条文说明、立法理由及相关规定》,北京大学出版社 2007 年版,第 408 页。

② 更值得商榷的是后面的规定,"出质人转让其基金份额、股权所得的价款,应当向质权人提前清偿债务或者提存"。既然质权人都同意了出质人的转让,那么,如何处分转让公司股权或基金份额财产权的所得价款就是双方当事人意思自治的空间,无须法律去规定;如果当事人没有约定提前清偿或提存,难道该约定无效?

四、知识产权质权

（一）知识产权质权的含义

注册商标权、专利权、著作权等被统称为知识产权。知识产权具有人身属性和财产属性的双重性质，其中的财产权可以转让，又能特定，且适于设质，可以用来设定质押。用这些权利设立的质权就是知识产权质权。

随着科学技术的迅猛发展，知识产权已经成为社会经济社会中一项日益重要的财产权利[①]；因此，为了充分发挥权利的效用，将知识产权中的财产权用来出质，已经成为权利人利用自己知识产权的一种重要方式。《担保法》和《物权法》都规定了知识产权质权。

（二）知识产权质权的设立

设立知识产权质权，出质人与质权人首先要订立知识产权质权书面合同，然后进行质押权的公示。其公示方法是向其管理部门办理登记，并且是登记生效主义。《担保法》第 79 条和《物权法》第 227 条都是如此规定。

需要注意的是登记机关：注册商标权质押登记机关是国家工商行政管理总局下属的商标局；专利权质押登记机关是国家知识产权局；著作权质押登记机关是国家版权局。

（三）知识产权质权的效力

在知识产权质权存续期间，出质人不能放弃自己的知识产权中的财产权，也不能对其作不利变更，自不待言。但是，出质人能否转让自己的知识产权中的财产权呢？能否许可他人使用自己的知识产权呢？

根据《商标法》第 42 条的规定，转让注册商标应当经过商标局的核准，因此，商标权质权与股权质权也就相同。由于已经进行登记，商标权质权人的利益稳稳地获得保护：即使出质人转让自己的商标权，一方面由于商标权质权已经登记具有绝对的排他效力，另一方面受让人由于知情不是善意第三人；所以，商标权质权的追及效力足以保证质权人的利益并不会因此而受到损害。根据《商标法》第 43 条的规定，许可他人使用注册商标应当报商标局备案，未经备案不得对抗善意第三人。这和动产抵押物的转让相似，被许可使用人并无查询的义务，在出质人并未告知实情的情况下，就会发生商标权质权人与善意被许可使用人的利益冲突问题。为了避免该冲突，在商标权质权存续期间，不应允许出质人把自己知识产权许可他人使用。

根据《专利法》第 10 条的规定，转让专利权的，应当向国务院专利行政部门

[①] 传统民法中的财产权是物权和债权二分天下，现代民法中的财产权是物权、债权、知识产权三足鼎立。

登记。因此,这和商标权一样,赋予专利权追及效力就能保障质权人的利益,无须限制出质人对专利权的自由转让。根据《专利法》第 12 条的规定,许可他人使用自己的专利权只需双方订立实施许可合同,并不需要登记或备案。这和商标权的许可使用一样,要对出质人的许可他人使用权加以限制。

根据《著作权法》第 24 条、第 25 条的规定,许可他人使用著作权和转让著作权的,只需双方订立合同而不需要登记或备案。在这种情况下,应当限制出质人对著作权的转让权和许可他人使用权。

《担保法》第 80 条、《担保法司法解释》第 105 条和《物权法》第 227 条第 2 款没有考虑各种知识产权的特殊性及各种处分行为的特性,进而一概限制出质人的自由处分权,不甚科学。

(四) 知识产权质权的实现

当知识产权质权实现的条件成就时,如果出质人与质权人不能就出质的知识产权折价达成协议的,因为转让知识产权和许可他人使用知识产权都能够获得一定的费用,所以,知识产权质权有两种实现办法:一是将出质的知识产权转让,质权人从转让费用中优先受偿;二是将出质的知识产权许可他人使用,质权人从许可使用费用中优先受偿。

五、应收账款质权

(一) 应收账款质权的含义

应收账款是指权利人因提供一定的货物、服务或设施而获得的要求义务人付款的权利。它包括现有的和未来的金钱债权及其产生的收益,但不包括因票据或其他有价证券而产生的付款请求权。其范围包括:销售产生的债权,包括销售货物,供应水、电、气、暖,知识产权的许可使用等;出租产生的债权,包括出租动产或不动产;提供服务产生的债权;路、桥梁、隧道、渡口等不动产收费权;提供贷款或其他信用产生的债权。[①]

由此可见,应收账款是权利并且是债权,而不像其字面所指那样是笔款项。这些权利是财产权利,可以转让,又能特定,且适于设质,可以用来设定质押。就此设立的质押权就是应收账款质权。

《担保法司法解释》第 97 条和《物权法》228 条允许用应收账款设定质押,不仅符合国际惯例,也具有重要的社会经济意义,可以为社会创造出多赢的局面,可谓开辟了我国担保领域的一条新渠道。[②] 2007 年 9 月 26 日,中国人民银行公

---

① 这是《应收账款质押登记办法》第 4 条的规定。
② 参见黄松有主编:《〈中华人民共和国物权法〉条文理解与适用》,人民法院出版社 2007 年版,第 670 页。

布了《应收账款质押登记办法》,对应收账款质权的登记及其相关问题进行了规定。

(二)应收账款质权的设立

设立应收账款质权,出质人与质权人首先要订立应收账款质权合同,然后进行质押权公示。其公示方法是向信贷征信机构办理质押登记,并且是登记生效主义。《物权法》第228条对此作出了规定。根据《应收账款质押登记办法》第2条第1款的规定,应收账款债权质押的登记机构是中国人民银行征信中心。

由于应收账款质权实现后会导致用来出质的应收账款债权转让,那么,在设定用应收账款质押时是否通知应收账款的债务人呢?本书认为应当通知。如果不通知的话,在应收账款债权履行期限早于主债权履行期限到期时,应收账款的债务人由于不知情就会继续向出质人履行,若出质人不提前清偿或者提存的,质权人的利益就受到了损害。更何况,通知的成本非常低。所以,为了保护质权人的利益,在用应收账款设定质押时应当通知应收账款的债务人。因为该通知是为了质权人的利益,通知义务人就应当是质权人;当然,出质人也有协助义务。若质权人没有通知的,视为质权人自愿承担上述风险,应收账款质权并不因此而无效。

例题:甲对乙享有10万元的债权,甲将该债权向丙出质,借款5万元。下列哪一表述是错误的?(2012年司法考试第三卷第7题)

A. 将债权出质的事实通知乙不是债权质权生效的要件

B. 如未将债权出质的事实通知乙,丙即不得向乙主张权利

C. 如将债权出质的事实通知了乙,即使乙向甲履行了债务,乙不得对丙主张债已消灭

D. 乙在得到债权出质的通知后,向甲还款3万元,因还有7万元的债权额作为担保,乙的部分履行行为对丙有效

解析:本题考点是债权质押的设立及效力。《物权法》第228条规定:"以应收账款出质的,当事人应当订立书面合同。质权自信贷征信机构办理出质登记时设立。应收账款出质后,不得转让,但经出质人与质权人协商同意的除外。出质人转让应收账款所得的价款,应当向质权人提前清偿债务或者提存。"由此可见,债权质权的生效要件是办理登记,将债权出质的事实通知债务人不是债权质权生效要件;所以A正确。债权质权实现时质权人有权请求债务人为清偿,这类似于债权让与。《合同法》第80条第1款规定:"债权人转让权利的,应当通知债务人。未经通知,该转让对债务人不发生效力。"本题中,如果甲、丙未将债权出质的事实通知乙,对乙不发生效力,丙无权向乙主张权利;所以B正确。如果通知了乙,乙就不应当向甲履行而应该向丙履行;即使乙向甲履行了债务,该履行是无效履行,乙不得对丙主张债已消灭;所以C正确。乙在接到债权出质通

知后还向甲还款3万元,该3万元的履行对丙来说是无效履行;所以D错误。由此可见,本题应当选D。

(三) 应收账款质权的效力

在应收账款质权存续期间,出质人同样不能放弃自己的应收账款,也不能对其做不利变更。同样,需要考虑的也是出质人的转让权。

由于应收账款的范围较广,有的债权转让不需登记双方达成合意即可,有的债权转让需要相关部门批准。对于前者,自然不能允许其自由转让;对于后者,在赋予应收账款质权追及效力的基础上应当尊重出质人的转让权。

此外,应收账款质权生效后,应收账款并没有发生转让,债权人仍然是出质人;但是,如果质权人已经通知应收账款债务人的,履行期限届满,债务人应当向质权人履行或向第三人提存;如果质权人没有通知应收账款债务人的,不知情的债务人向出质人的履行为有效履行,如前所述,质权人自己承受因此而带来的不利益。

(四) 应收账款质权的实现

当应收账款质权实现条件成就时,由于应收账款是金钱债权,在实现方法上无须折价或出售,应收账款质权人可以直接请求应收账款的债务人向自己支付相应的款项,并且多退少补。

当然,这也存在主债权的履行期限与应收账款的履行期限不一致的可能;此时应参照《担保法》第77条、《物权法》第225条和《担保法司法解释》第102条的规定处理。

思 考 题

1. 不动产为什么不能用来设定质押?
2. 动产质权人主动和被动失去质押物的占有法律后果有何不同?
3. 如何理解责任转质的非正当性及正当性?
4. 除了法律提及的有价证券债权、股权、知识产权、应收账款债权等,还有哪些权利适于出质?

延 伸 阅 读

1. 胡开忠:《权利质权制度研究》,中国政法大学出版社2004年版。
2. 钟青:《权利质权研究》,法律出版社2004年版。
3. 罗欢平:《论普通债权质押》,法律出版社2012年版。
4. 刘阅春:《知识产权质权制度研究》,法律出版社2013年版。

第六章 留 置 权

本章导读

留置权要求债权人事先合法占有债务人的财产，其适用范围较窄；作为一种法定担保物权，其标的物只能是动产。留置权具有保护债权人和鼓励劳动两方面的作用。留置权的成立既要具备一定的积极条件，还要不存在一定的消极条件。留置权成立后，留置权人和留置人都享有一定的权利、负担一定的义务。宽限期届满主债权仍未完全实现的，留置权才能实现。留置权可以与留置权、抵押权、质押权竞合，还可能三者竞合，不同竞合情形下的处理结果也不相同。

本章的重点内容包括：留置权的含义，留置权的特征，同一法律关系，抵押权、质押权和留置权三者竞合的法律处理。

第一节 留置权概述

一、留置权的含义

在我国，留置权是指因为某种债的原因债权人事先占有债务人的动产，在债权期限届满未获完全清偿时，债权人有权扣留债务人的动产不予归还，宽限期届满债权仍然未获完全清偿的，债权人有权将扣留动产予以出售，并从变价所得价款中优先受偿的权利。其中：扣留他人动产的债权人为留置权人；财产被对方扣留的债务人为留置人；被扣留的财产为留置物。由该定义我们可以发现：

1. 留置权属于担保物权

在留置权中留置权人享有很多权利，其中最重要的一个就是宽限期届满自己的债权仍然未获完全清偿时可以将债务人的财产予以出售，并从变价所得价款中优先受偿。由此可见，留置权的作用在于保障着债权的完全实现，留置权人支配着留置物的交换价值而非使用价值。所以，留置权是担保物权。

世界各国判例和学说对于留置权的性质存在争议，有抗辩权说、债权的特别效力说、物权说、私力救济权说、具有动产担保性质的物权说等观点。[①] 但在我

---

① 以上诸观点的详细介绍参见王利明：《物权法研究》（下），中国人民大学出版社2007年版，第632—633页。此外，还有人认为它是一种兼有物权性和债权性的双重权利。其详细介绍参见蒋新苗等：《留置权制度比较研究》，知识产权出版社2007年版，第21—22页。

国,学界通说认为留置权的性质为担保物权。《物权法》把留置权规定在第四编"担保物权"中,更是明确了其担保物权的性质。

2. 留置权属于法定担保物权

留置权不仅是一种担保物权,而且是一种法定担保物权。留置权的产生并非留置权人与留置人事先约定的产物,而是基于法律规定而直接产生。易言之,无须债权人与债务人进行约定,只要法律规定的条件成就,留置权就能产生。尽管抵押权、质押权和留置权都是担保物权,但抵押权、质押权为约定担保物权,只有留置权才是法定担保物权;在五种担保方式中,也只有留置权是法定担保物权——保证和定金也都是需要当事人进行约定。

留置权是法定担保物权还体现在其内容的法定性上。因为留置权人和留置人没有对留置权的产生进行约定,自然也就不可能对留置权的内容进行约定,留置权的内容只能是法律的规定,比如留置权实现中的宽限期、留置权担保的债权范围等。既然内容是法定的,那么,留置权的行使也就是法定的。[①]

3. 留置权属于动产法定担保物权

关于留置权标的物的范围,世界各国和地区立法有所不同。日本、法国、德国等国家范围较广,不仅包括动产,也包括不动产,有的还包括权利;瑞士规定动产和有价证券可以被留置;我国台湾地区规定只有动产可以被留置,但学说认为范围应延至有价证券。在我国,留置权作为一种法定担保物权,其标的物只能是动产。关于这点,《担保法》第82条和《物权法》第230条规定得非常清楚。

由此可见,我国的三个担保物权中,抵押权的标的物范围最广,包括不动产、动产、权利;质押权次之,包括动产和权利;留置权最窄,只包括动产。

二、留置权的特征

作为一种动产法定担保物权,留置权具有以下几个特点:

(一) 留置人恒为主债务人

在约定担保物权中,担保人和主债务人可以分离,担保人可以是第三人,即第三人为他人的债务提供担保;如此一来,相关的法律关系就会涉及三个主体:主债权人(担保物权人)、主债务人和担保人。而在留置权中,只要条件成就,就会在债权人与债务人之间产生担保物权,这就意味着,留置人恒为主债务人,不存在第三人用自己的财产为他人的债务提供留置的情况。所以,留置权所涉的法律关系就不复杂,只有债权人(留置权人)和债务人(留置人)两个主体。

[①] 有学者指出,世界各国和地区民法中留置权的法定性主要是针对设立和行使而言。参见蒋新苗等:《留置权制度比较研究》,知识产权出版社2007年版,第10页。笔者认为除了设立和行使,留置权的内容也具有法定性。

当然,在留置权的善意取得情况下,会涉及三个当事人:留置权人、债务人、动产的所有人。这并不能否认"留置人恒为主债务人"命题的成立,毕竟留置权的善意取得只是产生留置权的一种例外,而非常态。

(二)留置权发生两次效力

当债务履行期满债权未获完全清偿时,债权人有权扣留债务人的动产,拒绝债务人的返还请求,从而给债务人造成心理压力,迫使其履行债务。这是留置权的第一次效力。留置权人扣留后会给予债务人一个宽限期,债务人应当在此宽限期内履行债务;宽限期届满债务人仍不完全履行的,留置权人有权将扣留动产予以出售,并从变价所得价款中优先受偿。这是留置权的第二次效力。由此可见,留置权发生两次效力。

前文提及质押权具有留置效力和优先受偿效力,留置效力发生在质押权生效时,优先受偿效力发生在质押权实现时,与留置权相似;但是二者仍有区别:留置权和质押权的优先受偿效力都是基于法律规定而产生,都要符合法定要件;但是,留置权的留置效力基于法律规定产生,而质押权的留置效力基于当事人的约定产生,前者给债务人造成的心理压力更大、对债权人的保护更有力。

(三)留置物与主债权具有牵连性

在约定担保物权中,不论是不动产还是动产抑或权利,虽然都是用来担保主债权的,但并不要求它和主债权有关联,担保人可以随便找一个与主债权毫不相干的担保物来设定担保物权。而留置权不是这样,留置物与被担保的主债权必须具有牵连性。这种牵连性体现在留置权的标的物是主债权债务关系中的标的物。比如甲将自己的电脑送至乙处修理,同时将自己的电视机借给乙使用;日后甲未向乙支付电脑修理费,乙只能留置被修理的电脑而不能留置同样是甲享有所有权的电视机。

如此一来,和约定担保物权相比,留置权的适用范围就较为狭窄,它只能发生在特定的债权债务关系中——关于此点,本章第三节第一部分将会详细叙述。

三、留置权的历史发展[①]

留置权有民事留置权和商事留置权之分,其中民事留置权是民法规定的留置权,商事留置权是商法规定的留置权。一般认为,民事留置权起源于罗马法上

---

① 本部分的撰写参考了如下资料:郑玉波:《民法物权》,台湾三民书局2007年版,第407页;谢在全:《民法物权论》(下册),中国政法大学出版社1999年版,第848—849页;蒋新苗等:《留置权制度比较研究》,知识产权出版社2007年版,第25—30页;马俊驹、陈本寒主编:《物权法》,复旦大学出版社2007年版,第446—448页;王全弟主编:《物权法》,浙江大学出版社2007年版,第438—439页;温世扬、廖焕国:《物权法通论》,人民法院出版社2005年版,第690页;叶金强:《担保法原理》,科学出版社2002年版,第231—232页。

的恶意抗辩；不过在罗马法上，恶意抗辩仅仅是诉讼上的一种抗辩权，仅对特定人发生效力，而非一种物权。商事留置权起源于意大利都市的习惯法，其作用在于维持商人之间的信用，以确保交易安全。罗马法的恶意抗辩和中世纪商事习惯法，为后世各国的留置权制度之鼻祖；然而，世界各国在19世纪近代民法典化运动兴起的继受时，却走向了不同的道路。

《法国民法典》比较忠实地继承了罗马法的传统，不仅主张留置权性质上为双务合同的抗辩权，而且在立法体例上也模仿罗马法，对留置权问题未设统一规定，而是将债权人享有的各种拒绝给付抗辩权分散于法典各处。不过在理论界，学者们却从中总结出一定的原理，将留置权作为一项独立权利。

《德国民法典》将留置权规定在"债编总则"中，很明显是将其作为债的关系处理而没有认可其物权性，这点和《法国民法典》相同。但是，与《法国民法典》不同的是，德国的留置权制度，是作为一项完整的制度规定在法典中。

《瑞士民法典》一改自罗马法以来的传统，将动产留置权与动产质押权并列，性质上和动产质押权一样，具有留置效力和优先受偿效力，同时在债中规定同时履行抗辩权。至此，留置权的担保物权性质完全形成。

《日本民法典》专列一章对留置权加以规定，也认可了留置权的物权性质，但是仅仅具有留置的效力而不具有优先受偿的效力；其留置权的客体较为广泛，不仅包括动产，还包括不动产。此外，《日本商法典》还规定了商事留置权。

我国清朝末年制定的民律草案并没有规定留置权。民国初期民法草案规定了留置权，但是认为其仅仅是一种给付拒绝权。1930年的《中华民国民法典》规定了留置权，将其置于物权编，留置权独立于质权，并且具有留置效力和优先受偿效力，并且仅限于动产。中华人民共和国成立后，实务上虽承认留置权，但在立法上长期没有规定，直至1986年的《民法通则》，我国开始正式将留置作为担保的一种加以确认。1995年的《担保法》专章规定了留置，认可了留置权的留置效力和优先受偿效力。2007年的《物权法》专章规定了留置权，更加明确其担保物权的性质。另外，《合同法》《海商法》等特别法还规定了行纪留置权、船舶留置权等特殊留置权。

四、留置权的社会作用

任何法律制度的存在，都会发挥特定的作用，留置权制度也不例外。留置权具有保护债权人和鼓励劳动这两方面的社会作用。

在债权人已经占有标的物的情况下，履行期限届满债务人都不履行债务，此时债权人若把标的物的占有返还给债务人，债权清偿不能的风险就会急剧增加，这样对债权人很不公平。相反，如果债权人扣留标的物不予返还，就会给债务人造成心理压力，为了防止留置权的实现而使自己丧失留置物的所有权，债务人被迫履行债务。只有如此,民法的公平与对等正义原则才能得到真正的贯彻和实行,而不致沦为一纸空文。[①] 由此可见,留置权制度的理论依据是公平原则。[②]

另外,留置权大多基于债权人在留置物上附加了一定的劳动而产生,债权人对留置物施以劳动、技术或供给材料,为标的物的保值或增值作出了贡献。对于这类费用性担保物权通过留置权给予优先保护,就会给债权人确定的行为预期,避免"劳而无获"的风险,从而鼓励债权人劳动创造价值。[③]

需要指出的是,在当今社会,留置权仅仅具有担保债权实现的功能,而不像约定担保物权那样具有利用财产进行融资的功能,所以,其作用范围相对较窄,在担保法体系中地位相对较弱。就像有的学者所言:"留置权更多保留着古老的特征,只在一般的市民社会中发挥作用,处在担保物权领域中一个不太引人注意的角落,较少有人问津。"[④]

五、留置权与同时履行抗辩权的区别

同时履行抗辩权是指没有先后履行顺序的双务合同中的一方当事人在对方没有履行债务之前,可以拒绝对方请求自己履行债务的权利。《合同法》第66条对该权利作出了规定:"当事人互负债务,没有先后履行顺序的,应当同时履行。一方在对方履行之前有权拒绝其履行要求。一方在对方履行债务不符合约定时,有权拒绝其相应的履行要求。"

留置权人在债务人未履行债务时也可以拒绝对方要求返还原物的请求,这点与同时履行抗辩权相似;此外,它们都是债的当事人为了保障自己的利益不受到损害而依法享有的权利,都是体现了民法的公平原则[⑤]——以至于有些学者主张同时履行抗辩权与留置权的竞合[⑥];事实上,有些国家立法就是将留置权作为一种类似于同时履行抗辩权的抗辩权,仅仅具有债权的效力。但是,我国通说采"非竞合说",认为二者是不同的权利,本书从之。在我国,两者具有如下区别。

(一)权利性质不同

留置权是一种担保物权,具有物权效力。而同时履行抗辩权是双务合同的一种效力,为债法上的权利。

---

① 转引自蒋新苗等:《留置权制度比较研究》,知识产权出版社2007年版,第23页。
② 当然,还有学者认为诚实信用原则也是其理论基础之一。参见邹海林、常敏:《债权担保的理论与实务》,社会科学文献出版社2005年版,第318页。考虑到两者的原则性、包容性和相互间的联系,这种说法也未尝不可。
③ 参见高圣平:《物权法担保物权编》,中国人民大学出版社2007年版,第398页。
④ 梅夏英、方春晖:《对留置权概念的立法比较及对其实质的思考》,载《法学评论》2004年第2期。
⑤ 当然,同时履行抗辩权还体现了诚实信用原则。
⑥ 关于"竞合说"的详细介绍参见孙鹏、王勤劳、范雪飞:《担保物权法原理》,中国人民大学出版社2009年版,第336页。

(二) 对抗范围不同

留置权是物权,它既可以对抗债务人本人,也可以对抗债务人之外的第三人。而同时履行抗辩权只是双务合同中的抗辩权,只能对抗合同的对方当事人,无法对抗合同之外的第三人。

(三) 制度宗旨不同

如前所述,赋予债权人留置权主要是为了保障其债权的实现,维护民法朴素的公平观念。同时履行抗辩权的制度设计主要是为了防止双务合同的一方当事人在给付对等且相互牵连的情况下对方当事人未为履行前拒绝自己的履行,从而有利于督促对方当事人履行义务并有利于维护交易秩序。也正是因为二者的制度宗旨不同,对方当事人另行提供担保的,留置权人享有的留置权就归于消灭,而同时履行抗辩权却仍然存在。

(四) 适用范围不同

留置权发生在一定的债权债务关系中,但这种债权债务关系不限于合同关系,还可以是其他债权债务关系。而同时履行抗辩权只能发生在合同关系中,并且只能是双务合同。

(五) 标的不同

留置权的标的只能是动产。同时履行抗辩权的标的是拒绝给付,而给付是一种行为,可能会涉及动产或不动产,也可能根本不涉及标的物。

(六) 成立与行使是否分离不同

留置权因为具有两次效力,其成立和行使在时间上相分离。而同时履行抗辩权成立后即可行使,并不存在时间上的分离。

(七) 权利内容和权利行使后果不同

留置权和同时履行抗辩权作为两种不同的权利,权利内容自然不会相同,权利行使后果也会有异,自不待言。

第二节 留置权的成立

留置权的成立即留置权的取得,包括原始取得和继受取得。原始取得是指留置权人基于法律的规定初次取得留置权;继受取得是指留置权人从他人处取得本来已经存在的留置权,比如继承、企业的合并和留置权的转让,等等。留置权的继受取得相对比较简单,本书只介绍留置权的原始取得。

约定担保物权要成立,既要当事人有设定担保物权的合意,还要进行担保物权的公示。而留置权是法定担保物权,一般情况下只要其条件具备,留置权就能产生;并且是法定权利,也无须公示。所以,研究留置权的一般成立重点是研究其成立条件。

此外，如果债权人占有的动产并非债务人的动产而是第三人的动产，有可能发生留置权的善意取得，这是留置权的特殊成立，本书对此也予以介绍。

一、留置权的一般成立

如前所述，研究留置权的一般成立重点是研究其成立条件，而留置权的成立条件又包括正反两个方面：积极条件和消极条件。前者是指产生留置权应当具备的条件，后者是指产生留置权不能存在的情形。①

（一）积极条件

1. 债权人已经占有债务人的动产

留置权的成立，需要债权人占有债务人的动产。其实，债权人对标的物的占有在留置权产生之前就已经开始了——基于一定的债权债务关系，债权人在债权债务发生时就已经占有了债务人的动产。需要强调的是，债权人的占有应当持续，如果债权人把标的物返还给债务人或其他原因丧失对标的物占有，就无法成立留置权。

这里的占有是指合法占有，即债权人对动产的占有是基于合法的途径取得的；如果该占有不是合法取得的，也不能成立留置权，比如债权人将汽车交还给债务人之后债务人并不支付汽车修理费，债权人乘其不备而将该汽车偷回。法律上并不承认该种窃车并取得占有之行为为留置权之成立，以防止不法索债并维持公平和秩序。②

这里的占有不仅包括直接占有，也包括间接占有。比如承运人将自己运输的货物扣留后寄存在仓库保管，此时承运人作为间接占有人能够控制该货物，托运人（或收货人）失去对该货物的控制。

债权人占有的动产应当是债务人的动产。因为在债权债务关系中，债务人主动将自己的动产交于债权人占有。但是，当债务人给债权人占有的动产并不是其所有的动产时，留置权是否成立？关于这个问题，国外学说存在着广泛的争议③；我国学者对此也有不同观点。《担保法》第82条使用"占有债务人的动产"

---

① 有些学者不区分这两个要件，反而把消极要件的内容当作留置权的行使要件。参见史尚宽：《物权法论》，中国政法大学出版社2000年版，第501—503页；梁慧星主编：《中国物权法草案建议稿》，社会科学文献出版社2000年版，第764—765页；陈本寒主编：《担保法通论》，武汉大学出版社1998年版，第309—310页；毛亚敏：《担保法论》，中国法制出版社1997年版，第263页。本书认为，在消极要件存在的情况下，留置权根本不能产生，遑论行使。这种观点混淆了留置权的成立要件和行使要件，不足取。与之相反的，有的学者将留置权成立的消极条件称为"留置权的不可成立性"。参见蒋新苗等：《留置权制度比较研究》，知识产权出版社2007年版，第87页。本书认为这样的表述甚至比"消极要件"更为到位。

② 参见谢在全：《民法物权论》（下册），中国政法大学出版社1999年版，第869页。

③ 关于争议的详细介绍参见苏永钦：《债权人可否留置非债务人之物？》，载苏永钦主编：《民法物权争议问题研究》，清华大学出版社2004年版，第235—236页。

的表述,根据文义解释,此时留置权不能成立;但后来的《担保法司法解释》第108条却又承认了此时成立留置权。本书认为,此时标的物不符条件,留置权不能成立;但债权人如果善意的话,可以发生留置权的善意取得,债权人仍然能够取得留置权——关于这点,本节第二部分将会详细论述。

2. 留置物与主债权属于同一法律关系

留置物与债权属于同一法律关系是指债权人占有动产的原因与债权发生的原因是同一个法律关系;易言之,引起债权发生的法律关系就是债权人占有动产的依据。比如甲将自己的电脑送至乙处修理,日后甲未向乙支付修理费,乙可以留置被修理的电脑。乙之所以占有甲的电脑,是基于他们之间的加工承揽合同;乙之所以对甲享有债权,也是基于他们之间的加工承揽合同;二者是同一法律关系,乙可以留置甲的电脑。再如甲将自己的电脑送至乙处修理,同时将自己的电视机借给乙使用;日后甲未向乙支付电脑修理费,乙不能留置同样是甲享有所有权的电视机。乙之所以占有甲的电视机,是基于他们之间的借用合同。乙之所以对甲享有债权,是基于他们之间的加工承揽合同。二者不是同一法律关系,乙不能留置甲的电视机。

前述留置权的第二个特征是"留置物与主债权具有牵连性",其实就是"留置物与主债权属于同一法律关系"的另一种表述。

关于这种关系,我国民法学界长期以来习惯称为"牵连关系",《担保法司法解释》第 109 条也使用了"牵连关系"的表述;《物权法》立法者也认识到了这点:"关于留置财产与主债权关系,在物权法起草过程中,争议颇大。第一种意见认为,只要是合法占有的财产,债权人便有权留置;第二种意见认为,留置财产应当与债权的发生有牵连关系;第三种意见认为,留置财产应当与债权的发生有牵连关系,但企业之间留置的除外;第四种意见认为,留置财产应当与债权属于同一法律关系,但企业之间留置的除外。"[①]《物权法》最终采纳了第四种意见,其第 231 条使用了"属于同一法律关系"一词。对于牵连关系,《物权法》立法者说道:"'牵连关系'的概念在理论上有多种解释,存在'一元论'和'二元论'两种观点,概念过于模糊,范围不确定,法律适用中容易产生分歧,也不可取。"[②]如此一来,尽管我国民法学界可以坚持"牵连关系"的表述,但是在解释《物权法》第 231 条的"属于同一法律关系"时,就不能简单地比附"牵连关系"理论,而应该考虑立法

---

① 全国人大常委会法制工作委员会民法室编:《中华人民共和国物权法条文说明、立法理由及相关规定》,北京大学出版社 2007 年版,第 414 页。

② 同上书,第 415 页。

者的意图。①

留置权的目的在于通过债权人扣留债务人的财产,迫使债务人履行债务,从而达到保障债权的目的;所以,如果允许债权人任意扣留债务人所有的、与债权的发生没有关联的财产,对债权人的利益保护则未免过分,对债务人的利益则限制未免过严,有违公平原则,与留置权制度的宗旨也相违背。更何况,这样也对被扣留动产的其他利害关系人(比如担保物权人、普通债权人)造成了意想不到的不利影响,损害交易安全,与保护交易安全的民法原则相冲突。② 因此,占有动产的债权人只能留置与其债权属于同一法律关系的动产。

需要说明的是,《物权法》第231条后段对此作出了例外规定:"但企业之间留置的除外"。易言之,商事留置权可以不受同一法律关系的限制,即使不是同一法律关系的动产,仍然可以留置。这是因为"在商事实践中,企业之间相互交易频繁,追求交易效率,讲究商业信用;如果严格要求留置财产必须与债权的发生具有同一法律关系,有悖交易迅捷和交易安全原则"③。

3. 履行期限届满但债权未获完全清偿

如果履行期限并未届满,债务人还没有履行债务的义务,此时债权也未受到损害,并无担保的必要,留置权不可能产生;即使履行期限届满,如果债务人履行而债权人拒绝受领的,构成债权人违约,自无通过留置权保护债权人的道理;还有,履行期限届满,如果债务人完全履行的话,债权获得实现而消灭,自然也无须留置担保④;只有在履行期限届满但债权未获完全清偿的情况下,才可能产生留置权。

约定担保物权中也存在这一要件,不过在约定担保物权中这一要件是担保物权行使要件;而在留置权中,它却是成立要件。这是二者的区别。

---

① 遗憾的是,一些在《物权法》出台后出版的物权法或担保物权法教材,在解释时仍然如此。比如有的学者说:"关于如何认定'债权人留置的动产与债权属于同一法律关系',理论上有不同的认识,存在所谓的单一标准说和双重单一标准说。"参见崔建远主编:《物权法》,清华大学出版社2008年版,第408页。该书所指的单一标准说和双重单一标准说均引自我国台湾地区谢在全教授的著作,根本没有考虑《物权法》对《担保法》的改变。再如有的学者说,"所谓同一法律关系,具体可以归结为以下三种情形……"参见郭明瑞、房绍坤、张平华编著:《担保法》,中国人民大学出版社2014年版,第103页。其归纳的三种情形引用的是2000年出版的著作。

② 参见蒋新苗等:《留置权制度比较研究》,知识产权出版社2007年版,第74页;高圣平:《物权法担保物权编》,中国人民大学出版社2007年版,第412页;邹海林:《留置权基本问题研究》,载《法学研究》1991年第2期。还有学者指出,这样"不仅对债权关系的相对性是一种逾越,而且对债权人之间的平等性也是一种伤害"。参见苏永钦:《债权人可否留置非债务人之物?》,载苏永钦主编:《民法物权争议问题研究》,清华大学出版社2004年版,第242页。

③ 全国人大常委会法制工作委员会民法室编:《中华人民共和国物权法条文说明、立法理由及相关规定》,北京大学出版社2007年版,第232页。

④ 并不像有的学者所说那样,只需履行期限届满而无须债务人未完全清偿。参见谢在全:《民法物权论》(下册),中国政法大学出版社1999年版,第867页。

作为这一条件的例外,在债务人无支付能力时,债权人的债权即便未届清偿期,债权人的留置权也产生。学说称之为紧急留置权。无支付能力的典型情形是债务人已破产,以后有难为给付之虞。此时若不允许成立留置权,对债权人的保护则有失周到;因此,为了保护债权人的利益,应赋予债权人留置权。《瑞士民法典》第 897 条第 1 款、我国台湾地区"民法"第 931 条第 1 项对此都作出了规定,我国《担保法司法解释》第 112 条的但书对其也作出了规定。①

(二) 消极条件

1. 当事人事先约定排除留置权

留置权制度是为了债权人的利益而设,与公共利益或第三人利益无关;既然如此,当债权人放弃该利益时,法律就应当允许。债权人既可以在留置权成立后放弃留置权,也可以在留置权成立之前②和债务人约定排除日后产生留置权。

当然,当事人排除留置权的约定通常是明示的,也可以是默示的:当债务人向债权人交付动产之时或之前明确指示债权人在履行合同义务后应当将标的物返还而不得留置,债权人无异议地接受标的物的交付,则推定其默示同意债务人的要求,此为留置权的约定排除。

因此,留置权的成立需要当事人没有事先约定排除留置权。关于这点,《担保法司法解释》第 107 条和《物权法》第 232 条都作出了规定。

2. 留置违背公序良俗

公序良俗是民法的一项基本原则,任何违背公序良俗的行为都为民法所不允许,留置权的产生也不例外。因此,要想成立留置权,债权人留置债务人的财产就不能违背公序良俗。

所谓"债权人留置债务人的财产违背公序良俗"是指债权人留置债务人财产的结果与社会公共利益、人们的道德观念相冲突。最经典的例子是尸体的运送人因为托运人没有支付运费而留置所运送的尸体。因为尸体比较特殊,这样的留置为社会道德风尚所不容,很明显违反了公序良俗。此外,如果物品被留置足以造成债务人公法上能力的障碍,该留置也被认为是违背公序良俗,比如留置债务人的身份证、毕业证、学位证、工作证。如果物为债务人维持生活或工作之必需品时,比如残疾人的拐杖、近视者的眼镜,留置它们也被认为是违背公序良俗。

关于"留置不能违背公序良俗"这一消极要件,虽然我国法律对此没有明确规定,但根据民法基本原则应作如此解释。

---

① 当然,也有学者对其合理性表示了质疑。参见孙鹏、王勤劳、范雪飞:《担保物权法原理》,中国人民大学出版社 2009 年版,第 361—362 页。

② 最常见就是在债权债务发生时。

3. 留置与债权人的义务相矛盾

如果债权人除了返还标的物之外还要履行其他义务,那么,债权人在没有履行这些义务之前是不能留置标的物的,否则就违反了自己应尽的义务。最经典的例子是货物的运送人负有在约定的时间内将货物运送到目的地的义务。如果运送人在未为运送之前就因为托运人没有按约定支付运费而扣留货物,债权人的留置行为明显与其运送货物到目的地的义务相抵触,自然为法律所不允;否则就是鼓励债权人不履行自己的义务,与诚实信用原则、公平原则相悖。《担保法司法解释》第 111 条对此作出了规定。

由此可见,债权人要想主张留置权,不仅需要履行期限届满债权未获完全清偿,自己还要履行了返还标的物之外的义务。因此,"留置行为不能与债权人的义务相抵触"这一消极要件可以转换为"债权人只有履行了其负担(除返还标的物之外)的义务后,才能在其占有的标的物上成立留置权"这一积极要件。① 经过如此转化,这一要件就变得容易理解了:因为债权人还没有完全履行自己的义务,此时债权并未受到真正的侵犯,先履行抗辩权足以保护其权利,并不需要通过留置权加以保护。

另外,有学者认为消极要件还包括"留置不能与债务人交付动产前或交付动产时的指示相抵触"。② 本书认为,债务人在交付动产前或交付动产时给予债权人指示而被债权人接受的,这些指示就构成了债权人的义务,债权人留置动产时自然不能与其抵触。所以"留置不能与债务人的指示相抵触"可以被"留置不能与债权人的义务相矛盾"涵盖,无须单独列出。

例题:下列哪些情形下权利人可以行使留置权?(2015 年司法考试第三卷第 55 题)

A. 张某为王某送货,约定货物送到后一周内支付运费。张某在货物运到后立刻要求王某支付运费被拒绝,张某可留置部分货物

B. 刘某把房屋租给方某,方某退租搬离时尚有部分租金未付,刘某可留置方某部分家具

C. 何某将丁某的行李存放在火车站小件寄存处,后丁某取行李时认为寄存费过高而拒绝支付,寄存处可留置该行李

D. 甲公司加工乙公司的机器零件,约定先付费后加工。付费和加工均已完

---

① 参见孙鹏、王勤劳、范雪飞:《担保物权法原理》,中国人民大学出版社 2009 年版,第 361 页。
② 参见郭明瑞、房绍坤、张平华编著:《担保法》,中国人民大学出版社 2014 年版,第 173 页;丁南:《担保物权释论》,中国政法大学出版社 2013 年版,第 107 页;谢在全:《民法物权论》(下册),中国政法大学出版社 1999 年版,第 871 页;史尚宽:《物权法论》,中国政府大学出版社 2000 年版,第 502 页;陈华彬:《物权法》,法律出版社 2004 年版,第 595—596 页;温世扬、廖焕国:《物权法通论》,人民法院出版社 2005 年版,第 750 页;蒋新苗等:《留置权制度比较研究》,知识产权出版社 2007 年版,第 96—97 页。

成,但乙公司尚欠甲公司借款,甲公司可留置机器零件

解析:本题考点是留置权的成立条件。成立留置权的前提要件是主债权届期未获完全清偿;本题中,A约定王某支付运费的时间是货物送到后一周内,张某在货物运到后其主债权履行期限并未届满,不成立留置;所以A错误。留置权成立的消极条件要求留置不能违背公序良俗,B中方某的家具为生活用品,如果留置则违背公序良俗;所以B错误。C中履行期限届满主债权都未获得完全清偿,债权人已经合法占有标的物,可以进行留置;所以C正确。D中甲公司对乙公司享有的借款债权与机器零件并不是同一法律关系,本不该留置,但甲公司和乙公司都是企业,根据《物权法》第231条后段的规定,企业之间留置可以不是同一法律关系;所以D正确。由此可见,本题应当选C、D。

二、留置权的特殊成立

如前所述,留置权的特殊成立就是指留置权的善意取得。

(一) 理论依据

以上的分析都是建立在"债务人对债权人因债权关系而占有的动产享有所有权"前提上的,如果债务人对该动产并不享有所有权,那又该如何处理?比如,乙把甲寄存的钟表摔坏后送给丙修理,后乙拒向丙支付修理费,那么,丙能否留置该钟表?

理论争鸣 留置权能否善意取得?

在债权人对标的物的权属并不知情的情况下,由于债务人对动产的占有具有公信力,债权人就会合理信赖债务人为动产的所有权人,债权人无法预测到以后的风险,其与债务人发生债权债务关系并无不当;日后债务人拒不付款时如果不认可留置权,就侵害了债权人的合理信赖。因此,在债权人善意时,尽管债务人并非标的物的所有权人,法律仍然应当认可债权人在该物上取得留置权。这就是留置权的善意取得。

需要说明的是,留置权是法定权利,其产生并非当事人之间的约定,不具有交易行为的性质,在这一点上,留置权的善意取得与抵押权的善意取得、质押权的善意取得有本质的区别。但是,留置权并非平白无故而生,当导致它产生的债权债务关系是交易时,基于留置权的法定性,债权人在与债务人交易时已经把留置权计算在自己的成本——收益分析之内,或者留置权的担保"交易"已经隐含在该债权交易之中①;甚至可以说二者结合在一起成为一个完整的交易。如果

---

① 留置权的从属性又体现出来了。

不允许债权人获得留置权,那么就会迫使债权人在交易前查询物的真实权属,有违保护交易安全的民法理念。①

反对留置权适用善意取得的最主要理由是,善意取得需要当事人变动物权的意思,而债务人将动产交付给债权人时只有负担行为而没有处分行为,当事人没有变动物权的意思,因此不应发生物权变动。诚如斯言,债务人将动产交付给债权人时的确没有处分行为,但债权人取得留置权并非基于债务人的处分行为②,而是基于法律的规定;所以,即使债务人将动产交付给债权人时没有处分行为,也不妨碍债权人基于法律规定而取得留置权。

有学者说道:"债权人能否对非债务人的动产成立留置权,涉及的是留置权本身的构成问题,而不是留置权的善意取得问题。对他人之物是否可以成立留置权,与留置权是否可以善意取得是两个不同的问题。"③诚如斯言,留置权的构成要件和留置权的善意取得的确是两个不同的问题,但在这种情况下,债权人能够取得留置权与抵押权的善意取得、质押权的善意取得在法律构造上相同,在理论基础上也基本相同,称为留置权的善意取得并无不当,甚至理所当然。

《担保法》和《物权法》对于留置权的善意取得并未涉及,但是《担保法司法解释》第108条承认了留置权的善意取得。值得一提的是,《担保法司法解释》第108条中"不知债务人无处分该动产的权利"的表述有误,因为债务人将标的物交付给债权人不是处分该动产;妥当的表述应当是"不知道债务人非为该动产的所有人"。

(二)构成要件

债权人要想通过善意取得获得留置权,必须符合如下条件。

第一,该动产的所有权归第三人。这是不言自明的条件。如果债务人为该动产的所有权人,债权人就直接取得留置权,无须借助善意取得制度了。

第二,债务人为动产的占有人。在动产的物权公示方法为占有的情况下,债务人只有占有标的物才能给债权人其为标的物所有权人的外观,这是债权人合理信赖的客观基础。

第三,债权人善意。债权人对债务人不享有所有权无过失地不知情,合理信赖债务人是物的所有权人。如果债权人在与债务人发生债权债务关系时知悉了标的物的真实权属,在明白"在先权利优先保护"原则后他仍然与债务人发生债权债务关系,说明他愿意承担留置权无法成立的风险,法律就没有特殊保护的必要。

---

① 参见孙鹏、王勤劳、范雪飞:《担保物权法原理》,中国人民大学出版社2009年版,第346—347页。
② 其实不独留置权,所有权、抵押权、质押权的善意取得莫不如此。
③ 叶金强:《动产他物权的善意取得探析》,载《现代法学》2004年第2期。

第四，债权人持续占有标的物。基于某种债权债务关系，债权人已经合法占有标的物，然后一直保持着对该标的物的占有。

第五，履行期限届满债权未获完全清偿。留置权作为一种担保物权，目的是为了保障债权的完全实现，所以，这是一个基本的条件。

和其他担保物权的善意取得一样，"以合理对价转让"的要件并不需要，因为债权人取得标的物的占有并非基于转让等处分行为，并不存在什么对价。

(三) 法律后果

一旦上述条件满足，就会产生以下几个法律后果：

第一，债权人对该动产取得留置权，动产所有权人必须接受这个负担而不能基于所有权向债权人请求返还所有物。

第二，留置权行使条件成就后，债权人可以出售该动产并从变价所得价款中优先受偿。

第三，留置权实现后，动产所有权人有权向债务人主张损害赔偿。

第三节 留置权的效力

留置权的效力主要指留置权人与留置人的权利义务，但考虑到留置权在效力范围上具有特殊性，与第一章与第三章的相关论述有所区别，在此也予以介绍。

一、留置权的效力范围

(一) 留置权效力所及的债权范围

和质押权中被担保的债权范围一样，留置权所担保的债权范围包括主债权及其利息、违约金、损害赔偿金、实现留置权的费用。① 并且只能是这个范围，不存在意思自治的空间。

留置权中债权人对留置物的占有是基于合法债权，合法债权是否有范围限制？是否考虑债权的发生原因？对此，《担保法》第84条将其限制于合同之债，并且是保管合同、运输合同、加工承揽合同三种合同。《担保法》狭窄的范围已经严重影响了留置权功能的发挥，受到了学界广泛的批评。《物权法》对此进行了调整，不再要求"因保管合同、运输合同、加工承揽合同发生的债权"，第230条只是要求"债务人不履行到期债务"。由此可见，《物权法》放宽了留置权中主债权的范围，对债权的发生原因没有要求；但是，合同之债、侵权之债、无因管理之债、

---

① 通说认为还包括保管费用，本书认为不应包括，如同质押权一样。本书第五章第二节第三部分已经就质押权效力为什么不及于保管费用作了详细论述，此处不再赘述。

不当得利之债都行吗?

例题:依我国法律规定,下列合同中可能发生留置权的有哪几种?(2004年司法考试第三卷第53题)

A. 保管合同

B. 委托合同

C. 加工承揽合同

D. 行纪合同

解析:本题考点是留置权担保的债权范围。《担保法》第84条规定:"因保管合同、运输合同、加工承揽合同发生的债权,债务人不履行债务的,债权人有留置权。法律规定可以留置的其他合同,适用前款规定。当事人可以在合同中约定不得留置的物。"所以A、C正确。《合同法》第422条规定:"行纪人完成或者部分完成委托事务的,委托人应当向其支付相应的报酬。委托人逾期不支付报酬的,行纪人对委托物享有留置权,但当事人另有约定的除外。"所以D正确。而委托合同法律并没有规定留置权;所以B错误。由此可见,本题应当选A、C、D。

合同之债可以成立留置权,自不待言。无因管理之债也可以,比如拾得人拾得遗失物后予以保管,遗失人向拾得人主张返还时不向拾得人支付保管费用的,拾得人可以留置该遗失物。有的不当得利之债似乎也可以,比如合法占有人对占有物进行必要的修缮,占有权源消灭后所有权人向占有人主张返还时占有人可以向所有权人主张修缮费用,如果所有权人拒绝支付的,占有人可以留置该占有物。[①] 其实并非如此,这里合法占有人事先占有动产的原因是一个法律关系,合法占有人对动产所有权人的修缮费用债权基于不当得利而产生,两者不是同一法律关系。侵权之债似乎也行,比如甲踢足球将乙家的玻璃踢碎,乙向甲主张损害赔偿而甲不予赔偿的,乙可以留置甲踢进自己房内的足球;但是,乙对甲享有的债权是因为侵权行为,而乙占有甲的足球是基于事实行为,两者也非同一法律关系,不能成立留置权。

(二) 留置权效力所及标的物范围

1. 一般范围

一般情况下,留置权效力所及标的物范围既包括留置物本身,也包括其从物和孳息,这点和约定担保物权并无不同,有争议的是是否包括留置物的代位物。

[①] 有学者举了这样一个不当得利的例子:买卖合同无效后买受人对出卖人价款返还请求权、出卖人对买受人享有标的物返还请求权;当出卖人不履行返还价款义务时,买受人可以留置买卖合同的标的物。参见孙鹏、王勤劳、范雪飞:《担保物权法原理》,中国人民大学出版社2009年版,第356页。笔者认为,这种情形类推适用同时履行抗辩权可能更为妥当。

对此，不同国家立法有着不同的规定。其实，这种争议源于不同国家立法对留置权性质的界定，不认为留置权享有优先受偿权利的国家立法中留置权的效力就不及于代位物。我国的留置权既包括留置的效力，也包括优先受偿的效力，所以，留置权的效力当然及于代位物。

2. 比例原则

作为担保物权的一种，留置权也具有不可分性，主债权分割或部分受偿的，留置权人仍然可以继续扣留整个留置物。现实生活中经常出现这样的情形，留置物的价值远远大于被担保的主债权数额，法律应如何处理？当留置物为不可分物时，在主债权未受全部清偿前，留置权人可以扣留占有物的全部。《担保法司法解释》第110条对此也作出了规定。如果留置物是可分物的，扣留部分物就能保障债权的全部实现，债权人就只能扣留占有物的部分而非全部，否则对留置人不公平。《担保法》第85条和《物权法》第233条对此作出了规定。该规定也可以视为留置权不可分性的例外，被称为留置物与担保债权之间的比例原则。①

比例原则要求被扣留的财产价值与被担保债权数额之间具有相当性，不能过分高于被担保债权数额。之所以如此，是为了债权人与债务人之间的利益平衡，防止出现被扣留的财产价值与被担保债权数额畸轻畸重的情况，进而使留置权成为一种"野蛮的权利"。比如，甲去乙那里修理汽车而后拒绝支付修理费，甲汽车备用轮胎的价值就大于修理费，此时乙就不能扣留整个汽车，而只能扣留该汽车的备用轮胎。

二、留置权人的权利义务

（一）标的物扣留权

留置权产生时，债权未获完全清偿，此时债权人占有标的物的权源消灭，债权人本应当将标的物返还给债务人；但是债权人因为享有留置权可以扣留标的物不予返还，继续占有标的物。关于这点，通说称之为"留置标的物"，本书之所以称之为"扣留标的物"，是为了避免和"留置权"中的"留置"重复。

债权人对标的物的扣留和继续占有将迫使债务人履行自己的义务，如果宽限期届满债务人仍然不履行的，债权人可以将留置物出售并从变价所得价款中优先受偿。由此可见，债权人对标的物的扣留将持续至债权获得完全清偿之时，只要债务人没有全部履行自己的债务，债权人就有权扣留标的物。

留置权产生后债权人对标的物的占有和留置权产生前债权人对标的物的占有在表面上并无不同，都是同一主体对同一标的物的占有；但是，前后两种情况

---

① 有学者对此有不同意见，认为留置权的不可分性与留置物的可分性并非一回事。参见蒋新苗等：《留置权制度比较研究》，知识产权出版社2007年版，第11—12页。

下占有的权源并不相同：留置权产生前占有的权源是债权人和债务人之间的债权债务关系，留置权产生后占有的权源是债权人享有的留置权。

另外，留置权产生后债权人对标的物占有的权源是留置权，而留置权又是一种物权，所以，债权人的占有不仅可以对抗债务人，还可以对抗第三人。在留置物被他人申请扣押时，留置权人有权拒绝交付；在留置物被他人申请强制执行时，留置权人有权提出执行异议；在债务人将标的物转让给第三人后新的所有权人基于所有权向债权人主张返还时，债权人有权拒绝其请求。诚如有的学者所言，占有制度赋予了留置权人的自我保护的本领。①

(二) 孳息收取权

在占有留置物期间，留置权人有权收取留置物的孳息，这主要是因为债权人占有着留置物，收取孳息比较方便；而且收取的孳息也是用于抵充债权，对债务人也无不利。

留置权人占有留置物而债务人没有占有，所以，收取留置物的孳息既是留置权人的权利，也是其义务。如果留置权人不收取、没有及时或不以适当的方法收取从而导致孳息毁损、灭失和非正常价值减少的，留置权人应当向债务人承担赔偿责任。

和质押权相同的是，收取的孳息首先应当充抵收取孳息的费用，然后充抵利息，然后充抵主债权。和质押权不同的是，留置人和留置权人不能就孳息的收取自行约定。

(三) 留置权实现权

留置权实现权是指当留置权实现条件成就时，留置权人通过实现留置权来满足自己债权的权利。留置权的实现既是留置权的最主要效力，也是留置权人最主要的权利。鉴于该问题的重要性，本章专设一节予以详细论述。

(四) 实行催告义务②

该义务是和实行催告制度联系在一起的。所谓实行催告制度是指在留置权产生后，债权人应当通知债务人于宽限期内履行债务；宽限期届满后债务人仍然不履行债务的，留置权人有权行使留置权。如此一来，留置权人将负有实行催告义务：留置权人只有履行该义务、给予债务人一定的宽限期，接下来才可能行使留置权；如果留置权人不履行该义务而径直行使留置权，就构成了对债务人标的物所有权的侵犯，应当承担侵权责任。《担保法司法解释》第113条前段对此作出了规定。

---

① 参见蒋新苗等：《留置权制度比较研究》，知识产权出版社2007年版，第108页。
② 在笔者有限的阅读范围内，尚未见到有人把催告称为留置权人的义务。不过有的学者模糊地提及："此通知具有催告的性质。各国立法例虽未明文规定债权人有催告债务人履行债务的义务，但是对债权人行使留置权均有一定的限制。"参见陈本寒主编：《担保法通论》，武汉大学出版社1998年版，第320页。

法律之所以规定实行催告制度、给予债务人宽限期，主要是为了保护债务人的利益。因为债权人扣留标的物的目的在于督促债务人履行债务，如果扣留后立即就实现留置权，留置权就起不到督促和担保的作用。而且，债务不能及时履行的原因也较为复杂，尤其是留置物的价值往往高于主债权的数额，一旦没有宽限期而直接实现留置权，就可能给债务人造成重大的不利，所以有必要给债务人一定的宽限期，使其可以筹集资金、履行债务。①

关于实行催告义务，《担保法》第87条明确作出了规定，《物权法》第236条并无明确的规定，有的学者认为通知义务给留置权人行使留置权造成了很大的困难，《物权法》第236条恰恰是克服《担保法》第87条的弊端而没有规定。② 本书认为，这样的理解可能不妥。通知义务固然给留置权人行使留置权造成了很大的困难，特别是通知不能顺利到达债务人的情况下，但这样的困难是留置权人将来行使留置权所必须承受的负担。如果留置权人不履行该义务，那么留置人就很难知道该宽限期的起算时间及其长短，就可能在自己并不清楚的情况下留置物被出售从而丧失所有权；如此一来，宽限期的督促功能就没有实现，对留置人也不公平。当然，在因为客观原因（比如债务人下落不明）无法通知的情况下③，可借鉴我国台湾地区"民法"的做法，规定在债权届满后的一段合理时间，债务人不为清偿，债权人直接行使留置权。④

由于宽限期的长短涉及双方当事人的利益（过长有利于债务人而不利于留置权人，过短有利于留置权人而不利于债务人），所以，法律允许双方当事人对此进行意思自治，自行约定宽限期的长短⑤；当事人没有约定或者约定不明确的，根据《担保法》第87条第1款和《物权法》第236条第1款，宽限期为两个月以上。不过与《担保法》第87条第1款相比，《物权法》第236条第1款规定了一个例外：如果留置物是鲜活易腐等不易保管的动产，宽限期可以低于两个月。该规定是为了维护留置物的价值，有利于债务人和留置权人的利益，殊值肯定。

《担保法司法解释》第113条后段规定："债权人与债务人按照担保法第八十七条的规定在合同中约定宽限期的，债权人可以不经通知，直接行使留置权。"这就意味着如果双方当事人事先在债权债务合同中就宽限期提前作出约定，就可以免除债权人事后的实行催告义务。有学者认为这是期限代当事人通知。⑥ 但是，当事人就宽限期事先作出约定，会不会导致债务人的履行期限由原来变为减

---

① 参见王胜明主编：《中华人民共和国物权法解读》，中国法制出版社2007年版，第504页。
② 参见曹士兵：《中国担保制度与担保方法》，中国法制出版社2015年版，第395页。
③ 很多学者将其称为催告不能。
④ 参见孙鹏、王勤劳、范雪飞：《担保物权法原理》，中国人民大学出版社2009年版，第366页。
⑤ 在双方当事人自行约定宽限期的情况下，留置人知悉宽限期的长短，留置权人没有通知的必要，自不待言。
⑥ 唐义虎：《担保物权制度研究》，北京大学出版社2011年版，第221页。

去宽限期之后的期限,从而事实上剥夺了债务人的受通知、被提醒的权利?《担保法司法解释》第113条后段的合理性有待进一步研究。①

（五）妥善保管义务

和质押权一样,在留置期间,留置权人为自己的利益占有着留置物,他自然应当以善良管理人的注意义务妥善保管留置物。如果保管不善致使留置物毁损、灭失或价值减少的,留置权人应当对债务人承担赔偿责任。《担保法》第86条、《担保法司法解释》第114条、《物权法》第234条对此都作出了规定。

和动产质押权中的保管费用一样,本书认为,保管义务是留置权人享有权利所必须负担的义务,所以,留置物的保管费用应当由留置权人自己承担而不能向债务人主张。

（六）不得使用、处分义务

尽管留置权人占有留置物,但他只支配留置物的交换价值而非使用价值,没有使用留置物的权利,这就意味着作为占有人的他负有不得使用留置物的义务。《担保法司法解释》第114条借由第93条对此作出了规定。② 当然,为了留置物的保管上之必要,留置权人可以不经债务人同意而使用留置物,自不待言。

举轻以明重,留置权人也没有处分留置物的权利,自不待言。

（七）留置物返还义务

当履行期限届满主债权获得全部清偿、债务人提前清偿或者其他原因致使留置权消灭的,留置权人就不应当继续占有留置物,而应当向债务人返还留置物,否则就侵害了债务人的所有权。

三、留置人的权利义务

（一）留置物转让权

留置权产生后,留置人仍然是留置物的所有权人,他有权在不损害留置权的前提下处分自己的所有物,比如转让留置物。

由于留置权人占有留置物,再加上其有权占有可以对抗新所有权人要求交付标的物的请求,所以,留置物所有权的转让不会损害留置权人的利益③,这点

---

① 有的学者从另外的角度对这一规定提出了质疑。其详细论述参见陈本寒主编:《担保法通论》,武汉大学出版社1998年版,第321页。
② 《日本民法典》第298条第2款对此作出了规定。有学者说道:"我国法律没有如同日本法的上述规定,但在法理上应作与日本法相同的解释。"参见唐义虎:《担保物权制度研究》,北京大学出版社2011年版,第222页。我国法律的确没有直接的规定,但《担保法司法解释》第114条借由第93条已经作出了规定,无须再进行如此解释。
③ 有学者认为留置权具有追及效力,即使留置物已经转让,留置权人可以追及留置物之所在而主张留置权。参见唐义虎:《担保物权制度研究》,北京大学出版社2011年版,第222页。这种观点可能不妥。留置权人一直占有留置物,留置物不会为他人所占有,无须追及。

同动产质押权一样。

同理，留置人享有留置物赠与权。

（二）留置物再设抵押权

留置权产生后，留置人因为丧失直接占有而无法支配留置物的使用价值，但是在不损害既存留置权的前提下他可以利用留置物的交换价值。然而，由于留置物为留置权人占有，其利用方式只能是无须占有的抵押，即留置人可以就留置物再设定抵押。留置权需要占有而抵押权不需要占有，二者可以共存于同一动产上；尽管二者都是担保物权，但抵押权劣后留置权，二者可以和平地共存于同一动产上。

留置物再设抵押权和质押物再设抵押权一样，都是出于效率的考虑，在无法对担保物使用价值进行利用情况下对担保物交换价值进行充分的利用。

（三）留置物价值维护权

留置人作为留置物的所有权人，留置物的价值高低与其利益戚戚相关；因此，不论是留置权人还是第三人的不当行为致使留置物价值减少、损失或有减少、毁损之虞的，留置人都享有留置物价值维护权，他都有权请求行为人停止侵害、消除危险、恢复原状、赔偿损失等。

以上三点，虽然我国法律没有作出规定，但根据民法理论，应当作如此解释。

（四）留置权提前行使请求权

留置权产生后留置权人不能行使，只有等到宽限期届满后留置权人才能行使。这是对债务人的保护，对债务人而言是一种期限利益。但是，留置物的市场价格可能处于不断变动的状态，其价格可能会因为时间的推移而有所下降；这种情况下，宽限期的存在对于无力清偿的债务人来说反而不利。所以，法律赋予债务人留置权提前行使请求权，债务人有权请求留置权人在留置权产生后宽限期届满前就行使留置权；如果留置权人不行使的，债务人可以请求人民法院强制行使。《物权法》第237条对此作出了规定。诚如有的学者所言："这一规定意在实现留置人和留置权人双方利益的均衡，从而促进双方利益的最大化。"[①]

（五）留置人的义务

和动产质押权一样，债务人对于留置权人有留置物隐蔽瑕疵告知义务和容忍义务；由于第五章第二节第三部分已经详细论述，此处不再赘述。

---

① 黄松有主编：《〈中华人民共和国物权法〉条文理解与适用》，人民法院出版社2007年版，第689页。需要说明的是，原文是"出质人与质权人双方……"；笔者猜测这可能是印刷错误，因为这里说的是留置权而非质押权。

第四节 留置权的实现

留置权的实现,又称为留置权的行使,是指当留置权行使条件成就时,留置权人将留置物出售,并从变价所得价款中优先受偿从而满足自己的主债权。留置权的实现是对留置权人利益保护的最重要措施。

留置权的实现方法及一般情况下变价所得价款的分配,和前面两种担保物权没有区别,本书不再赘述;本书接下来论述留置权的实现条件和留置权竞合的处理。

一、留置权实现的条件

(一) 宽限期届满

宽限期对债务人来说是一种期限利益,在宽限期未届满之前,留置权人实现留置权就会侵犯他的期限利益,只有等到宽限期届满,留置权人才能实现留置权。

宽限期不论是当事人自己约定还是法律规定,其起算点直接影响着双方当事人的利益,所以,确定起算点很有必要。在约定宽限期的情形下,如果当事人对于起算点作出约定的,从其约定;如果当事人没有约定或约定不明的,从主债务届满之日(即留置权成立之日)起算,因为这个日期双方都知悉,以此为起点既符合双方当事人对自己权利义务的合理预期,对双方当事人也是公平的。在法定宽限期的情形下,留置权人负有实行通知义务,只有通知到达留置人时该通知才能生效,才能起算宽限期,否则对留置人不公平。

如前所述,如果留置人自愿放弃宽限期这个期限利益,他可以根据《物权法》第 237 条请求留置权人提前行使留置权。

(二) 债权未能完全实现

宽限期届满如果债务人履行了自己的债务的,债权人的债权得以实现,留置权因目的达到而归于消灭;如果宽限期内债务人另行提供担保,该担保所担保的数额与债权额相当或者不相当但为债权人接受的[①],债权人的债权也能够得到保障,留置权也因为目的达到而归于消灭。因此,宽限期届满后,债务人仍未履

---

① 《物权法》第 240 条的"留置权人接受债务人另行提供担保"从文义上来看只要留置权人接受债务人另行提供的担保即可,不管该担保能够担保的数额;但是,如果该担保能够担保的数额与债权额相当留置权人仍然不接受的,那该怎么办? 此时留置权人的利益足以得到保障,留置权人不接受、留置权不消灭,留置权人的任性对债务人太不公平。笔者认为,此时应当强制留置权人接受,同时留置权消灭。当然,如果留置权人对于另行担保能够担保的数额与债务人意见不同,双方对此出现争议,那么就应当先解决该争议,确认"该担保所担保的数额与债权额相当"后才能强迫留置权人接受。

行自己债务,也没有另行提供担保的,留置权的担保功能应当得到发挥,留置权实现的条件成就。

(三) 留置人无抗辩权

宽限期届满后,债务人仍未履行自己债务也没有另行提供担保的,如果他享有抗辩权,他的抗辩权就能够有效地阻止留置权的实现。所以,第三个条件是留置人无抗辩权。

(四) 未超过法定期限

如前所述,《物权法》第202条的期限限制仅仅针对抵押权,第十七章(即质权这一章)没有对质押权实现的期间进行规定,第十八章(即留置权这一章)也没有这样的规定。由于留置权人也占有着留置物,应当和质押权一样适用《担保法司法解释》第12条第2款的规定,即留置权所担保的债权诉讼时效结束后,留置权人在诉讼时效结束后的2年内不行使留置权的,人民法院不予保护。

二、留置权竞合的处理

如前所述,当同一担保物上数个担保物权担保的主债权届期都未获完全清偿时,数个担保物权都要实现,担保物变价所得价款需要在数个担保物权人之间进行分配,因而需要确定数个担保物权的先后顺序。在同一留置物上,可能会出现留置权与留置权的竞合,也可能会出现留置权与抵押权的竞合、留置权与质押权的竞合,甚至留置权与抵押权、质押权三者的竞合。那么,留置物变价所得价款如何在这些担保物权人之间分配?

(一) 留置权之间竞合的处理

同一动产上有可能同时存在两个留置权,进而出现留置权之间的竞合。比如某一动产被留置后,留置权人又与第三人发生债权债务关系导致该动产被第三人留置。此时,第三人享有留置权,而原留置权仍然存在——虽然原留置权人暂时丧失了对留置物的直接占有,但他对新留置权人享有返还请求权,他与新留置权人之间就其对留置物的直接占有存在媒介关系,所以,他是留置物的间接占有人,留置权并未消灭。

此时,前留置关系中的留置权人是后一个留置关系的留置人,所以,后留置权优先于前留置权。

(二) 留置权与抵押权竞合的处理

1. 发生的情形

留置权与抵押权的竞合可能发生在以下三种情形:

第一种情形是某一动产设定抵押后,抵押人又与第三人发生债权债务关系导致该动产被第三人留置。

第二种情形是某一动产被留置后,债务人又将其为第三人设定抵押。

第三种情形是某一动产被留置后,留置权人用其向第三人设定抵押。留置权人设定抵押既可能经过债务人的同意,也可能没有经过债务人的同意;前者非常简单无须多言,后者中留置权人的抵押行为属于无权处分,如果抵押权人善意,就会发生动产抵押权的善意取得,留置权和抵押权同时存在一个动产上。

2. 法律处理

第一种情形中,抵押权生效在先,即使已经进行登记而具有绝对的排他性和对抗性,但它无法对抗后来的留置权,留置权仍然优先于抵押权。之所以如此处理,主要是根据"法定担保物权优先于约定担保物权"原则,同时也是借鉴《海商法》第25条的规定和国际上的立法经验。[①]《物权法》第239条和《担保法司法解释》第79条第2款对此都作出了规定。本书认为,此时留置权优先于抵押权是有条件的,即留置权人应当善意。如果留置权人在与留置人发生债权债务关系时知悉了抵押权的存在,在明白"在先权利优先保护"原则后他仍然与留置人发生债权债务关系,说明他愿意承担抵押权实现后自己的留置权才能实现的风险,留置权优于抵押权的正当性就不足——这点和留置权的善意取得是一样的。

第二种情形中,留置权当然优先于抵押权,原因很简单:后设定的担保物权不能侵犯先成立的担保物权;更何况,留置权还是法定担保物权。

第三种情形中,由于留置权中的留置权人是抵押权中的抵押人,抵押权当然优先于留置权。

由此可见,留置权和抵押权的竞合存在三种情形,只有前两种情形中留置权才优于抵押权。《担保法司法解释》第79条第2款规定留置权总是优于抵押权,忽略了第三种情形的存在,不甚妥当。

(三)留置权与质押权竞合的处理

1. 发生的情形

留置权与质押权的竞合可能发生在以下三种情形。

第一种情形是某一动产设定质押后,质押权人基于保管、修理等原因与第三人发生债权债务关系,尔后该动产被第三人留置。这种情形下,虽然质押人丧失了质押物的直接占有,但他对留置权人享有返还原物请求权,他与出质人之间就出质人的直接占有存在媒介关系,他对留置物的占有是间接占有,所以,质押权仍然存在,与留置权竞合。

第二种情形是某一动产设定质押后,质押权人在占有质押物期间又应出质人的要求对质押物修理,届期出质人拒不支付修理费,质权人又取得留置权。

[①] 关于留置权优于抵押权的理由,有学者作出了详细的分析,参见许明月:《抵押权制度研究》,法律出版社1998年版,第304—305页;蒋新苗等:《留置权制度比较研究》,知识产权出版社2007年版,第185—187页。

第三种情形是某一动产被留置后,留置权人将其出质给第三人。留置权人设定质押既可能经过债务人的同意,也可能没有经过债务人的同意。前者非常简单无须多言,后者中留置权人的出质行为属于无权处分,当质押权人善意时,就会发生动产质押权的善意取得,留置权和质押权也同时存在一个动产上。这种情形下,留置权人丧失了留置物的直接占有(而质权人取得了留置物的直接占有),他与质权人之间就质权人的直接占有存在媒介关系,他对留置物的占有是间接占有。所以,留置权不消灭,与质押权竞合。

有学者认为,某一动产设定质押后,质押人擅自取回质押物,质权人基于保管、修理等原因与第三人发生债权债务关系,尔后该动产被第三人留置,也会出现留置权与质押权的竞合。① 本书认为,一旦质押人擅自取回质押物,质权人就丧失质押物的直接占有,基于保管、修理等原因留置权人取得了留置物的直接占有,但是质权人与留置权人之间就留置权人的直接占有并不存在媒介关系,质权人不是留置物的间接占有人;所以,他就丧失了对质押物的占有,其质押权消灭,不会与留置权发生竞合。

2. 法律处理

在第一种情形中,质押权人为留置关系中的留置人,留置权当然优先于质押权。

在第二种情形中,质权人在与债务人发生修理债权债务关系时已经知悉自己质押权的存在,他不善意,所以,质押权应当优先于留置权。但是,这样的分析没有意义,质权人与留置权人为同一人、质押物和留置物为同一物,先实现质押权还是留置权既不会损害出质人的利益,也不会损害第三人的利益;因此,债权人可以自由选择先实现留置权或质押权。

在第三种情形中,留置权人为质押关系中的出质人,质押权当然优先于留置权。

(四) 留置权与抵押权、质押权三者竞合的处理

1. 发生的情形

留置权与抵押权、质押权三者同时竞合可能发生在以下八种情形中:

第一种情形是动产的所有人将动产设定抵押后又出质给第三人,质押权人基于修理等原因与第四人②发生债权债务关系,尔后该动产第四人被留置。这

---

① 参见史尚宽:《物权法》,中国政法大学出版社2000年版,第360—361页;唐义虎:《担保物权制度研究》,北京大学出版社2011年版,第253页。

② 第四人是指法律关系中第四个出现的人。之前已经出现了三个当事人,那么第四个出现的当事人就应该被称为"第四人";如果还称之为"第三人",则和第三个出现的那个"第三人"混淆。在留置权与抵押权、质押权三者竞合的该情形中,已经出现了抵押人、抵押权人、质押权人,修理关系中的债权人是第四个出现的当事人,就应当称之为第四人。遗憾的是,很多人都没有注意到这一点。

是先抵押后质押再留置。

第二种情形是动产的所有人将动产设定质押后又设定抵押的,质押权人基于修理等原因与第四人发生债权债务关系,尔后该动产第四人被留置。这是先质押后抵押再留置。

第三种情形是债务人的某一动产被债权人留置后,留置权人将其抵押给第三人,尔后留置权人又出质给第四人。留置权人的抵押和质押行为如果经过留置人的同意,留置权、抵押权和质押权同时存在于该动产上;即使没有经过留置人的同意,抵押权人的抵押和出质行为都是无权处分,如果符合动产抵押权善意取得的构成要件和动产质押权善意取得的构成要件,留置权、抵押权和质押权也可以同时存在同一动产上。

第四种情形是债务人的某一动产被债权人留置后,留置人将其抵押给第三人,留置权人尔后出质给第四人。债务人的动产被留置后,其有权将该动产设定抵押,第三人获得的抵押权有效;留置权人的出质行为可能会因为债务人的同意或动产质押权的善意取得,质押权因此成立。如此一来,留置权、抵押权和质押权就同时存在于同一动产上了。

第三种情形和第四种情形都是先留置后抵押再质押。

第五种情形是债务人的某一动产被债权人留置后,留置权人将其质押给第三人,尔后留置权人又抵押给第四人。如果质押经过留置人的同意或者符合动产质押权善意取得的构成要件,质押权生效;如果动产抵押经过留置人的同意或者符合动产抵押权善意取得的构成要件,抵押权也能够生效。如此一来,留置权、抵押权和质押权也同时存在同一动产上。

第六种情形是债务人的某一动产被债权人留置后,留置权人将其质押给第三人,该第三人又抵押给第四人。如果出质经过留置人的同意或者符合动产质押权善意取得的构成要件或责任转质,质押权生效;如果抵押经过留置人和留置权人的同意①或者符合动产抵押权善意取得的构成要件,抵押权也生效;如此一来,留置权、抵押权和质押权三者同时存在同一动产上。

第五种情形和第六种情形都是先留置后质押再抵押。

第七种情形是某一动产设定质押后,出质人又为第三人设定抵押,质押权人在占有质押物期间又应出质人的要求对质押物修理,届期出质人拒不支付修理费,质权人又取得留置权。

第八种情形是某一动产设定质押后,质押权人在占有质押物期间又应出质人的要求对质押物修理,届期出质人拒不支付修理费,质权人又取得留置权,然

---

① 之所以要经过留置人和留置权人两个人的同意,是因为质权人的抵押行为会侵害留置人和留置权人两个人的利益。

后出质人又为第三人设定抵押。

第七种情形和第八种情形中留置权人与质权人为同一人,只不过第七种情形是先质押后抵押再留置,第八种情形是先质押后留置再抵押。

2. 法律处理

(1) 第一种情形的法律处理

在质押权和留置权两个权利中,质权人是留置法律关系中的留置人,留置权优先于质押权;在抵押权和留置权两个权利中,由于不是留置权人用留置物向抵押权人设定抵押的情形,留置权优先于抵押权;所以,在抵押权、质押权和留置权三个权利中,留置权最优先。至于抵押权和质押权谁优先,由于抵押权设定在先,那就根据本书第五章第二节第四部分"质押权与抵押权竞合规则"处理:如果抵押权没有登记,由于其不具有对抗效力,自然劣后于质押权;如果抵押权已经进行了登记,由于抵押权生效在先,抵押权优先于质权。

(2) 第二种情形的法律处理

在质押权和留置权两个权利中,质押权人是留置法律关系中的留置人,留置权优先于质押权;在质押权和抵押权两个权利中,由于质押权设定在先,它自然优于抵押权,不管抵押权是否登记。因此,三者的优先顺序是留置权优先于质押权,质押权优先于抵押权。

(3) 第三种情形的法律处理

由于留置权人是抵押权中的抵押人、质押权中的出质人,留置权在三个权利中肯定最为靠后。在抵押权与质押权之间,由于抵押权设定在先,那就根据本书第五章第二节第四部分的"质押权与抵押权竞合规则"处理:如果抵押权没有登记,劣后于质押权;如果抵押权已经进行了登记,抵押权优先于质权。

(4) 第四种情形的法律处理

在留置权与抵押权之间,由于不是留置权人用留置物向抵押权人设定抵押的情形,留置权优先于抵押权。在留置权与质押权之间,由于留置权人是质押中的出质人,质押权自然优先于留置权。所以,三者的优先顺序是质押权优先于留置权,留置权优先于抵押权。

(5) 第五种情形的法律处理

由于留置权人是抵押权中的抵押人、质押权中的出质人,留置权在三个权利中最为靠后,自不待言。在抵押权与质押权之间,由于质押权设定在先,它自然优于抵押权,不管抵押权是否登记。三者的优先顺序是质押权优先于抵押权、抵押权优先于留置权。

(6) 第六种情形的法律处理

在留置权与质押权之间,由于留置权人是质押中的出质人,质押权自然优先于留置权。在抵押权与质押权之间,由于质权人是抵押关系中的抵押人,抵押权肯定优先于质押权。所以,三者的优先顺序是抵押权优先于质押权,质押权优先于留置权。

(7) 第七种情形的法律处理

留置权人与质权人为同一人,本来无须确定二者的优劣顺序,由债权人自由选择,但是由于存在抵押权人,先实现质押权还是留置权就会影响抵押权人的利益;因此,应当确定二者的优劣顺序。此时为留置权与质押权竞合的第二种情形,所以,质押权应当优先于留置权。在抵押权与留置权之间,由于不是留置权人用留置物向抵押权人设定抵押的情形,留置权又优先于抵押权。所以,三者的优先顺序是质押权优先于留置权,留置权优先于抵押权。

(8) 第八种情形的法律处理

在三个担保物权中,抵押权设定最晚,又非法定担保物权,所以,其居于最后。留置权人与质权人为同一人,先实现质押权还是留置权并不会影响抵押权人的利益,因此,债权人可以自由选择先实现质押权还是留置权。所以,三者的优先顺序是质押权优先于留置权、留置权优先于抵押权或者留置权优先于质押权、质押权优先于抵押权。

例题:甲向乙借款5万元,并以一台机器作抵押,办理了抵押登记。随后,甲又将该机器质押给丙。丙在占有该机器期间,将其交给丁修理,因拖欠修理费而被丁留置。下列哪些说法是正确的?(2003年司法考试第三卷第38题)

A. 乙优先于丙受偿

B. 丙优先于丁受偿

C. 丁优先于乙受偿

D. 丙优先于乙受偿

解析:本题考点是留置权与抵押权、质押权的三者竞合。《担保法司法解释》第79条规定:"同一财产法定登记的抵押权与质权并存时,抵押权人优先于质权人受偿。同一财产抵押权与留置权并存时,留置权人优先于抵押权人受偿。"本题中,乙是已登记的抵押权人,丙是质押权人,丁是留置权人并且留置人为丙,因此,丁优先于丙和乙,乙优先于丙;所以B、D错误A、C正确。由此可见,本题应当选A、C。

需要说明的是,本书也认为乙优先于丙,但不是依据《担保法司法解释》第79条第1款;而是根据"先来后到"或"时间在先,权利在先"规则。

例题:同升公司以一套价值100万元的设备作为抵押,向甲借款10万元,未办理抵押登记手续。同升公司又向乙借款80万元,以该套设备作为抵押,并办理了抵押登记手续。同升公司欠丙货款20万元,将该套设备出质给丙。丙不小心损坏了该套设备送丁修理,因欠丁5万元修理费,该套设备被丁留置。关于

甲、乙、丙、丁对该套设备享有的担保物权的清偿顺序,下列哪一排列是正确的?(2011年司法考试第三卷第7题)

A. 甲乙丙丁
B. 乙丙丁甲
C. 丙丁甲乙
D. 丁乙丙甲

解析:本题考点是留置权与抵押权、质押权的三者竞合。《担保法司法解释》第79条规定:"同一财产法定登记的抵押权与债权并存时,抵押权人优先于质权人受偿。同一财产抵押权与留置权并存时,留置权人优先于抵押权人受偿。"《物权法》第239条规定:"同一动产上已设立抵押权或者质权,该动产又被留置的,留置权人优先受偿。"本题中,甲是第一顺位抵押权人,乙是第二顺位抵押权人,丙是质押权人,丁是留置权人并且留置人为丙,毫无疑问,丁优先于丙;所以A、B、C错误,D正确。由此可见,本题应当选D。

思 考 题

1. 你同意"留置是所有担保方式中最特殊的一种"观点吗?
2. 《物权法》较《担保法》扩大了留置权的适用范围,如此一来,留置权制度的正当性又将如何理解?
3. 留置权的善意取得与抵押权、质押权的善意取得相同之处和不同之处是什么?
4. 抵押权、质押权和留置权的三者竞合还有其他情形吗?

延 伸 阅 读

1. 蒋新苗等:《留置权制度比较研究》,知识产权出版社2007年版。
2. 梅夏英、方春晖:《对留置权概念的立法比较及对其实质的思考》,载《法学评论》2004年第2期。
3. 常鹏翱:《留置权善意取得的解释论》,载《法商研究》2014年第6期。
4. 季伟明:《论〈物权法〉中留置权制度的解释适用与立法再完善》,吉林大学2013年博士学位论文。

第七章 定　　金

本章导读

定金是金钱担保，但主合同标的额20%的上限导致其担保功能较弱。定金不具有单务性而是双向性，它只能用来担保双务合同。定金只是违约定金，不应当包括立约定金、证约定金、成约定金、解约定金。定金合同为实践性合同，其成立除了当事人就订立定金的相关事宜达成合意外，还需要交付定金。定金的担保效力主要体现为定金罚则的适用，而一方当事人违约和双方当事人违约两种情况下定金罚则的适用并不相同。定金既可能与其他担保方式竞合，也可能与其他违约责任形式竞合。

本章的重点内容包括：定金的含义，定金的特征，定金的瑕疵交付，各种情形下的定金罚则适用。

第一节　定金概述

一、定金的含义

定金制度有着悠久的历史，最早可以追溯至公元前6世纪的雅典；至罗马法时代，定金制度就相对比较完善，尔后被世界各国民法典所借鉴。《法国民法典》第1590条、《日本民法典》第557条、《德国民法典》第336条至第338条都进行了规定。但是，它们对定金的规定并不相同，对其性质的界定也不同，进而导致在不同国家和地区对于定金的认识也存在争议。

在我国，《民法通则》第89条和《担保法》第六章都对定金作出了规定，根据该规定，定金是指为了担保合同的履行，一方当事人向对方当事人给付一定数额的金钱，当日后给付金钱的一方不履行债务时丧失该笔金钱，接受金钱的一方不履行债务时双倍返还该笔金钱的担保。

由该定义我们可以发现：

1. 定金的目的在于保障合同的履行

当事人订立定金与订立保证、抵押、质押的目的是相同的，都是为了保障合同的履行、保障债权的实现。也正是因为这个目的，定金是担保方式的一种，和保证、抵押、质押、留置并列。

2. 定金的标的物是金钱

定金之所以叫定"金",因为它是一定数额的金钱。它是与人的担保、物的担保并列的金钱担保。

有学者认为定金的标的物不单单是金钱,其他替代物亦无不可。[①] 本书对此不敢苟同。当定金不是货币而是其他动产时,如果仅仅移转标的物的占有而不移转标的物的所有权,定金就与质押相同;如果移转标的物的所有权又与流质契约相似,而流质契约又为法律所禁止。

3. 定金的担保效力主要通过定金罚则来实现

抵押权、质押权、留置权等担保物权的担保效力是通过债权人对担保物变价所得价款的优先受偿来实现的,保证的担保效力是通过债权人就保证人的一般责任财产主张权利来实现的;而定金与上述担保方式不同,其担保效力是通过定金罚则来实现的。

所谓定金罚则就是惩罚定金关系中的违约方,让其丧失所给付金钱的规则。具体来说,定金给付后,给付金钱的当事人不履行合同债务则丧失该笔金钱,无权请求对方返还;接受金钱的当事人不履行合同债务则向对方当事人返还双倍的金钱。由此可见,如果不履行合同债务,不论是哪方当事人,都会损失和定金数额相同的金钱;通过这样的惩罚,就会给合同双方当事人一定的威慑,从而保障合同的顺利履行。

4. 定金的当事人是主合同的当事人

定金这种法律关系发生在主合同当事人之间,是合同一方当事人向对方当事人给付一定数额的金钱,它不会涉及第三人。这点正好与保证相反。

二、定金的特征

前文已述,担保具有从属性、补充性和单务性三个特征,定金作为担保的一种,本该像其他担保方式一样也具有这三个特征,而事实并不如此;定金具有从属性,也具有补充性,但是它不具有单务性。定金的目的虽然也是担保主债务的履行,但它担保的不是特定债权人的特定债权,而是合同双方当事人的两个债权,对双方当事人都有担保作用;因此,它具有双向性。前文已述,定金的担保作用是通过定金罚则来实现,定金罚则对双方当事人都适用,而不是单独适用于一方当事人。而保证、抵押、质押、留置都是用来担保特定的债权,对债权人有利,对债务人不利。定金在这点上与其他的担保方式不同。

除此之外,定金还具有以下特点:

---

① 参见高圣平:《担保法论》,法律出版社 2009 年版,第 589 页。

（一）定金合同是实践性合同

定金合同的成立不仅需要合同当事人就定金的相关事宜达成合意，还要定金给付方向对方当事人实际交付定金；如果没有交付定金的，定金合同并不成立。

这点和其他担保方式不同。抵押合同、质押合同都是诺成性合同，担保人和担保物权人意思表示一致担保合同即成立，交付或者登记只是物权公示的需要，与担保合同的效力无关；保证合同也是诺成性合同，仅仅需要当事人的合意。

（二）定金的担保功能较弱[①]

定金和抵押、质押、保证一样是当事人事先约定的担保方式，它和其他约定担保一样对担保人能够起到事先的震慑作用，进而促进合同债务的履行、保障债权的实现。但是，和其他几个担保方式相比，定金的担保功能较弱，这主要体现在它无法保障主债权的完全实现。在担保物价值较大、保证人一般责任财产较多的情况下，其他几个担保方式能够使得主债权完全实现，而定金肯定不能保障主债权的完全实现，它只能保障主债权的部分实现。

之所以出现这样的局面，源于法律对定金数额的限制。《担保法》第91条规定："定金的数额由当事人约定，但不得超过主合同标的额的百分之二十。"如此一来，定金的最高限额就是主合同标的额的20%。所以，一旦合同一方当事人不履行合同义务，对方当事人通过定金能够获得的保障至多是自己债权额的20%，剩下的80%无法寄托于此。

（三）定金担保仅仅具有债的效力

定金发生在合同当事人之间，仅仅对双方当事人具有约束力，不能及于第三人。易言之，定金生效后，仅仅产生债的效力，不具有对世性。

这点与抵押、质押、留置不同。它们三个一旦生效之后，就会产生担保物权，而担保物权则具有对世性，能够对抗第三人。保证不是担保物权，其生效后也只是产生债的效力，这是与定金相同的地方；但是，保证的效力及于保证人的所有一般责任财产，而定金只及于特定的金钱，而非所有的财产。[②]

（四）定金的适用范围较窄

前文已述，定金不具有单务性而是双向性，所以，它只能用来担保合同之债而无法担保无因管理之债、不当得利之债、侵权之债，因为后面三种债权都是单向性的，不是双向的。基于同样的原因，被担保的合同只能是双务合同而不能是

[①] 有学者甚至认为，定金欠缺替代给付的功能、既未扩大责任财产范围又未使责任财产特定化、难以在人的担保和物的担保中进行合理归类，根本就不具有担保机能，不是真正意义上的担保。参见孙鹏、肖厚国：《担保法律制度研究》，法律出版社1998年版，第318—319页。

[②] 参见毛亚敏：《担保法论》，中国法制出版社1997年版，第246页。

单务合同。①

双务合同的客体则不限,既可以是支付金钱、也可以是交付标的物,还可以提供劳务。有学者认为:"主合同受定金担保的债务,应为金钱债务,即支付价款或酬金的债务,给付财物或劳务的债务不适于用定金担保。"②这种观点值得商榷,因为定金的担保功能是通过一定数额的金钱惩罚来实现,与合同标的无涉,不管是买卖合同、租赁合同还是运输合同,只要当事人违约,就要接受定金罚则的惩罚。

三、定金的种类

几乎每一本著述在论及定金时,都会有"定金的种(分)类"这一部分③,并且把定金分为立约定金、证约定金、成约定金、解约定金、违约定金几类;同时认为,立约定金是指当事人为了保障日后订立合同而专门支付的定金,日后不订立合同则适用定金罚则;证约定金是指证明合同已经订立的定金,定金是合同成立的证据;成约定金是指专门作为合同成立要件的定金,定金的交付与否决定了合同能否成立;解约定金是指作为保留合同解除权的定金,日后解除合同时则适用定金罚则;违约定金是指预防当事人违约的定金,如果当事人违约则适用定金罚则。

理论争鸣 定金是否包括立约定金、证约定金、成约定金、解约定金?

本书认为,这种分类在我国应该被摈弃,不论是在学说上还是在实体法上只有一个定金,就是违约定金,即当合同不被履行时适用定金罚则从而担保合同履行的定金。其实《民法通则》第89条和《担保法》第89条的规定非常明确,就是担保债务的履行,定金的功能是唯一的。

至于通说所谓的立约定金、证约定金、成约定金、解约定金,尽管它们和定金有相同之处(即给付金钱的一方在特定情形下不能请求返还,接受金钱的一方在特定情形下要双倍返还),但是它们的功能、作用不同:定金就是对债权起担保作用、促进债的履行,其他所谓的定金根本不具有这个功能,有的只是证明主合同的成立,有的仅仅是为了获得一个单方解除权。需要清楚的是,并非所有适用"给付金钱的一方在特定情形下不能请求返还,接受金钱的一方在特定情形下要双倍返还"规则的金钱都是定金,除了适用上述规则外,还有"担保债的履行"这

---

① 有的学者以借款合同为例,详细论述了定金为什么不能适用于单务合同。其详细论述参见高圣平:《担保法论》,法律出版社2009年版,第600—601页。
② 王家福主编:《民法债权》,法律出版社1991年版,第127页。
③ 从本部分的标题看,本书也不例外,但是,通过下文的分析可以发现本书的"挂羊头卖狗肉",与它们截然相反。

个条件。因此,"定金"这个名词有其特定的含义,通说所谓的立约定金、证约定金、成约定金、解约定金就不能叫这个名称,而应当叫其他,比如押金、保证金等等。①

论者或曰,尽管法律不允许把它们称为定金,但是法律阻止不了当事人作出包含上述罚则的约定;不称为定金而改成押金、保证金,是换汤不换药、自欺欺人。

笔者并不赞同这样观点。与物权法上严格的物权法定不同,债的发生采自由主义,当事人可以任意约定债的内容,只要在法律允许的范围内都能生效。如此一来,当事人自然可以约定"我向你支付一定数额的金钱,该笔钱是日后双方解除合同的条件"或者"为了保证日后我们订立合同,我向你支付一定数额的金钱,日后谁不愿意订立谁就损失相同数额的金钱"之类的内容,就像当事人可以约定"我给你 6600 元,你给我一个 Iphone6"一样。对于这样的约定,法律自然无须事先加以规定,也无须给这样的金钱约定一个名称,当事人爱怎么叫就怎么叫。

基于同样的道理,如果当事人订立一个所谓的定金合同,但标的物不是金钱而是其他动产,由于标的物的不适格,该约定就不是定金合同,不能适用法律有关定金的规定;但其约定本身合法有效,应当产生效力,那就按照他们之间的约定来处理他们之间的法律关系。

如此一来,《担保法司法解释》第 118 条的规定就值得商榷。当事人交付留置金、担保金、保证金、订约金、押金或者订金等但没有约定定金性质的,当事人主张定金权利不会获得法院的支持;根据反面解释,如果他们交付时约定了定金的性质,当事人主张定金权利的就会获得法院的支持。这样处理合适吗?定金就是定金,留置金、担保金等不是定金,也不能通过当事人将其约定为定金性质而就变成定金;如果他们想让交付的金钱是定金,那么他们只能按照法律对设立定金的要求去设立,而不能通过"约定交付的金钱是留置金、担保金等,同时约定其为定金性质"的途径。当然,还有一个途径也能达到同样的法律后果:他们约定交付的金钱是留置金、担保金等,同时约定"交付留置金、担保金等一方在特定情形下丧失该笔留置金、担保金等,接受留置金、担保金等的一方在特定情形下双倍返还该留置金、担保金"。之所以能够达到同样的法律后果,因为该约定并不违法,当事人的意志能够实现,但这不是法律规定的定金效力的体现。

根据本书的界定,定金是什么一目了然,定金的性质也不会有争议了。如果定金的含义特定下来,它与预付款、保证金、押金的区别也就十分清晰,无须多加

---

① 有的甚至不需要创造新名称,如所谓的解约定金其实就是附解除条件的合同。

解释了。① 总之，应当维护定金这个概念的纯洁性，不能随意将其他金钱也称为定金。

例题：甲欲购买乙的汽车。经协商，甲同意3天后签订正式的买卖合同，并先交1000元给乙，乙出具的收条上写明为"收到甲订金1000元"。3天后，甲了解到乙故意隐瞒了该车证照不齐的情况，故拒绝签订合同。下列哪一个说法是正确的？（2003年司法考试第三卷第5题）

A. 甲有权要求乙返还2000元并赔偿在买车过程中受到的损失
B. 甲有权要求乙返还1000元并赔偿在买车过程中受到的损失
C. 甲只能要求乙赔偿在磋商买车过程中受到的损失
D. 甲有权要求乙承担违约责任

解析：本题考点是定金的认定。《担保法司法解释》第118条规定："当事人交付留置金、担保金、保证金、订约金、押金或者订金等，但没有约定定金性质的，当事人主张定金权利的，人民法院不予支持。"本题中，甲乙双方对于1000元约定为订金，并且是为了担保日后签订合同，它不是定金，不适用定金罚则；所以A错误。由于甲拒绝签订合同，买卖合同并未成立，不存在什么违约责任；所以D错误。《合同法》第42条规定："当事人在订立合同过程中有下列情形之一，给对方造成损失的，应当承担损害赔偿责任：（一）假借订立合同，恶意进行磋商；（二）故意隐瞒与订立合同有关的重要事实或者提供虚假情况；（三）有其他违背诚实信用原则的行为。"本题中，乙故意隐瞒了该车证照不齐的情况，他应当向甲承担缔约过失责任；所以B正确。C错误在于甲还有权要求乙返还1000元，因为乙无权保有这1000元。由此可见，本题应当选B。

第二节 定金的设立

定金是一种约定担保而非法定担保，所以，定金的设立需要债权人和债务人通过订立定金合同；此外，还要交付定金。由于货币不可能善意取得，所以，处理当事人通过设立定金之外无法通过定金的善意取得而导致定金的产生。

---

① 而解释与预付款、保证金、押金的区别恰恰是很多著述在论及定金时的"必修课"。有的学者甚至在其著述专门写了"定金的识别"这一部分。参见曹士兵：《中国担保制度与担保方法》，中国法制出版社2015年版，第407—410页；高圣平：《担保法论》，法律出版社2009年版，第595页。有的学者在著述中设专题讨论"如何区分定金与预付款"。参见何志：《担保法疑难问题阐释》，中国法制出版社2011年版，第378—379页。

一、订立定金合同

定金合同由主合同双方当事人达成合意,该合意应当采用书面形式,自不待言。就定金合同的内容来说,以下三点是必备条款。

(一) 被担保的合同

定金是用来保障合同债务的履行的,所以,当事人必须约定清楚定金是用来保障哪个合同的,被担保的合同必须在定金合同中约定。因为定金这种担保具有双向性,只要约定了被担保的合同,自然就知道了被担保的债权。也正是由于定金这种担保具有双向性,当事人也可以约定互为对待给付的债权(务),这样也就知道了被担保的合同。

(二) 定金的数额

定金是一定数额的金钱,这个数额的多少必须由当事人在定金合同中约定清楚;如果这个没有约定,定金合同就无法成立。到底是多少数额的定金,取决于当事人的意思自治;但是,该意思自治是不完全的,它受到了法律的限制。《担保法》第 91 条规定:"定金的数额由当事人约定,但不得超过主合同标的额的百分之二十。"在这个上限的范围内,当事人可以自由约定;如果当事人约定的数额大于合同标的额的 20%,超出部分无效,定金接受人应当返还给定金给付人。

理论争鸣 《担保法》规定 20% 的限额是否妥当?

为什么法律逆合同自由原则,而规定 20% 的限额呢?《担保法》的立法者解释道:"由于定金的数额一般都是由当事人自己约定的,所以,近些年来出现了在合同价款总额中比例过大的情况。有的已达合同标的额的百分之五十以上。由于接受定金的一方没有履行合同,所以,给付定金的一方即要求对方返还双倍的定金,这样给付定金的一方得到了超过合同价款总额的金额,很不合理。定金应起到担保的作用,不同于预付款,无须太高数额。所以,法律中应当对定金的数额作出限制。""规定定金不得超过百分之二十的数额可以起到担保主合同的目的,如果接受定金的一方违约,需双倍返还定金,返还的数额也只有主合同标的额的百分之四十,比较合理。同时,对于防止利用高额定金获取不正当利益起到抑制作用。"[1]《担保法司法解释》的制定者也是这种观点:"当事人约定高额定金,将会使定金的设立变成赌博条款,明显违背了公平原则和诚实信用原则,法律对定金的约定作出限制性的规定很有必要。"[2]

---

[1] 全国人大常委会法制工作委员会民法室编著:《中华人民共和国担保法释义》,法律出版社 1995 年版,第 119 页。

[2] 参见最高人民法院民二庭编著:《担保法新释新解与适用》,新华出版社 2001 年版,第 1213 页。

笔者并不赞同这样的规定。不可否认,立法者的本意是好的,但是这种想法是多余的。在奉意思自治为圭臬的民事领域中,法律对民事主体的意思自治进行限制,必须有足够充分且正当的理由。① 避免定金给付人获利过多明显不是足够充分且正当的理由,因为合同本来就是民事主体获利的工具。② 此外,较大数额的定金的"双倍返还"并不会使得定金给付人获得暴利——"双倍返还"并非"双倍赔偿":定金接受人返还的双倍中有一倍本来就是定金给付人的。更何况,较大数额的定金也并非赌博条款,因为不论是定金给付人还是定金接受人能够通过定金罚则获利取决于对方当事人合同的不履行,而对方当事人按期履行自己的债务是合同当事人的合理预期,它不是赌博条款。

令人不解的是,这样的担心在其他领域并没有体现。比如《消费者权益保护法》第55条规定的三倍赔偿。如果消费者购买的商品价格非常高,那么受到欺诈的消费者就会获得较高的赔偿,法律此时为什么就允许消费者获利过多呢?再如合同中当事人约定的违约金。《合同法》第114条所作的限制是不能过分高于造成的损失,而非不能高于造成的损失;还有,即使过分高于,也只是适当减少。为什么这里法律就不担心违约金条款会变成赌博条款呢?

本书认为,定金不仅具有保障债权实现的功能,同时也一定程度上具有赔偿损失的功能;由于定金不能与违约金同时适用,所以,法律没有必要对其加以限制,以让其更好发挥赔偿损失的功能——与此同时也能加强其督促债务人履行合同的功能——如果非要加以限制,无非就像对待违约金那样,规定"不能过分高于实际造成的损失"类似的内容,以保障公平。

前文已述,定金的担保功能较差,一个重要的原因就是定金的数额远远低于合同的标的额,这是法律限制的结果。如果法律对于定金的数额不加限制,定金的保障债权实现的功能就会大大得以提高。

(三) 定金的给付时间

除了上述两点之外,当事人还应该在定金合同中约定定金的给付时间,即定金给付人应当在何时将定金交付给对方当事人。这也是定金合同的必备要素,就像《担保法》立法者所说的那样:"其中交付定金的期限是定金合同中较重要的内容,因为定金是从实际交付之日起生效,当事人的权利和义务也从交付定金后

---

① 就像王轶教授所言:"在没有足够充分且正当理由的情况下,不得主张限制民事主体的自由。"参见王轶:《民法价值判断问题的实体性论证规则》,载《中国社会科学》2004年第6期。
② 《民法通则》第91条前段规定:"合同一方将合同的权利、义务全部或者部分转让给第三人的,应当取得合同另一方的同意,并不得牟利。"但"不得牟利"的规定不仅与现实生活相悖,也为《合同法》第80、84条所摒弃。

确定，所以，当事人应当在合同中约定交付定金的期限……"①

给付时间是当事人意思自治的范围，法律无须干涉，但是，这个时间不能迟于合同履行时间；因为一旦迟于合同履行时间，其促进合同履行的作用就无从发挥、订立定金合同的意义也就丧失。

以上三点是定金合同必须具备的内容，如果缺少任何一个，定金合同就无法成立。此外，有的学者还认为当事人应当在定金合同中明确约定适用定金罚则②，有的学者甚至认为当事人应当在定金合同中明确约定定金的性质③。本书认为，只要确定了定金的唯一性，那么定金的性质就无须约定；只要当事人订立的是定金合同，适用定金罚则也是理所当然的结果，也无须当事人约定。

如果当事人交付留置金、担保金、保证金、订约金、押金或者订金等，约定为定金性质的，根据本书的观点，自然不能获得人民法院的支持；因为定金就是定金，与留置金、担保金、保证金等不同。但是，如果当事人交付留置金、担保金、保证金、订约金、押金或者订金等并且约定适用定金罚则的，如前所述，该约定没有违反法律规定自然有效，日后条件成就的给付定金人就丧失该笔留置金、担保金、保证金、订约金、押金，接受定金人就双倍返还该笔留置金、担保金、保证金、订约金、押金。

二、交付定金

定金合同不仅是要式合同，而且还是要物合同；这就意味着定金合同的成立不仅要采用书面形式，还要实际交付定金，定金给付人要把该笔金钱的占有让渡给定金接受人才行。关于定金的交付，以下几个问题值得注意。

（一）交付的方式

定金的交付，和其他动产的交付一样，是指定金给付人将自己对定金的占有移转至定金接受人处。众所周知，交付不仅包括现实交付，还包括观念交付，那么，定金能否适用观念交付？

本书认为：第一，定金不能适用占有改定。因为它根本就没有实际的交付，定金的督促和担保作用就无从发挥。④ 第二，定金不能适用简易交付。由于货币的"占有即所有"特点，在简易交付前后，定金的所有权并无变化、都为定金接受人所有，交付并没有起到任何意义。第三，定金可以适用指示交付。因为指示

---

① 全国人大常委会法制工作委员会民法室编著：《中华人民共和国担保法释义》，法律出版社1995年版，第118页。
② 参见郭明瑞：《担保法》，法律出版社2010年版，第278页；高圣平：《担保法论》，法律出版社2009年版，第602页。
③ 参见毛亚敏：《担保法论》，中国法制出版社1997年版，第251页。
④ 这和质押有些类似，定金也具有督促的作用。

交付有实际的交付,尽管不是定金给付人的实际交付,但该交付后承担不利益的是定金给付人,与现实交付并无差别。

(二)定金的未交付

如果定金给付人没有按照定金合同的约定向对方当事人交付定金,会产生什么样的法律后果?

由于定金合同是实践性合同,在定金未交付的情况下,定金合同不能成立;由于它未成立,定金给付人的未交付行为并不违约,也不需要向对方当事人承担违约责任。《担保法》第90条后段"定金合同从实际交付定金之日起生效"的规定却把交付认定为定金合同的生效要件,有违实践性合同的性质,不足为采。①

例题:甲、乙约定:甲将100吨汽油卖给乙,合同签订后三天交货,交货后十天内付货款。还约定,合同签订后乙应向甲支付十万元定金,合同在支付定金时生效。合同订立后,乙未交付定金,甲按期向乙交付了货物,乙到期未付款。对此,下列哪一表述是正确的?(2010年司法考试第三卷第14题)

A. 甲可请求乙支付定金
B. 乙未支付定金不影响买卖合同的效力
C. 甲交付汽油使得定金合同生效
D. 甲无权请求乙支付价款

解析:本题考点是定金的未交付。《担保法司法解释》第116条规定,当事人约定以交付定金作为主合同成立或者生效要件的,给付定金的一方未支付定金,但主合同已经履行或已经履行主要部分的,不影响主合同的成立或者生效。本题中,甲按期向乙交付了货物,主合同已经履行,主合同已经生效;所以B正确D错误。《担保法》第90条后段规定:"定金合同从实际交付定金之日起生效。"本题中,乙未交付定金,定金合同并未成立,乙没有交付定金的义务,甲无权请求乙支付定金;所以A、C错误。由此可见,本题应当选B。

由于定金合同未成立,它对双方当事人不具有约束力,自然也就不可能具有强制执行力。理论上定金接受人可以要求定金给付人交付定金,在遭到拒绝后甚至可以起诉至人民法院请求强制执行②,但是其请求并不会得到人民法院的支持。

---

① 有的学者从正反两个角度论证定金的交付只是定金合同的成立要件而非生效要件,其论证有力,值得阅读。参见郭明瑞、房绍坤、张平华编著:《担保法》,中国人民大学出版社2014年版,第191—192页。

② 这是当事人诉权的一个体现。

理论争鸣 定金给付人未交付定金的是否向对方当事人承担缔约过失责任?

作为定金合同的"违约方"[①],定金给付人不向对方当事人承担违约责任,他是否向对方当事人承担缔约过失责任呢?《担保法》《担保法司法解释》都没有规定,不过《担保法司法解释》的制定者认为:"当事人约定了定金但未交付定金的,由于定金合同的履行与否并不影响主合同的效力,而定金合同本身并不存在信赖上利益,所以当事人双方均不因定金合同的不生效而承担缔约过失责任。"[②] 笔者对此不敢苟同。定金合同的双方当事人之所以要订立定金合同,目的就是为了促进主合同的顺利履行从而保障彼此的权利;因此,虽然定金合同的履行与否并不影响主合同的效力,但会影响到主合同的履行,进而影响当事人的利益。法律不能对此视而不见,应该提供救济,定金给付人应当向对方当事人承担缔约过失责任。

还有,定金的未交付可能会给定金接受人造成损失。就像有的学者指出的那样,定金接受人的损失不仅包括定金合同的缔约成本,还包括主合同未履行时的担保利益。[③] 这些损失都是由于定金给付人未按照约定交付定金而造成的,他有过错,所以,他应当向对方当事人承担缔约过失责任。

更何况,每个民事主体在作出意思表示之后都要受其约束,否则就违背了诚实信用原则。定金给付人与对方当事人协商向对方交付一定的定金,他要受该意思表示的约束,而定金的未交付则表明其违反了该意思表示,自然应当承担不利益。

(三) 定金的早交或晚交

如果定金给付人没有按照约定的时间交付定金,而是晚交或者早交,那又会产生什么样的法律后果呢?

笔者认为这要区别对待。在定金早交或者晚交的情况下,如果定金接受人接受了定金的交付,那视为双方当事人变更了交付时间,定金合同自然就因定金的交付而成立。

如果定金接受人不接受定金给付人晚交的定金,那么定金合同就会因为没

[①] 由于定金合同并未成立,该合同对定金给付人没有约束力,定金给付人未按照事先约定给付定金也非违约行为;所以,本书对此加了引号。

[②] 李国光等:《〈关于适用《中华人民共和国担保法》若干问题的解释〉理解与适用》,吉林人民出版社 2000 年版,第 406 页。

[③] 参见叶金强:《担保法原理》,科学出版社 2002 年版,第 265 页。

有合格的定金交付而不成立;这是由于定金给付人的过错行为而致,他应当向对方当事人承担缔约过失责任。

如果定金接受人不接受定金给付人早交的定金,那么定金给付人就应当等待到约定的期限届满再交付。

(四)定金的少交

如果定金给付人没有按照约定的数额交付定金,而是在约定的基础上少交定金,又会产生什么样的法律后果呢?

这同样也要视定金接受人的态度而定:如果定金接受人对定金数额的减少并无意见而欣然接受的,那就视为双方当事人变更定金合同的数额,定金合同因定金的交付而成立。如果定金接受人对数额的减少有异议而不接受该定金的,定金合同自然就因为没有合格的定金交付而不成立,定金给付人应当向对方承担缔约过失责任。关于这点,《担保法司法解释》第119条作出了规定。①

例题:甲向乙订购15万元货物,双方约定:"乙收到甲的5万元定金后,即应交付全部货物。"合同订立后,乙在约定时间内只收到甲的2万元定金。下列说法哪一个是正确的?(2004年司法考试第三卷第8题)

A. 实际交付的定金少于约定数额的,视为定金合同不成立
B. 实际交付的定金少于约定数额的,视为定金合同不生效
C. 实际交付的定金少于约定数额的,视为定金合同的变更
D. 当事人约定的定金数额超过合同标的额20%,定金合同无效

解析:本题考点是定金的少交付。《担保法司法解释》第121条规定:"当事人约定的定金数额超过主合同标的额百分之二十的,超过的部分,人民法院不予支持。"所以D错误。《担保法司法解释》第119条前段规定:"实际交付的定金数额多于或者少于约定数额,视为变更定金合同;"所以A、B错误C正确。由此可见,本题应当选C。

理论上还会出现这种情况:定金接受人在接受定金的同时要求对方补交少交的部分。和不交付的情形一样,理论上定金接受人享有这个权利,同时定金给付人也有权拒绝;如果定金接受人诉至人民法院请求强制补交,该请求不会获得人民法院的支持。

(五)定金的多交

如果定金给付人没有按照约定的数额交付定金,而是在约定的基础上多交

---

① 《担保法司法解释》的制定者还提及了"当事人既接受不足额的定金,又提出异议"的第三种情形。参见李国光等:《〈关于适用《中华人民共和国担保法》若干问题的解释〉理解与适用》,吉林人民出版社2000年版,第405页。笔者认为这种情形不会存在,既然接受那就意味着没有异议,如果有异议就不该接受;接受后的异议不能被认可,为没有异议。

定金,那又会产生什么样的法律后果呢？根据《担保法司法解释》第119条的规定,由于实际交付的数额与事先的约定的数额不符,定金接受人可以提出异议并拒绝接受,定金合同不生效。

笔者对此不敢苟同。尽管实际交付的定金数额和事先约定的定金数额不同,表面上看定金给付人违反了定金合同的约定,定金接受人似乎有权拒绝接受;实际上并非如此,因为多交定金并没有损害定金接受人的利益。所以,对于约定范围内的定金,定金接受人不能拒绝,应当接受;其拒绝接受将导致定金合同的不成立,有过错的定金接受人应当向定金给付人承担缔约过失责任。对于超出部分,有可能损害其利益,他有权表示异议进而拒绝接受;如果定金接受人对于超出部分没有拒绝而是也予以接受的话,那就是双方当事人变更定金合同的数额,定金合同因定金的交付而成立。但是,此时要看实际交付的定金数额是否超出合同标的额的20％;如果超出,超出部分无效,定金接受人应当返还给定金给付人。

第三节 定金的效力

定金合同成立生效后,定金合同发生效力,其效力主要体现为定金罚则的适用。此外,定金成立后,可能会与其他担保方式发生竞合,也可能与其他违约责任形式发生竞合。

一、定金罚则的适用

主合同的双方当事人都按照合同的约定履行自己的债务,根据《担保法》第89条,定金应当返还或者抵作价款。本书认为,在合同顺利履行的情况下,即使合同中定金给付人向对方有付款义务,该义务也已经履行完毕,此时并无价款可冲抵;所以,定金应当返还。

该情形下定金罚则并未适用,定金的作用其实并未真正体现出来,它只有在当事人不履行合同义务的情况下才会真正体现。当事人不履行合同义务即违约,它包括一方当事人违约和双方当事人都违约的情形,这两种情形下定金的效力或定金罚则的适用有所区别,应当分别讨论。

（一）一方当事人违约

一方当事人违约包括一方当事人不履行合同、不适当履行合同、部分履行合同三种情形,每种情形下定金罚则的适用都不相同。

1. 一方当事人不履行合同

一方当事人履行合同的债务而另一方当事人不履行的,后者违约,这时应当适用定金罚则来惩罚违约方;如果违约方是定金给付人,他就丧失该笔定金,他无权向对方当事人主张返还;如果是定金接受人违约,他就要向定金给付人双倍返还定金。

这里的不履行包括拒绝履行和履行不能,两种情形下债务人根本没有履行自己的债务。并且,债务人对于自己的根本违约行为有无过错,在所不问①;即使是因为第三人的过错行为致使主合同不能履行的,仍然适用定金罚则。《担保法司法解释》第122条后段对此作出了规定,这与《合同法》中违约责任的无过错责任原则也是一致的。

当然,债务人的不履行导致定金罚则的适用,也有例外,那就是《担保法司法解释》第122条前段规定的"不可抗力、意外事件"。如果当事人的不履行是由不可抗力或者意外事件所造成的,定金罚则就不能适用;因为不论是不可抗力还是意外事件,它们都超出了当事人的预期,也无法为当事人所控制;更何况,在违约责任的承担上,这两种情形都要免除违约方的违约责任,在定金罚则的适用上自然也应当如此。②

2. 一方当事人不适当履行合同

不适当履行包括质的不适当、量的不适当、履行方法的不适当、履行地点的不适当、履行时间的不适当等。在这些不适当履行中,量的不适当比较特殊,接下来专门论述,此处仅仅论述其他的不适当履行。

一方当事人不适当履行合同是否适用定金罚则?对此有两种相反的观点。一种观点认为光有当事人的违约行为还不行,还有程度上的要求:该违约行为导致对方合同目的落空。易言之,该种观点认为只有严重的违约行为才适用定金罚则。《担保法司法解释》第120条第1款就是这种观点的体现。③ 另一种观点认为:"定金具有双向担保的作用,根本目的不在于惩罚违约行为,而在于担保或者督促合同当事人依照诚实信用的原则履行合同义务;当事人的任何违约行为,均构成对设定定金担保目的之违反。在这个意义上,定金担保没有必要和严重违约行为挂钩。"④本书认为,当事人订立合同的目的就是希望其顺利实现,定金只是一个辅助其实现的工具;如果对方当事人履行后自己订立合同的目的已经实现,尽管对方当事人的履行有瑕疵、在某些方面并不符合合同的约定,但这种瑕疵无关紧要,自己订立合同的预期已经达到、自己设定定金合同的目的也已经

---

① 但也有学者认为实行的是过错责任原则。参见郭明瑞、房绍坤、张平华编著:《担保法》,中国人民大学出版社2014年版,第199页。

② 与之形成对比的是第三人过错。第三人过错在违约责任的承担上不是免责事由,在定金罚则的适用上也不是。《担保法司法解释》第122条后段规定:"因合同关系以外第三人的过错,致使主合同不能履行的,适用定金罚则。受定金处罚的一方当事人,可以依法向第三人追偿。"

③ 其理由参见李国光等:《〈关于适用《中华人民共和国担保法》若干问题的解释〉理解与适用》,吉林人民出版社2000年版,第408—409页。

④ 邹海林、常敏:《债权担保的理论与实务》,社会科学文献出版社2005年版,第390页。

实现,此时就没必要适用定金罚则;所以,本书赞同第一种观点。

3. 一方当事人部分履行合同

如果当事人部分履行合同的,也适用定金罚则,但是该定金罚则的适用比较特殊,应当按照未履行部分占合同约定内容的比例适用定金罚则。《担保法司法解释》第120条第2款对此作出了规定。

之所以按照合同未履行的比率来适用,是因为部分履行合同仅实现了对方当事人的部分利益,剩余部分的预期利益落空,此时如果不适用定金罚则,对对方当事人明显不公平;但此时如果按照全部的数额来适用定金罚则,对债务人又不公平,特别是已经履行了70%、80%的情况下,全部适用明显不公平。[1] 所以,如此规定"目的是平衡当事人之间的利益,尽可能实现当事人之间的公平"[2]。

其实,《农副产品购销合同条例》第17条第6项[3]和第18条第6项[4]、最高人民法院《关于在审理经济合同纠纷案件中具体适用经济合同法的若干问题的解答》第8条第3项[5]已经作过类似的规定,《担保法司法解释》第120条第2款有一定的历史渊源。

如果合同本身没有标的额,不能区分比例的,则无法适用《担保法司法解释》第120条第2款的按比例适用方法。

(二) 双方当事人都违约

合同的双方当事人都不按照合同约定履行债务,构成双方违约;而在双方违约中至少存在以下五种情况:双方当事人都不履行、双方当事人都部分履行、双方当事人都瑕疵履行、一方当事人部分履行一方当事人不履行、一方当事人瑕疵履行一方当事人不履行,每种情形下定金罚则的适用都不相同。

1. 双方当事人都不履行

此时应当适用定金罚则,并且是对双方当事人都适用。原因很简单,对于定金给付人来说,他违约了,就应该受到定金罚则的惩罚,失去该定金;对于定金接受人来说,他违约了,也应该受到定金罚则的惩罚,双倍返还该定金——当然,适用的结果和不适用是相同的,双方受到同样的惩罚等于双方都没有受到惩罚。

---

[1] 参见孙鹏、肖厚国:《担保法律制度研究》,法律出版社1998年版,第335页。
[2] 李国光等:《〈关于适用《中华人民共和国担保法》若干问题的解释〉理解与适用》,吉林人民出版社2000年版,第410页。
[3] 该项规定:"不履行或不完全履行预购合同的,应加倍偿还不履行部分的预付定金。"
[4] 该项规定:"不履行或不完全履行预购合同的,无权收回未履行部分的预付定金。"
[5] 该项规定:"关于不完全履行合同是否适用定金罚则的问题。《农副产品购销合同条例》第十七条第六款和第十八条第六款规定,供方不完全履行预购合同的,应加倍偿还不履行部分的预付定金;需方不完全履行预购合同的,无权收回未履行部分的预付定金。其他允许给付定金的各类经济合同不完全履行的,也可以照此办理。"

2. 双方当事人都部分履行

对于其中一个当事人来说,由于他是部分履行,自然要适用《担保法司法解释》第 120 条第 2 款,按照未履行部分所占合同约定内容的比例来适用定金罚则。对方当事人也违约了,也按照未履行部分所占合同约定内容的比例来适用定金罚则。

3. 双方当事人都不适当履行

此时双方当事人都违约了,是否适用定金罚则就要看他们的不适当履行是否构成根本违约。如果双方的不适当履行都是细微的瑕疵,都没有构成根本违约,就都不适用定金罚则。如果双方的瑕疵都是重大瑕疵,都导致对方当事人合同目的不能实现,此时定金罚则对两个当事人都适用、他们都应该接受定金罚则的惩罚。如果一方当事人的瑕疵是细微而对方的瑕疵是重大的,则仅仅对重大瑕疵履行当事人适用定金罚则。

4. 一方部分履行一方不履行

对于不履行的一方当事人应当适用定金罚则,自不待言。对于部分履行的一方当事人,则按照未履行部分所占合同约定内容的比例来适用定金罚则。

5. 一方瑕疵履行一方不履行

对于不履行的一方当事人应当适用定金罚则,自不待言。对于瑕疵履行的一方当事人,就要看其瑕疵履行是否构成根本违约:如果瑕疵是细微的、不构成根本违约,不适用定金罚则;如果瑕疵是重大瑕疵、构成根本违约,则适用定金罚则。

二、定金与其他担保方式竞合的处理

由于定金与保证、抵押、质押、留置等担保方式的功能有些区别,在同一合同中,当事人在设定定金后还可能再订立保证、抵押、质押,也可以在订立保证、抵押、质押后再设定定金,还可能在设定定金后发生留置。这就意味着定金可能与保证、抵押、质押、留置等担保方式出现竞合。定金与其他担保方式发生竞合的,有两个问题值得注意:一是它们适用的先后顺序,二是债权通过其他担保方式完全实现后定金的适用。

(一) 适用的先后顺序

当定金与其他担保方式竞合时,如果定金给付人根本违约而定金接受人届期履行债务时,定金罚则就能适用,其他担保也可能因为条件的成就而实现。此时,到底是先适用定金罚则还是先实现其他担保方式?

本书认为,此时类似于人保与物保的竞合,就要看其他担保方式的担保人是谁:如果其他担保方式的担保人是定金合同之外的第三人,那么就先实现定金,然后再实现其他担保方式;如果其他担保方式的担保人也是定金给付人,那么,定金接受人就有选择权，他有权决定先实现定金还是先实现其他担保方式。如此处理的理由详见本书第八章第三节第一部分。

（二）债权完全实现后定金罚则的适用

在定金与其他担保方式竞合的情况下，定金给付人届期没有履行债务而定金接受人届期履行债务，如果定金接受人的债权已经通过其他担保方式而获得完全实现，定金罚则还适用吗？

学界对此有两种观点，一种认为债权通过其他担保方式而完全实现的，可以视为债务人履行债务，不应该再适用定金罚则，债权人应当将定金返还给债务人。[①] 另一种观点认为，担保人的履行具有消灭主债务的作用，而定金担保与其他担保不同，是以定金罚则的威慑力来确保债务的履行，所以，定金接受人除取得定金担保利益外，还可以依法行使其他担保权。[②]

本书认为，造成上述两种观点对立的原因在于对定金制裁功能的不同态度：如果认可定金的制裁功能，定金和其他担保方式都可以实现；如果不认可定金的制裁功能，在债权已经通过其他担保方式而获得完全实现的情况下，定金罚则就不能适用。在奉行同质救济[③]的民法领域，赔偿主要是为了弥补受害人的损失，惩罚行为人只是一种例外；不可否认，定金有惩罚的色彩，但其惩罚、制裁功能非常弱。因此，本书赞同第一种观点。

更何况，尽管定金与其他担保方式的作用不同，但不管是督促当事人履行还是替代履行，设定担保的目的都是使定金接受人得到预期利益、其合理预期被破坏后仍然能够得到补救。定金接受人的合理预期是什么？是自己得到合同的履行利益，而不是更多。所以，无须再适用定金罚则。

三、定金与其他违约责任形式竞合的处理

合同一方当事人没有履行合同约定的义务[④]，他自然应当向对方当事人承担违约责任；如果他们之间存在定金合同，此时定金合同也将发挥效力。如此一来，定金就可能与其他违约形式竞合。由于不同的违约责任形式给当事人造成的影响不同，定金与它们竞合的后果也不相同。

需要说明的是，很多学者都认为，因为定金的性质不同，不能简单得出定金能否与其他违约责任形式同时适用的结论。而本书中的定金有特定的含义，与

---

① 参见叶金强：《担保法原理》，科学出版社2002年版，第268页。
② 参见邹海林、常敏：《债权担保的理论与实务》，社会科学文献出版社2005年版，第393页；参见高圣平：《担保法论》，法律出版社2009年版，第615—616页。
③ 同质救济是民事赔偿中普遍适用的一项原则，它是指权利人在行使救济请求权时，请求的数额以自己遭受的实际损失为限，自己损失多少对方赔多少，而不能从中获取超损失的利益来制裁或惩罚对方当事人。
④ 为了论述上的便宜，本书省略了双方都违约时的情形。

他们笔下的违约定金相同,自然能够得出上述结论。

（一）定金与违约金

定金与违约金竞合的,二者能否都适用？对此理论界有两种观点：一是"否定说",认为不能同时适用；二是"肯定说",认为可以同时适用。① 对于这个问题,《合同法》第116条明确作出了规定："当事人既约定违约金,又约定定金的,一方违约时,对方可以选择适用违约金或者定金条款。"那就意味着违约金和定金不能同时适用,在一方当事人违约时,对方当事人可以选择适用违约金条款或者定金条款,但不可以既请求支付违约金又请求适用定金罚则。

面对《合同法》第116条的规定,有的"否定说"学者又说该规定属任意性规范而非强制性规范,当事人可以在合同中对违约金和定金并用的问题作出约定,从而改变上述规定；如果当事人在合同中明确规定定金和违约金可以并用,只要数额不是太高,也是有效的。② 巧合的是,有的"肯定说"学者也表达了同样的意思,"在定金与违约金并用时,从社会观念、公平和诚实信用原则的角度予以考虑,对于违约的合同当事人似有不公,甚至二者的金额之和会远远超出合同当事人的预期；因此,有必要对定金和违约金的适用作出限制"。③

由此可见,其实在上述学者的眼中,非违约当事人获得过多赔偿并不妥当,对于违约当事人也不公平。这表明他们也赞同民法的同质救济理念、定金的惩罚功能较弱。

如此一来,在定金数额小于违约金数额情况下,违约金足以胜任对非违约当事人进行救济、对违约当事人进行惩罚的任务,定金自然就无存在的必要。在定金数额大于违约金数额情况下,选择适用定金罚则更有利于非违约当事人,这时自然应当允许当事人选择适用定金罚则。但无论如何,二者只能择一而不能同时适用。

（二）定金与继续履行

从定金合同的角度,合同一方当事人根本违约的,可以适用定金罚则。从违约责任的角度,如果根本违约是拒绝履行,非违约当事人有权要求继续履行合同债务。如果非违约当事人提出继续履行的请求,合同债务即将得到履行,合同的履行情况即将会由"没履行"变为"已履行",定金罚则的适用条件就不再具备,所以,在非违约当事人提出继续履行的请求后他就不能够再要求适用定金罚则。如果非违约当事人要求适用定金罚则,那么就意味着他接受了合同目的不能实现的事实,也就放弃了要求对方当事人继续履行合同债务的权利,免除了债务人

---

① 参见高圣平：《担保法论》,法律出版社2009年版,第616页；何志：《担保法疑难问题阐释》,中国法制出版社2011年版,第384页。
② 参见吴庆宝主编：《物权担保裁判原理与实务》,人民法院出版社2007年版,第612页。
③ 邹海林、常敏：《债权担保的理论与实务》,社会科学文献出版社2005年版,第394—395页。

继续履行的责任。由此可见,继续履行的结果与定金罚则的适用条件互相冲突,适用定金罚则的要求与继续履行的要求相互冲突;所以,二者不能同时适用,只能择一适用。

(三)定金与赔偿损失

至于定金与赔偿损失的关系,则看非违约当事人所受损失的大小:如果所受损失低于定金的,适用定金罚则就能完全救济非违约当事人的利益,此时非违约当事人就不能再主张赔偿损失,定金与赔偿损失不能同时适用。如果所受损失高于定金的,适用定金罚则并不能完全填补非违约当事人的损失,他还可以再向违约当事人主张赔偿损失[①],此时定金与赔偿损失可以同时适用。《合同法》第112条[②]的规定隐含着这样的意思。[③] 当然,同时适用的总额不能超过非违约当事人的实际损失。

思 考 题

1. 不要立约定金、证约定金、成约定金等会带来哪些弊端?
2. 定金合同为实践性合同的合理性与不合理性分别是什么?
3. 定金罚则有无待完善之处?

延 伸 阅 读

1. 黎乃忠:《定金契约要物性的批判与重塑》,载《现代法学》2015年第3期。
2. 车辉:《对适用定金罚则的几点思考》,载《河北法学》2000年第5期。
3. 姚明斌:《论定金与违约金的适用关系——以〈合同法〉第116条的实务疑点为中心》,载《法学》2015年第10期。

[①] 当然,法院只能支持剩余部分而非全部损失。
[②] 该条规定:"当事人一方不履行合同义务或者履行合同义务不符合约定的,在履行义务或者采取补救措施后,对方还有其他损失的,应当赔偿损失。"有学者基于该条的规定,认为二者在适用上有顺序:先定金罚则后赔偿损失。参见高圣平:《担保法论》,法律出版社2009年版,第618—619页。
[③] 参见郭明瑞、房绍坤、张平华编著:《担保法》,中国人民大学出版社2014年版,第201页。

第八章　担保法尾论

> **本章导读**
>
> 在我国,非典型担保是指让与担保和所有权保留,它们与典型担保存有较大差异。反担保是为了保障本担保中担保人对主债务人追偿权的完全实现,其他方面与普通担保并无本质区别;反担保的适用范围较窄,只适用本担保为约定担保并且担保人为第三人的情形。混合共同担保为物保与人保的竞合,二者的责任顺序影响到一个担保人承担担保责任后能否向其他担保人追偿,对物保放弃后的人保责任没有影响。
>
> 本章的重点内容包括:让与担保的设立,所有权保留的设立,买受人的期待权与出卖人的取回权,反担保的特征,混合共同担保的责任顺序。

前面七章已经完成了对担保法的完整介绍,本书应当结束。但笔者同时认为,非典型担保、反担保、混合共同担保三个担保问题也比较重要,应当在本书中加以介绍。大部分学者将这些内容置于"担保法总论"一章,笔者并不赞同这种安排:只有了解典型担保,才能了解非典型担保;连本担保是怎么回事都不清楚,就无法清楚反担保;在还未掌握人保与物保的相关内容下就讲二者的竞合,明显不妥。所以,本书不在"担保法总论"一章提及这几个问题,而是在本书最后单设一章予以论述。本章是本书的最后一章,就像一个尾巴,于是称之为"尾论"。

第一节　非典型担保

债权担保,根据法律是否对其作出明确规定,可以分为典型担保与非典型担保。典型担保是指社会经济生活中比较常见、法律已经作出明确规定的担保方式。在我国,保证、抵押、质押、留置和定金属于典型担保。非典型担保是指法律没有明确规定,而是从实践中发展出来,尔后逐渐为学说或判例承认的担保方式。在我国,让与担保、所有权保留这两种担保方式为非典型担保。

一、让与担保

(一)让与担保概述

1. 让与担保的含义

让与担保是指为了保障债权的完全实现,债务人或第三人将自己可处分的财产权利移转给债权人作为担保,履行期限届满债权未获完全清偿,债权人就该权利变价所得价款优先受偿的担保方式。其中,债务人或第三人被称为担保设定人,债权人被称为担保权人。

由该定义我们可以发现:

(1) 让与担保的目的在于保障债权的完全实现

让与担保作为一种非典型担保,其目的和典型担保一样,都是为了保障债权的完全实现,而不是其他;既然如此,让与担保也就具有从属性。所以:第一,让与担保以主债权的存在为前提。如果主债权不成立、无效、被撤销等,让与担保也不发生效力。第二,主债权发生变化,让与担保也随之发生变化。第三,履行期限届满债权获得完全清偿的,让与担保就无须实现,债权人应当将通过让与担保获得的权利归还给让与担保人。

(2) 让与担保是一种权利移转型担保

与抵押、质押等设权型担保①不同,在让与担保中,担保设定人将标的物的所有权或其他权利(比如股权、债权、知识产权)移转给担保权人,通过移转所有权或者其他权利来担保自己债务的履行。所以,担保权人就成为标的物的所有权人或其他权利人,尽管其所有权或者其他权利受到很大程度的限制,但表面上他就是标的物的所有权人或其他权利人。让与担保设定后,权利主体从担保设定人变为担保权人,由此可见,让与担保是一种权利移转型担保。

(3) 让与担保中被移转的权利主要是所有权

让与担保主要是通过移转权利来为债权人设定担保,被移转的权利通常是所有权,其他可流通的财产权利(比如股权、债权、知识产权)也行。在现实社会经济生活中,使用最为广泛的还是所有权;所以,本书也就以所有权为模型进行论述。

(4) 担保权人获得的权利受到限制

尽管担保权人通过让与担保获得了标的物的所有权,但是这种权利获得仅仅以担保为目的,与普通的所有权不同:担保权人不能支配标的物,其处分权受到限制;更何况,履行期限届满债权未获完全清偿的,与典型担保一样,担保权人还是要靠实现让与担保这个途径才能保护自己的利益。

(5) 让与担保权具有优先受偿性

让与担保中表面上担保权人获得了所有权,其实他想获得这样一种担保物权:既能够满足自己的融资且不暴露经济状态的渴求,又能够回避典型担保物权

---

① 设权型担保是在标的物上设立具有担保作用的定限物权为构造形态的担保。担保设立后并不发生所有权移转于担保物权人的法律后果,而仅仅是让担保物权人获得担保物权、获得对担保物交换价值的支配,同时也构成了对担保物所有权人行使所有权的一种限制。

设立上所需的公示及实现上的强制程序。① 由于物权法定,担保权人通过让与担保取得的担保权并非物权,他由此取得担保物的所有权才是物权。毫无疑问,他取得的所有权只是手段而非目的,其目的是为了保障主债权的完全实现,即通过拥有所有权来控制其价值进而保障债务的履行。所以,当履行期限届满债权未获完全清偿时,担保权人并非成为真正的所有权人,而是基于自己的所有权人地位就变价所得价款有权优先受偿。

2. 让与担保的历史发展

让与担保为物的担保的早期形态。有学者指出:"而考诸担保物权之发展,其轨迹应是自移转标的物所有权为担保,演变至仅移转标的物之占有,但不移转所有权为担保之占有质,再进化为担保物所有权与占有均不移转,而仅取得具有担保作用之权利为担保之不占有质。让与担保以移转标的物所有权,实现其担保之经济目的,可见其实为物的担保之最早形态。"②

通说认为让与担保起源于罗马法的信托(Fiducia)。罗马法的信托表现为以提供担保为目的实行所有权移转,习惯上可能主要针对要式物;它包括一项简约,为债务人保留在清偿债务后索回物品的权利。在移转所有权的同时,一般不发生占有的移转,为避免债权人丧失担保,债务人的占有由债权人以临时让与或租赁的名义明确予以认可。③继罗马法之后,后世大陆民法在法典上一般没有规定让与担保,但是在实践中大都均予以认可,并且在当今社会中展现出旺盛的生命力。④

3. 让与担保的利弊分析

让与担保之所以能够在实践中获得认可,主要源于其自身的优势。

第一,能够用来设定让与担保的权利范围较广。如前所述,不仅所有权,股权、债权、知识产权等权利均可以用来设定让与担保,从实务来看,高尔夫会员权、特许权也能够用来设定让与担保。⑤ 如此一来,让与担保的客体范围和典型担保相比就更广泛,有利于债务人的充分融资。

第二,能够通过占有改定进行交付。在让与担保中,担保设定人在移转动产所有权给担保权人时可以采用占有改定的方式;这样担保设定人就能继续占有动产,利用动产的使用价值,避免动产的闲置。

第三,担保权实现上比较灵活。典型担保的实现,程序要求严格(很多时候

---

① 参见王闯:《让与担保法律制度研究》,法律出版社2000年版,第188页。
② 谢在全:《民法物权论》(下册),中国政法大学出版社1999年版,第898—899页。
③ 参见〔意〕彼得罗·彭梵得:《罗马法教科书》,黄风译,中国政法大学出版社1992年版,第341—342页。
④ 关于让与担保在世界主要法治发达国家历史演进的详细介绍,参见王闯:《让与担保法律制度研究》,法律出版社2000年版,第71—132页。
⑤ 参见同上书,第201页。

要到人民法院），成本很高。而让与担保的实现比较灵活，当事人的主动性比较强，这就避免了担保权实现的繁琐、高成本。

任何事情都有两面，让与担保具有巨大优势的同时也隐含着内在的风险和弊端。①

第一，标的物的非直接占有人利益容易受到损害。一般情况下标的物为担保设定人直接占有，担保权人作为所有权人只是间接占有人。如果担保设定人擅自将标的物处分给第三人并且符合善意取得构成要件的，第三人的利益能够稳稳地获得法律保障，担保权人的利益就要受到损害。如果双方当事人约定标的物为担保权人直接占有，担保权人对于标的物并无处分权，如果他擅自处分给第三人并且符合善意取得构成要件的，第三人的利益同样能够稳稳地获得法律保障，担保设定人的利益就要受到损害。由此可见，让与担保中标的物的非直接占有人利益很大程度上要依靠对方当事人的信用，制度保障不足。

第二，让与担保缺乏公示而损害利害关系人的利益。让与担保的设立仅仅是双方当事人之间的约定，并没有公示；如此一来，债务人和债权人的财产范围就不清晰。这点会为当事人利用，他们可以恶意串通侵害债务人或债权人的普通债权人的利益。比如甲欠乙30万、欠丙32万，乙、丙都是普通债权人，而甲仅有价值30万的设备可供债权清偿之用；甲与乙串通起来签订以其设备为乙债权设定让与担保的合同，将该设备的所有权移转给乙，并且将合同签订时间提前。② 丙要证明甲乙恶意串通非常困难，甲乙的阴谋很容易得逞，丙的利益就遭受损害。

第三，对作为弱者的债务人不公平。和流质契约一样，在发生债权债务关系时，债权人处于事实上的强势地位、债务人往往处于经济困难迫切需要资金的弱势地位。债权人往往利用债务人的这种困难境地迫使债务人作出让与担保的约定，通常情况下被让与的担保物价值大大超过债权额；这样就损害了债务人的利益，也与公平原则、诚实信用原则相悖。

也许正是因为上述几个弊端，让与担保一直没有为立法所认可，只是非典型担保。

（二）让与担保的设立

让与担保通常是以让与担保设定行为而取得，同时它还可以因继承、法人合

---

① 其实自从它产生以来，学界对它就提出了各种批评意见，参见王闯：《让与担保法律制度研究》，法律出版社2000年版，第2页。

② 参见叶金强：《担保法原理》，科学出版社2002年版，第279页。

并、善意取得①等方式取得。让与担保设定行为是其中最主要的方式,本书仅仅介绍这种方式。

设定让与担保,毫无疑问需要担保设定人与担保权人订立让与担保合同。担保设定人可以是债务人自己,也可以是第三人。让与担保合同应当采用书面形式。

让与担保的客体是用来设定让与担保的权利,很多学者将其称为担保物。本书认为这种称呼并不妥当,在让与担保中被用来设定担保的不是物而是权利,这个权利既包括所有权,也包括债权、股权、知识产权等其他财产权利。如果是所有权的话,称为担保物倒还可以,在债权、股权、知识产权中根本无物。

让与担保合同的内容一般包括被担保的主债权、主债务履行期限、用来担保的权利、用来担保的权利移转的方式及时间。此外,通常情况下担保设定人会占有该动产,为了让该占有具有正当性,双方当事人往往会在让与担保合同之外订立租赁合同、借用合同。从某种意义上也可以说,该合同是让与担保合同的组成部分。

让与担保合同订立后,担保设定人应当将自己的财产权利移转给担保权人。以所有权为例。如果是动产所有权,担保设定人应当将动产交付给担保权人(如前所述,往往是通过占有改定的方式);如果是不动产所有权,担保设定人应当办理不动产所有权变更登记,让担保权人成为不动产的登记权利人。

需要强调的是,上述物权变动公示是因为担保设定人与担保权人之间发生所有权物权变动、担保权人取得了标的物的所有权,它并非让与担保本身的物权变动公示。因为让与担保是一种非典型担保,设定让与担保和设定抵押、质押有本质区别,根据物权法定主义,让与担保权并非物权,担保设定人与担保权人之间让与担保设立行为并不发生物权变动,自然也就不需要公示。有学者建议采取以登记为中心的多元化公示模式来解决让与担保欠缺公示的弊端。② 本书认为,此举可能并不合适,作为一种非典型担保,让与担保具有开放性,如果进行公示可能就会阻碍其开放性、抹杀其个性。

---

① 比如,甲以其合法占有乙的动产所有权为丙设定让与担保,如果丙不知道甲非为该动产的所有权人并且信赖了甲对该动产的占有,他就可以通过善意取得制度取得该动产让与担保的担保权。再如甲之不动产错误登记在乙的名下,乙以所有权人的名义,用该不动产为丙设定让与担保并且办理了物权变动登记;若丙善意,他就可以通过善意取得制度取得该不动产让与担保的担保权。参见叶金强:《担保法原理》,科学出版社 2002 年版,第 280 页。

② 参见王闯:《让与担保法律制度研究》,法律出版社 2000 年版,第 6 章;王利明:《动产让与担保若干问题研究》,载郭道晖主编:《岳麓法学评论》(第 3 卷),湖南大学出版社 2002 年年版,第 135—138 页。

(三) 让与担保的效力

1. 担保范围

(1) 被担保的主债权范围

让与担保所担保的主债权范围，由双方当事人在让与担保合同中约定；如果当事人没有约定或者约定不明的，就推定包括主债权、利息、违约金、损害赔偿金、实现让与担保权的费用。

(2) 担保客体的范围

让与担保的客体是权利，所以，让与担保效力所及的担保客体范围只包括用来担保的权利及其从权利。当用来担保的权利为所有权，标的物发生毁损、灭失、添附等所有权消灭情形的，补偿金、赔偿金等代位物的所有权自然也为让与担保效力所及。

2. 对担保权人的效力

毫无疑问，担保设定人和担保权人可以在让与担保合同中约定担保权人的权利义务关系；如果没有约定或者约定不明的，担保权人往往享有如下权利、负担如下义务。

第一，所有权。在让与担保设定前，担保物的所有权归让与担保人；让与担保设定后，通过交付或登记，担保权人取得了该物的所有权。即使该物被担保设定人直接占有，所有权仍然归担保权人。如果担保设定人破产的，担保权人可以取回该物；担保设定人的财产被强制执行时，担保权人可以申请异议取回该物。当第三人侵害该物的，担保权人可以根据基于所有权请求排除妨碍、消除危险、赔偿损失等。

第二，优先受偿权。设定让与担保让担保权人获得所有权，目的是为了保障主债权的完全实现，而该目的的实现主要还是靠优先受偿权，即当履行期限届满债权未获完全实现时，担保权人基于所有权人的地位就标的物变价所得价款有权优先受偿。所以，担保权人享有优先受偿权。

第三，不得使用、处分义务。尽管担保权人为担保物的所有权人，但是他的所有权不是一般的所有权，仅仅为担保主债权而存在；从某种意义上说，担保权人取得的所有权是一种空虚所有权。如果他以所有权人的身份使用、处分该物的，那就超过了取得所有权的目的，是不允许的。所以，他负有不得使用、处分该物的义务。

第四，返还义务。担保权人取得担保物所有权的目的是为了担保主债权，所以，当履行期限届满债权获得完全清偿时，担保权人的所有权就失去了存在的基础，此时他应当将所有权返还给担保设定人。

3. 对让与担保人的效力

双方当事人可以在让与担保合同中约定让与担保人的权利义务，如果没有

约定或者约定不明的,让与担保人往往享有如下权利、负担如下义务:

第一,标的物占有、使用、收益权。让与担保设定后,尽管担保设定人丧失了对标的物的所有权,但他通过占有改定的方式向担保权人交付动产,他仍然占有该动产、对其使用、获得收益。对于不动产,他并未将占有交付给担保权人,他仍然占有该不动产、对其使用、获得收益。

第二,返还请求权。如前所述,若履行期限届满债务人履行自己债务的,担保权人的所有权就失去了存在的基础,此时他负有返还义务;相应地,担保设定人对担保权人享有返还请求权。

第三,妥善保管义务。既然担保设定人直接占有着标的物,作为物的非所有权人,他当然就负有妥善保管义务,他应当以善良管理人的注意义务加以保管;如果担保设定人保管不善导致标的物毁损、灭失的,他应当对担保权人承担损害赔偿责任。

第四,不得处分义务。尽管担保设定人直接占有着担保物,但他不是该物的所有权人,他对该物仅有占有、使用、收益的权利,并无处分的权利。如果他对该物进行处分的,就构成无权成分,损害了担保权人的利益,他应当向担保权人承担损害赔偿责任。

4. 对第三人的效力

让与担保合同当事人关于让与担保的约定,仅仅对让与担保人和担保权人产生约束力,基于合同的相对性[①],对合同之外的第三人并无约束力。所以,不论是让与担保人还是担保权人擅自处分该物的,只要符合了善意取得的构成要件,当事人都能基于善意取得制度获得该物的所有权或他物权。

第三人对标的物负有不得侵犯义务,自不待言。当第三人侵害该物时,担保权人可以基于物权请求权请求第三人排除妨碍、消除危险,担保设定人可以基于占有保护请求权请求第三人排除妨碍、消除危险。就损害赔偿而言,担保权人作为标的物的所有权人自然可以向第三人主张损害赔偿,而担保设定人呢?本书认为,担保设定人并不享有这个权利。如前所述,让与担保仅仅是担保设定人与担保权人之间的约定,也没有公示,不具有对抗力,尽管第三人的侵权行为侵害了他的期待权,但该期待权无法对抗第三人。他是标的物的合法占有人,对于第三人而言,他只能通过占有法律规定来保护自己的合法权益。

(四)让与担保的实现

让与担保是为了担保主债权的完全实现,所以,当履行期限届满债权未获完全实现时,实现让与担保的条件就具备了,担保权人可以实现让与担保。此外,

---

[①] 合同相对性是指如无例外情况,合同只对合同当事人产生拘束力,除非经由自己的同意,合同之外的第三人不享有合同权利、不负担合同义务。

如果发生了担保设定人与担保权人约定的实现让与担保的情形,基于意思自治原则,担保权人也可以实现让与担保。

让与担保的实现方法主要有两种:处分清算型和归属清算型。前者是指担保权人将自己通过让与担保取得的所有权或其他权利进行出售,然后从变价所得价款中优先受偿;后者是指在对所有权或者其他权利进行合理估价的基础上,担保权人确定地取得所有权或者其他权利,而无须再向担保设定人返还。在前者中,当变价所得价款与主债权数额不等时,也和典型担保一样采取多退少补;在后者中,如果估价额低于主债权数额,担保权人应当向担保设定人补齐差价。由此可见,不论是哪种方法,担保权人都有清算义务,这也是其与流质契约[①]的本质区别。

(五)让与担保的消灭

让与担保不可能永远存在,它也会消灭,常见的消灭事由包括以下三种。

1. 被担保的主债权消灭

被担保的主债权不论是因为清偿还是抵销等原因消灭的,基于从属性,让与担保也随之消灭。当然,如果主债权只是部分消灭,让与担保并不消灭——这可以称为让与担保的不可分性。

2. 用来设定让与担保的权利消灭

如果用来设定让与担保的权利消灭(比如物的灭失导致所有权消灭、专利到期导致专利权消灭),让与担保的客体不复存在,让与担保也随之消灭。如前所述,如果其出现替代物(或权利)的,基于物上代位性,让与担保继续存在于该替代物(或权利)上;如果没有替代物(或权利)的,让与担保人有过错的要另行提供担保。

3. 让与担保实现

不管是因为履行期限届满债权未获完全实现还是发生了担保设定人与担保权人约定的实现让与担保的情形,让与担保实现的,无论被担保权的主债权是否获得完全清偿,让与担保都因实现而消灭。

二、所有权保留

(一)所有权保留概述

1. 所有权保留的含义

所有权保留是指在分期付款买卖合同中,为了保障出卖人价款债权的实现,在移转标的物给买受人占有、使用、收益的同时出卖人仍然保留着标的物的所有

[①] 有学者认为在让与担保实现中还有流质型让与担保。参见叶金强:《担保法原理》,科学出版社2002年版,第288页。其实流质型让与担保就是流质契约,为法律所不允。

权,待约定的条件成就后买受人才取得所有权,否则出卖人有权出售标的物并就变价所得价款优先受偿的担保方式。

由该定义我们可以发现:

(1) 所有权保留发生在分期付款买卖合同中

在分期付款买卖中,出卖人先行交付标的物给买受人,自己的全部价款要多次才能收齐;这就意味着出卖人授予买受人信用,其必须承担买受人因经济状况恶化等原因而不能履行或者不愿履行支付价款义务的风险。因此,为了有效避免这类风险的发生,出卖人常常选择在分期付款买卖合同中订立所有权保留条款来维护自己的利益。对于同时履行的买卖合同、先付款后发货的买卖合同,出卖人的价款债权并无风险,无须担保;对于先发货后付款的买卖合同,由于买受人的支付价款义务是一次性的,也无法用所有权保留制度。所以,在现实经济社会中,所有权保留往往发生在分期付款买卖合同中。

(2) 所有权保留的目的是为了保障价款债权的完全实现

在分期付款买卖合同中,一旦出卖人向买受人交付标的物,买受人的收货债权得以实现,但出卖人并没有收到全部的价款,需要好长时间才能得以完全清偿,其价款债权能否实现完全取决于买受人,而自己并没有什么能够制约买受人,其价款债权面临着日后不能完全实现的风险。这样对出卖人极其不利。所有权保留通过保留标的物的所有权,来制约买受人,从而保障出卖人的价款债权。所以,当事人订立所有权保留,其目的具有唯一性,就是来担保这个债权的完全实现。

(3) 所有权保留的担保方式为出卖人继续保有标的物的所有权

所有权保留作为一种担保,其靠什么来保障价款债权呢?买卖合同生效后,出卖人既应该向买受人移转标的物的占有、使用、收益、处分,又应当移转标的物的所有权。而所有权保留则仅仅转标的物的占有、使用、收益,而让出卖人继续保有标的物的所有权,出卖人通过对标的物所有权的享有和控制,从而督促买受人履行自己的付款义务;并且在条件成就时,实现所有权保留让自己的债权获得完全实现。由此可见,所有权保留是通过出卖人继续保有标的物的所有权这种方式来保障价款债权的完全实现。当然,尽管出卖人继续享有标的物的所有权,但这种享有仅仅是一种手段而非目的——在这一点上,它和让与担保相同。

2. 所有权保留的利弊分析

尽管所有权保留最早可以追溯至罗马法,但直至 19 世纪末伴随着工业革命而来的供求膨胀使信用经济勃然兴起,分期付款买卖日益在欧美各国成为流行的交易方式,所有权保留作为与分期付款买卖紧密结合的担保方式,才又重新粉墨登场大放光芒。① 所有权保留之所以在各国和地区受到重视,源于这种担保方式有着其他担保方式不可替代的长处:(1)与保证相比。保证主要凭借保证人的信用,而信用本身又比较脆弱;更何况,保证具有单务性,债务人很难寻找到愿意提供保证的第三人;即使寻找到,大多也是有偿或者要求提供反担保,又增加了债务人的负担。而所有权保留的担保利益体现在买卖合同的标的物上,并不需要寻找第三人。(2)与抵押相比。所有权保留无须登记,手续不像抵押那样繁琐;在实现所有权保留时也不像抵押权那样有严格的条件约束。(3)与质押相比。所有权保留的标的物不局限于动产,不动产也行;并且,所有权保留中买受人占有、使用、收益标的物,不会造成标的物的闲置,增加了物的利用。② 由此可见,所有权保留无须借助第三人的帮助或者他物,比较简便、经济。

当然,所有权保留的缺陷也是明显的。在动产所有权保留中,尽管出卖人享有标的物的所有权,但他没有直接占有标的物,他对标的物的控制力比较弱。与此同时,尽管买受人不享有标的物的所有权也没有处分权,但他现实占有着标的物,事实上也能够处分标的物,一旦他将该标的物出卖给第三人的,就有可能损害出卖人的利益。由此可见,动产所有权保留对出卖人的保护力度不强。

在不动产所有权保留中,尽管买受人支付一定的价款并且直接占有了不动产,但该不动产仍归出卖人享有,该分期付款买卖的物权变动并没有发生,也没有办理变更登记。由于不动产的物权公示方法为登记而非占有,尽管出卖人并不享有处分权,一旦他将该标的物出卖给第三人的,第三人可能通过善意取得制度获得所有权,那就损害了买受人的利益。由此可见,不动产所有权保留对买受人的保护力度不强。

3. 我国法律中的所有权保留

我国法律最早规定所有权保留的是《民通意见》,其第 84 条规定:"财产已经交付,但当事人约定财产所有权转移附条件的,在所附条件成就时,财产所有权方为转移。"《合同法》第 134 条也作出了规定:"当事人可以在买卖合同中约定买受人未履行支付价款或者其他义务的,标的物的所有权属于出卖人。"但是这两个规定仅仅是规定了所有权保留而已,并没有对所有权保留的制度设计作出规定;所以,它既不能作为当事人的行为规范,也不能作为法官的裁判规范。令人欣喜的是,最高人民法院在《买卖合同司法解释》中用四个条文专门规定了所有权保留,对所有权保留制度的具体内容进行了规定。

---

① 美国、英国、德国、法国等国家的所有权保留制度的历史沿革参见王轶:《所有权保留制度研究》,载梁慧星主编:《民商法论丛》(第 6 卷),法律出版社 1997 年版,第 597—602 页。

② 参见王轶:《所有权保留制度研究》,载梁慧星主编:《民商法论丛》(第 6 卷),法律出版社 1997 年版,第 596—597 页;丁南:《担保物权释论》,中国政法大学出版社 2013 年版,第 122 页。

(二) 所有权保留的设立

当事人设立所有权保留,需要双方当事人就此达成合意,并且该合意是当事人明确作出的意思表示。有学者认为,因为法律的特别规定或特殊的交易背景,当事人虽然没有明确的意思表示,也可以推定有所有权保留的意思表示。① 根据法律的特殊规定而推定无可非议,但根据特殊的交易背景推定当事人有此意思表示,可能不妥。所有权保留与正常的物权变动规则相抵触,是当事人为了自身的利益而作出的特殊约定;当买卖标的物交付或登记后,如果当事人没有作出这样特殊的约定,只能认定此时标的物所有权已发生了移转,而无法推定所有权仍保留在出卖人处,否则就从根本上动摇了物权变动的基本规则。

由于所有权保留一般都是依附于分期付款买卖合同,所以,该合意可以是分期付款买卖合同中的一个专门条款,也可以是分期付款买卖合同成立后的补充协议。与其他担保方式一样,所有权保留的约定应当采书面形式。

> **理论争鸣** 所有权保留能否适用不动产?
>
> 关于所有权保留标的物的适用范围,有人认为动产、不动产都能适用②,有人认为只适用动产而不适用不动产③。世界上不同国家和地区的规定也不相同,《买卖合同司法解释》第 34 条规定只适用动产,并且给出了三个理由。首先,我国债权形式主义的不动产物权变动模式加上预告登记制度就能保护买受人的"期待权",无须所有权保留。其次,不动产转移登记后出卖人要保障其价金债权可以采取不动产抵押来完成,不动产所有权保留的制度可以被替代;更何况,预告登记的成本也不低于抵押权登记。最后,我国土地所有权属于公有,就土地所有权设定所有权保留的空间较小,而房屋买卖中一般采取按揭贷款的方式,银行对房屋享有抵押权,没有必要创设房屋所有权保留制度来保证银行利益。④
>
> 本书认为,这三个理由都经不起推敲。
>
> 首先,预告登记制度只能满足买受人的"防止出卖人一物两卖"需求,并不能满足出卖人的"保障价款债权实现"需求;而所有权保留制度既能满足买受人的

---

① 参见何志:《担保法疑难问题阐释》,中国法制出版社 2011 年版,第 47 页;叶金强:《担保法原理》,科学出版社 2002 年版,第 291 页。

② 参见余能斌、侯向磊:《保留所有权买卖比较研究》,载《法学研究》2000 年第 5 期;王利明:《所有权保留制度若干问题探讨——兼评〈买卖合同司法解释〉相关规定》,载《法学评论》2014 年第 1 期;叶金强:《担保法原理》,科学出版社 2002 年版,第 291 页;陈祥健:《担保物权研究》,中国检察出版社 2004 年版,第 395 页;何志:《担保法疑难问题阐释》,中国法制出版社 2011 年版,第 47 页。

③ 参见王轶:《论所有权保留的法律构成》,载《当代法学》2010 年第 2 期;徐海燕:《物权担保前沿理论与实务探讨》,中国法制出版社 2012 年版,第 401 页。

④ 参见奚晓明主编:《最高人民法院关于买卖合同司法解释理解与适用》,人民法院出版社 2012 年版,第 526 页。

"防止出卖人一物两卖"需求,也能满足出卖人的"保障价款债权实现"的需求。所以,尽管有了预告登记,仍然需要所有权保留。

其次,设立不动产抵押固然能够保障出卖人的价金债权,但所有权保留是用担保物的所有权来保障出卖人的价金债权;很明显,对于出卖人而言,所有权的保障力度大于抵押权。由此可见,不动产所有权保留制度无法被不动产抵押制度所替代。

最后,房屋买卖中买受人从银行按揭贷款比较常见,但是不通过银行按揭贷款、由买受人向出卖人分期付款的也不在少数,这就是不动产买卖中所有权保留这种担保方式的存在空间。法律应当允许当事人自行选择从银行按揭贷款或者向出卖人分期付款,而不能强行规定不能选择后者。

实际上,不动产买卖中当事人通过约定进行所有权保留并不违法,因为这个约定是双方当事人基于交易关系而作出的理性安排,并没有损害第三人利益也没有损害社会公共利益;还有,该约定仅仅在当事人之间生效,对外不发生效力,并没有改变现行法的物权变动规则;更何况,当事人对于不动产的所有权作出不同于法律规定的约定并非鲜见,法律对此并不禁止。比如甲购买房屋与乙协商后登记在乙的名下。所以,所有权保留制度可以适用于不动产。

买卖双方当事人订立所有权保留合同之后,虽不移转标的物的所有权但应当交付标的物。如果标的物是不动产的,出卖人也仅仅交付标的物,并不办理物权变更登记,这样才能把所有权保留在自己手上。

至于双方当事人之间保留所有权的约定,由于只是他们之间的约定也只在他们之间发生效力,无须公示。①

(三)所有权保留的效力

所有权保留生效后,法律除了赋予双方当事人一般买卖合同当事人享有的权利、负担的义务(比如买受人有权占有、使用、收益标的物,对标的物负有妥善保管义务;比如出卖人对标的物享有所有权,对买受人负有瑕疵担保责任)外,为了实现他们之间的利益平衡,还赋予出卖人取回权、赋予买受人期待权。

1. 买受人的期待权

(1)期待权的含义

买受人的期待权是指所有权保留中的买受人因为占有标的物和不断支付合同价款而在将来取得标的物所有权的权利。在所有权保留这种交易中,即使出

---

① 关于所有权保留的公示,"德国学者有主张登记主义,惟工商界反对甚烈,认为此将暴露其经济状况,妨害信用之流通。"转引自王泽鉴:《优先承买权之法律性质》,载王泽鉴:《民法学说与判例研究》(第1册),中国政法大学出版社2005年版,第135页。

卖人向买受人交付了标的物、买受人已经支付了一部分价款,买受人仍然没有取得标的物的所有权、所有权仍然归出卖人;但是,只要买受人按照买卖合同的约定履行自己付款及其他义务,他就能取得标的物的所有权。在所有权保留设定后,由于欠缺"买受人按照买卖合同的约定履行完自己付款及其他义务"这个要件,买受人没有取得标的物的所有权,但买受人对日后自己获得所有权有合理期待,这个期待利益就是买受人的期待权。

(2) 期待权的保护

期待权是一发展过程中的权利,它向既得权逐步发展并且最终发展成为既得权;在这个发展期间,它比较脆弱,需要法律保护。在所有权保留中,买受人的期待权最可能受到的侵害来自于出卖人,他可能会将标的物处分给第三人。如果标的物为动产,由于买受人占有着标的物,出卖人尽管享有所有权,他处分标的物的可能性较小;即使他处分后通过指示交付要求买受人向第三人直接交付,买受人也有权予以拒绝。但是,如果标的物为不动产,那就极有可能出现。由于出卖人为不动产登记簿的登记权利人,再加上不动产物权公示方法为登记,如果他隐瞒标的物已经所有权保留的事实,第三人很容易就对其产生合理信赖并且与之交易。如此一来,第三人就能取得相应的物权,买受人的利益遭受损害,日后的既得权梦想就可能无法实现或利益受到损害。① 因此,法律规定出卖人负有不得处分标的物的义务,如果违反该义务侵害买受人的期待权,应当承担赔偿责任。

例题:甲将其 1 辆汽车出卖给乙,约定价款 30 万元。乙先付了 20 万元,余款在 6 个月内分期支付。在分期付款期间,甲先将汽车交付给乙,但明确约定付清全款后甲才将汽车的所有权移转给乙。嗣后,甲又将该汽车以 20 万元的价格卖给不知情的丙,并以指示交付的方式完成交付。下列哪一表述是正确的?(2012 年司法考试第三卷第 9 题)

　　A. 在乙分期付款期间,汽车已经交付给乙,乙即取得汽车的所有权

　　B. 在乙分期付款期间,汽车虽然已经交付给乙,但甲保留了汽车的所有权,

---

① 值得注意的是当第三人知悉该不动产上存在所有权保留的,他能够取得该不动产的所有权?理论界对此有四种观点。第一种观点认为第三人的恶意并不妨碍其取得所有权;第二种观点认为应以违反公序良俗为根据确认出卖人与第三人之间的买卖合同无效;第三种观点认为以出卖人将标的物所有权移转于第三人,致使其陷于无资力为前提,买受人可以对后一买卖合同行使撤销权;第四种观点认为买受人可以对出卖人与恶意第三人之间的买卖合同行使撤销权,只要该合同妨碍了自己的债权实现。参见王轶:《所有权保留制度研究》,载梁慧星主编:《民商法论丛》(第 6 卷),法律出版社 1997 年版,第 635—636 页。本书认为,从应然角度来说,所有权保留不具有对抗力,恶意的第三人知悉后与出卖人进行买卖,其行为是市场经济自由竞争的体现,无可厚非,他应该能够取得所有权;从实然的角度来说,在我国所有权保留的不动产交易主要是商品房买卖,而以分期付款方式购买房屋的大多是工薪阶层,如果让第三人取得所有权对他们来说过于苛刻,也容易激化社会矛盾;因此,第四种观点更加合理。

故乙不能取得汽车的所有权

C. 丙对甲、乙之间的交易不知情，可以依据善意取得制度取得汽车所有权

D. 丙不能依甲的指示交付取得汽车所有权

解析：本题考点是所有权保留。《合同法》第 134 条规定："当事人可以在买卖合同中约定买受人未履行支付价款或者其他义务的，标的物的所有权属于出卖人。"本题中，甲乙二人在汽车买卖合同中作出了这样的约定，属于所有权保留；所以 A 错误 B 正确。在甲与丙之间的买卖中，甲是指示交付，而接受指示的人是乙；与此同时，由于甲乙之间买卖合同及所有权保留的约定，乙不负有对甲的返还义务，他可以对抗甲的指示交付，因此丙无法获得返还请求权；所以 D 正确。在乙未全部支付货款前，汽车所有权尽管属于甲，但他的处分权受到限制，他将该汽车卖给丙的行为属于无权处分；但是甲丙之间的交付并未完成，丙并未获得汽车的占有，不能适用善意取得；所以 C 错误。由此可见，本题应当选 B、D。

需要指出的是，司法部公布的答案是 B，认为 D 是错误的。《物权法》第 26 条规定："动产物权设立和转让前，第三人依法占有该动产的，负有交付义务的人可以通过转让请求第三人返还原物的权利代替交付。"指示交付也是交付方式的一种，丙可以依据甲的指示交付取得汽车的所有权。笔者对此不敢苟同。在所有权保留中买受人占有着动产标的物，在他按照买卖合同支付价款的情况下，作为所有权人的出卖人无权请求买受人返还标的物，在处分给他人后通过指示交付要求买受人向第三人直接交付的，买受人当然有权予以拒绝，买受人就无法通过出卖人的指示交付而取得汽车所有权；所以 D 正确。

有学者认为在出卖人出卖标的物的情况下，要区分所有权保留是否公示（登记），进而确定其法律后果。① 本书认为所有权保留是分期付款买卖合同双方当事人之间的约定，对外并不具有对抗力，也不存在什么公示（登记）。

(3) 期待权的对外效力

第三人侵害标的物，自然就侵害了买受人的期待权，买受人可以根据占有法律规定要求第三人返还标的物占有、排除妨碍、消除危险。如果第三人的侵权行为致使标的物毁损、灭失的，买受人的期待权因为标的物的灭失而消灭，但他无权要求第三人损害赔偿。因为所有权保留仅仅是出卖人与买受人之间的约定，也没有公示，不具有对抗力，无法对抗第三人，他只能通过占有法律规定来保护

---

① 参见郭明瑞：《担保法》，法律出版社 2010 年版，第 252 页；龙著华：《论所有权保留买卖与善意第三人的保护》，载《当代法学》2005 年第 3 期。

自己的合法权益。①

如果出卖人破产的,买受人可以向出卖人的破产管理人支付剩余价款来获得标的物所有权。标的物为动产的,自买受人付清价款时就能通过简易交付获得标的物所有权。标的物为不动产的,买受人付清价款后有权请求出卖人的破产管理人变更登记,变更登记后买受人取得标的物所有权;如果出卖人的破产管理人拒绝变更登记的,买受人可以诉至人民法院请求强制变更登记。值得注意的是,出卖人的破产管理人如果拒绝接受买受人的剩余价款的履行,法律应如何处理?本书认为,买受人的期待权不应该受到出卖人破产的影响,他对出卖人的破产管理人提出的履行剩余价款的请求并没有损害出卖人的利益,出卖人的破产管理人不能拒绝;否则,买受人可以将剩余价款进行提存,然后诉至人民法院请求强制变更登记。

出卖人的债权人对标的物申请强制执行的,与出卖人破产相同。

2. 出卖人的取回权

(1) 取回权的含义

出卖人取回权是指在所有权保留中,买受人实施了特定的违约行为或者其他损害出卖人利益的行为时,出卖人从买受人处无偿取回标的物的权利。

在所有权保留中,虽然出卖人享有标的物的所有权,但标的物为买受人直接占有,买受人能够事实上控制标的物,反而作为所有权人的出卖人对标的物的控制力较弱;一旦买受人没有履行自己的义务(最常见的就是不按照合同的约定时间支付价款),就会损害出卖人的权益,此时让买受人继续占有标的物就会让出卖人受到的损害持续增加。因此,法律赋予出卖人取回权,他可以从买受人处无偿取回标的物;这样一来可以保护出卖人的利益,同时也能够督促买受人履行自己的合同义务。

出卖人的取回权是所有权保留中保护出卖人的一个重要措施,出卖人行使该权利的目的是为了让买受人履行自己的义务进而保障债权的实现;所以,行使该权利的后果并不导致合同的解除,出卖人已经获得的合同价款无须退还。它只是一个暂时性措施,一旦买受人履行了自己义务,出卖人应当将标的物返还给买受人。

(2) 取回权的成立

买受人实施了什么行为会导致出卖人获得取回权?《买卖合同司法解释》第35条第1款规定:"当事人约定所有权保留,在标的物所有权转移前,买受人有

---

① 王泽鉴教授认为:"买受期待权既属权利,且具有财产价值,与物权、准物权、无体财产权同,可成为侵权行为之客体,实无疑问,在德国已成为通说。"参见王泽鉴:《优先承买权之法律性质》,载王泽鉴:《民法学说与判例研究》(第1册),中国政法大学出版社2005年版,第200页。笔者认为,我国的所有权保留中买受人期待权没有公示,与物权、准物权、无体财产权存在本质的区别,无法成为侵权法的保护对象。

下列情形之一,对出卖人造成损害,出卖人主张取回标的物的,人民法院应予支持:(一)未按约定支付价款的;(二)未按约定完成特定条件的;(三)将标的物出卖、出质或者作出其他不当处分的。"

所有权保留中买受人按照分期付款买卖合同的约定支付价款是其最主要的义务,他未按约定支付价款就损害了出卖人的价款债权,此时,出卖人对标的物所有权的担保性就该发挥作用,他有权从买受人处取回标的物恢复自己对标的物的直接占有,从而迫使债务人履行自己的支付价款义务。

除了支付价款义务之外,双方当事人还可能在合同中约定买受人负担其他义务,如果买受人没有履行该义务,自然也损害了出卖人的利益;此时,出卖人对标的物所有权的担保性也该发挥作用,他有权从买受人处取回标的物,迫使债务人履行自己应当履行的义务。

如前所述,尽管买受人直接占有标的物,他对标的物不享有所有权,也没有出卖、出质、设定抵押等处分权,即使合同没有作出约定,他也负有不得处分标的物的法定义务;一旦他对标的物实施上述处分行为的,他的违法行为损害了出卖人的利益;此时,出卖人对标的物所有权的担保性也该发挥作用,他有权从买受人处取回标的物。因为这种情形下对出卖人利益损害十分严重,导致的法律后果也比较严重;出卖人取回标的物后无须等待买受人履行支付价款义务,他可以径直将标的物再次出卖。①

(3) 取回权的限制

当买受人有上述损害出卖人合法权益的不当行为时,出卖人可以行使取回权取回标的物;但是在下列特殊情况下,该取回权受到限制。

第一,买受人已经支付了大部分价款。如果买受人已经支付标的物总价款的很大比例,出卖人的价款债权就实现了一大半,其利益基本上得以实现,即使买受人有上述损害出卖人合法权益的不当行为,对出卖人的利益造成的影响也是细微的。而取回权及与之配套的回赎、再次出卖制度都是构造比较复杂、运行成本比较高的制度,在出卖人利益已经基本上得到实现的情况下没有必要采取取回权制度。此时出卖人可以采取其他救济措施,比如要求买受人支付全部价款。②

第二,第三人已经善意取得。如果买受人将标的物出卖、出质或者作出其他不当处分的,其处分行为是无权处分,如果符合善意取得的构成要件,第三人就

---

① 需要说明的是,"再次出卖"并非字面上理解的那样出卖之后的再次出卖,而是所有权保留中的一个专有名词,具体含义见下文。

② 参见奚晓明主编:《最高人民法院关于买卖合同司法解释理解与适用》,人民法院出版社2012年版,第551页。需要指出的是,该书提及出卖人可以采取的其他救济措施还包括解除合同,本书认为不妥。解除合同将会给合同带去根本性的毁灭,其冲击力度远大于取回权。

能够从买受人处获得标的物的所有权、质押权等。此时,买受人的取回权与善意第三人的所有权或质押权发生冲突。为了维护占有或登记的公信力、为了保护交易安全,法律此时优先保护善意第三人的所有权、质押权,硬币的另一面就是出卖人的取回权就受到了限制而无法行使。

对于以上两种情形,《买卖合同司法解释》第36条作出了规定,并且前者规定的比例为75%。

(4) 取回权的对外效力

如果出卖人破产的,出卖人的破产管理人可以要求买受人支付剩余价款,如果买受人拒不支付的,出卖人的破产管理人可以解除买卖合同而取回标的物。[①]

如果买受人破产的,买受人的破产管理人可以向出卖人支付剩余价款来获得标的物所有权,该标的物当然就属于破产财产。如果买受人的破产管理人没有向出卖人支付剩余价款,出卖人的剩余价款债权没有得到实现,此时他对标的物仍然享有所有权,但该所有权仅仅是为了担保而存在的,而非一般意义上真正的所有权;所以,此时出卖人不能基于所有权主张该标的物不属于破产财产,他的法律地位类似于担保物权人,他对标的物享有类似别除权[②]的权利,就标的物的变价所得价款和普通债权人相比可以优先受偿,清偿剩余部分才是破产财产。

买受人的债权人对标的物申请强制执行的,与买受人破产相同。

有学者提及了所有权保留与抵押权、质押权、留置权等担保物权共存于同一动产时的处理,并且认为在有些情形下所有权保留能够对抗担保物权。[③] 本书认为,所有权保留是买卖双方当事人的约定,对外不具有对抗力,不可能对抗它们,效力当然劣后于抵押权、质押权、留置权等担保物权。

(四) 所有权保留的实现

所有权保留最终会有两种结果:一是买受人按照合同约定履行自己的义务,履行期限届满主债权获得完全清偿,那么出卖人的所有权就丧失、买受人取得标的物所有权。这是皆大欢喜的结果,所有权保留自然无须实现。二是买受人没有按照合同约定履行自己的义务或者不当处分自己占有的标的物,此时出卖人享有取回权;这又分两种情形:第一种情形是出卖人行使了取回权,第二种情形是出卖人没有行使取回权。这两种情形下所有权保留的实现并不相同。

---

① 参见叶金强:《担保法原理》,科学出版社2002年版,第295页。

② 别除权是指债权人因债权上设有担保物而就债务人特定财产在破产程序中享有的单独、优先受偿权利。此项权利在破产法理论上即称之为别除权。它是由破产人特定财产上已存在的担保物权之排他性优先效力沿袭而来,并非破产法所制设,别除权的名称乃是针对这种权利在破产程序中行使的特点而命名的。

③ 参见王轶:《所有权保留制度研究》,载梁慧星主编:《民商法论丛》(第6卷),法律出版社1997年版,第666页;陈祥健:《担保物权研究》,中国检察出版社2004年版,第437页;何志:《担保法疑难问题阐释》,中国法制出版社2011年版,第50—52页。

1. 行使取回权情形下所有权保留的实现

出卖人行使取回权取回标的物，他的价款债权并未获得完全实现，他希望通过分期付款买卖合同获得收益的目的没有完全实现；与此同时，买受人丧失了标的物的占有，更没有取得标的物的所有权，他希望通过分期付款买卖合同获得收益的目的同样也没有实现。那么，法律就需要对他们接下来的权利义务进行合理的设计，既能够化解他们之间的利益冲突、又能够促进双方交易目的的实现。《买卖合同司法解释》第37条分3款对此作出了规定。

（1）买受人的回赎权

措施之一就是赋予买受人回赎权。买受人的回赎权是指所有权保留买卖中的出卖人依法行使取回权取回标的物后，买受人在回赎期内履行支付价款等义务、重新占有标的物的权利。买受人行使回赎权、回赎标的物的目的在于阻止出卖人对标的物再次出卖，使他们之间已经脱轨的交易重新回到正常的轨道上来。在出卖人取回标的物后，应当给予买受人一个弥补的机会，以最大限度促成合同的最终履行。毕竟出卖人取回标的物若再次出卖，会增加自己的成本；而买受人回赎标的物的前提条件是他消除了出卖人取回标的物的事由，赋予他这个权利并不会损害出卖人的利益。所以，从双方当事人利益的角度考虑，应当允许买受人行使回赎权利、继续履行合同义务。《买卖合同司法解释》第37条第1款规定了买受人的这个权利。

买受人行使回赎权应当在一定期限内进行，这个期限就是回赎期。回赎期有三种：第一种是法定的回赎期。它由法律规定，比如我国台湾地区"动产担保交易法"第18条第3款设定的法定期间为出卖人取回标的物后的10日。第二种是约定回赎期。它既可以是当事人事先在买卖合同中约定的期限，也可以是出卖人行使取回权后双方协商的期间。第三种是指定回赎期。法律没有规定并且双方当事人又没有约定的情况下，出卖人应当根据具体情况单方指定一个具体的、具有可操作性、且不阻碍买受人回赎标的物的合理期限；该期限不能违反诚实信用原则而过短，比如5分钟。

如前所述，买受人要想获得回赎权回赎标的物，是有前提条件的，即消除出卖人取回标的物的事由。出卖人之所以能够取回标的物，是因为买受人的不当行为，所以，买受人要想回复到原来自己占有标的物的状态，自然也要消除出卖人取回标的物的事由：要么按约定支付价款，要么按约定完成特定条件，要么撤销对标的物的不当处分。[①]

[①] 撤销对标的物不当处分可能就会涉及处分行为的相对人，买受人可能需要赔偿相对人之后才能撤销对标的物的不当处分；甚至有的情况第三人取得相应权利的（比如善意取得），该不当处分还无法撤销。

在回赎期内，买受人行使回赎权、向出卖人主张回赎标的物的，他重新获得标的物的占有，原买卖合同又重新回到正常的轨道上，买受人继续履行合同的债务。

(2) 出卖人的再次出卖权

措施之二就是赋予出卖人再次出卖权。在回赎期间内买受人以语言、行为（比如请求出卖人再次出卖标的物）表示放弃回赎权或者回赎期届满买受人没有行使回赎权的，出卖人可以实现所有权保留，再次出卖标的物。这就是他的再次出卖权。《买卖合同司法解释》第37条第2款规定了出卖人的再次出卖权。虽然该款只规定了买受人在回赎期间内没有回赎标的物这一种情形，根据"举轻以明重"的逻辑，在回赎期间内买受人以语言、行为表示放弃回赎权的情形下，出卖人当然也享有这个权利。

由于出卖人直接占有标的物，他可以直接将该标的物予以出售，而无须寻求人民法院的帮助。

出卖人出售标的物，应当参照市场价格，自不待言。《买卖合同司法解释》第37条第3款后段从反面对出卖人的这个义务作出了规定。

(3) 变价所得价款的分配

出卖人再次出卖标的物的变价所得价款将如何分配？这主要涉及三个问题：第一，再次出卖变价所得价款清偿主债权前扣除的部分有哪些？第二，再次出卖后原利益格局是否变动？第三，出卖人是否优先于买受人的一般债权人受偿？

第一，应扣除的部分。

取回标的物的费用及其保管费用应当从变价所得价款中扣除。这些费用的发生源于买受人的不当行为，当然要由买受人承担。

再次出卖标的物费用[①]也应当从变价所得价款中扣除。这些费用之所以发生，还是源于买受人的不当行为，当然也要由买受人承担。

上述费用的利息也应当从变价所得价款中扣除，自不待言。

第二，利益格局。

如前所述，标的物被取回到被出卖人再次出卖这段期间，因为市场波动标的物的价格可能会增加或下降，其增值或贬值部分仍由买受人承担，出卖人与买受人之间基于分期付款买卖合同确定的利益格局不变。因为在双方订立买卖合同交付标的物后，出卖人的所有权只是担保意义上的所有权，买受人享有实质上的所有权，该标的物接下来的风险和收益都应当由买受人承担。在发生出卖人取回权的事由之前，如果因为不可抗力导致标的物灭失的，这种不利益出卖人不

[①] 不妨将其称为"实现所有权保留的费用"。

会承担，只能由买受人承担。即使出卖人行使了取回权、取回标的物，其目的还是为了获得剩余价款，而非为了获得真正的所有权，所以，风险收益格局并不发生改变。最后出卖人行使再次出卖权、将该标的物出卖，此举的目的还是为了获得剩余价款，还不是为了获得真正的所有权，所以，风险收益格局也不发生改变，标的物的增值或贬值部分仍然由买受人承担。

如此一来，变价所得价款依次应当扣除取回和保管费用、再次出卖标的物的费用、利息，然后再清偿出卖人剩余价款。如果有剩余的，应返还原买受人；如不足清偿的，剩下部分买受人仍然应当清偿，只不过变成了没有担保的普通债权。《买卖合同司法解释》第37条第3款前段对此也作出了规定。

第三，出卖人的优先受偿。

由于所有权保留没有公示，出卖人的似乎无法对抗买受人的一般债权人，应当和他们一起按比例清偿标的物变价所得价款。实际上并非如此。出卖人对标的物享有所有权，此时出卖人的法律地位类似于担保物权人，他自然能够就变价所得价款优先于一般债权人受偿。否则，出卖人的所有权没有任何意义，其担保功能并不存在。

2. 没有行使取回权的情形下所有权保留的实现

这种情形下所有权保留的实现相对比较简单。出卖人可以和买受人协商如何实现所有权保留，如果协商未果可以请求人民法院对标的物拍卖、变卖。变价所得价款高于买受人未支付的价款，多余部分应当退还给买受人；出卖人仅仅能够获得未支付的价款，至于标的物价格因为市场波动而获得的增值及贬值都由买受人承担，双方当事人原定的利益格局不受标的物市场价格波动的影响。变价所得价款低于买受人未支付的价款，剩余部分变成普通债权，由买受人继续支付。

如前所述，如果买受人还有一般债权人的，出卖人能够就变价所得价款优先于一般债权人受偿。

第二节　反　担　保

如果担保是由第三人所提供的，他向担保权人承担担保责任后尽管可以向主债务人进行追偿，但是，其追偿权有不能完全实现的可能，特别在主债务人的一般责任财产不足的情况下。这种可能对担保人来说，就是一种潜在的风险；如果变成现实，担保人则会遭受损失。如此一来，这种风险对于试图给他人提供担保的第三人来说是一个阻却器，影响担保的提供。而反担保的存在，一定程度上可以解决这个问题，为觅保难的解决提供一条途径。

一、反担保的含义

反担保是指在由第三人提供的担保中,为了保障该担保人日后追偿权的完全实现,由主债务人或者第四人①为其提供的新的担保。

由该定义我们可以发现:

1. 反担保是一个担保

和前文所提及的普通担保一样,反担保也是为了保障特定债权的完全实现而设定的,也有担保人与担保权人双方当事人,需要双方当事人订立合同甚至公示,等到条件成就时通过实现担保权来使担保权人获得完全清偿,等等。正是因为如此,担保法的一般规则在反担保中都能适用。所以,《担保法》第4条第2款规定:"反担保适用本法担保的规定。"《物权法》第171条第2款后段规定:"反担保适用本法和其他法律的规定。"

2. 反担保以本担保的存在为前提

反担保是一个新的担保,在它之前已经存在一个担保了。当然,对这个已经存在的担保,有人称之为本担保,有人称之为正担保,有人称之为原担保,有人称之为前担保;本书称之为本担保。

反担保的存在是以本担保的存在为前提,它依附于本担保。之所以如此,是因为只有存在本担保,才会有担保人的追偿权,才需要反担保对此进行担保。

3. 反担保所担保的主债权是担保人的追偿权

反担保和本担保一样,其设立的目的都是为了保障主债权的完全实现;但是,其主债权与本担保的主债权不同:本担保中的主债权就是普通的债权,而反担保中的主债权不是普通的债权,而是追偿权,即本担保中的担保人对主债务人的追偿权。所以,反担保又被称为求偿担保。

正是由于这个原因,导致了反担保与本担保之间的从属关系。当然,严格说来,反担保依附于本担保中担保人的追偿权:反担保因为追偿权而设立、反担保随着追偿权的移转而移转、反担保因为追偿权的消灭而消灭。

也正是由于被担保的主债权特殊性,反担保具有一些与本担保不同的特点,本担保的某些规则无法适用于反担保。

4. 反担保是一种约定担保

普通担保既可能是约定担保,也可能是法定担保,而反担保只能是约定担

---

① 如前所述,这里出现了四个当事人,就要使用"第四人"的表述。遗憾的是很多学者仍然使用"第三人",但两个第三人往往让人混淆——甚至连《物权法》的立法者亦是如此。"实践中,对同一债权,还可能出现债务人和第三人均提供了物的担保,还有第三人提供人的担保的情形。"参见全国人大常委会法制工作委员会民法室编:《中华人民共和国物权法条文说明、立法理由及相关规定》,北京大学出版社2007年版,第313页。

保。反担保是由主债务人或第四人向担保人提供的担保，是担保人与主债务人之间博弈的结果，因此，它只能由主债务人或第四人与担保人通过订立担保合同而设定，不可能基于法律规定而产生。

二、反担保的社会作用[①]

反担保也是担保，它的社会作用体现在以下三个方面：

第一，反担保是保护担保人利益、保障其将来可能发生的追偿权完全实现的有效措施，这是其最直接的作用。

第二，反担保有助于本担保的设立。谨慎的第三人在为债务人向债权人提供担保时，尤其在对其承担担保责任后追偿权能否实现怀有疑虑的情况下，往往会要求债务人提供反担保。这时候，有无反担保就直接影响到本担保的成立与否；若无反担保，第三人可能虑及自身利益而拒绝为债务人提供担保。

第三，反担保能够作为一种调剂手段，根据情况和需要与本担保结合，为复杂情况下担保关系的建立提供便利。现实生活中，时常会因某种特殊情况或者出于某种特殊的考虑，使得某一担保的直接设定遇到一些困难或障碍，这时通过反担保以作迂回，并使其与适当的本担保相联结，从而化解困难、克服障碍。

三、反担保的适用范围

作为一种特殊的担保，反担保的适用范围较普通担保相比很窄，只适用本担保为约定担保且担保人为第三人的情形。

首先，它只适用本担保中担保人为第三人的情形。反担保所担保的主债权是本担保中担保人对主债务人的追偿权，所以，本担保中必须存在追偿权，才能设立反担保；而本担保中若要存在追偿权，担保人就不能是主债务人自己，只能是主债权债务关系之外的第三人。所以，本担保的担保方式为定金、留置，本担保是主债务人提供的抵押或质押的，都无法设定反担保。

其次，它只适用本担保为约定担保的情形。因为约定担保是担保人与担保权人合意的结果，是主债权人与主债务人之间博弈的结果；而反担保，就是在此基础上担保人与新的担保人合意的结果，又可以视为担保人与主债务人之间博弈的结果，它是主债权人与主债务人之间博弈后一个新的博弈。而在法定担保中，担保的发生是法律规定的结果，没有主债权人与主债务人之间的博弈，自然就没有新的博弈，不应该通过反担保来保护担保人。

[①] 参见黄松有主编：《〈中华人民共和国物权法〉条文理解与适用》，人民法院出版社2007年版，第503页。

四、反担保的订立

(一) 反担保合同的当事人

反担保合同和普通的担保合同一样,有两个当事人,即担保人与担保权人。由于反担保合同和本担保合同之间的从属性,反担保合同的当事人与本担保合同的当事人也有着联系:反担保合同的担保权人是本担保合同的担保人,反担保合同的担保人是本担保合同的主债务人或者第四人。

关于反担保中的担保人,曾经有学者认为担保人只能是主债务人,理由是《担保法》第 4 条中的"要求债务人提供反担保"。[1] 这种理解有些狭隘,因为本担保也可以作类似规定,即"在合同中,债权人可以要求债务人提供担保"。这个担保就是本担保,但是并不局限于债务人作为担保人,第三人也可以作担保人。基于同样的道理,不论是主债务人自己,还是主债务人找来的第四人,都可以作为反担保合同的担保人,都能保护本担保中担保人的利益。

(二) 反担保合同的内容

反担保合同与本担保合同并无太大区别,比较特殊的是以下两点。

1. 被担保的主债权

如前所述,反担保中被担保的主债权是本担保合同中担保人的求偿权。这个主债权和普通担保中的主债权有所不同:普通担保中的主债权是已经现实地存在了,只不过还没有到履行期限;而在反担保中,被担保的主债权是追偿权,除了本担保实现后再设定反担保这种特殊情况[2]外,追偿权压根就没有现实的存在——因为本担保是否实现还是个未知数,如果主债权届期获得完全满足本担保没有实现的,追偿权就不会出现。

然而,《担保法司法解释》的制定者认为,普通担保中担保人的负债是或有负债,如果债务人届期履行债务的话担保人的义务即免除;而反担保中反担保人的负债是既成的、真实的债务,因为担保人只有在已经代债务人向债权人履行债务的前提下,才能向反担保人要求其承担反担保责任。[3]

这种观点并不妥当。反担保中反担保人的负债和普通担保中担保人的负债一样,都是或有负债。在普通担保中,如果债务人届期履行债务的话担保人的义务即免除;在反担保中,如果担保人对主债务人的追偿权得以完全实现,反担保人的义务一样免除。尽管担保人只有在已经代债务人向债权人履行债务的前提

---

[1] 转引自高圣平:《担保法论》,法律出版社 2009 年版,第 63 页。
[2] 反担保作为担保人与主债务人之间博弈的结果,大都在本担保未实现之前设立,甚至本担保成立时设立。
[3] 参见李国光等:《〈关于适用《中华人民共和国担保法》若干问题的解释〉理解与适用》,吉林人民出版社 2000 年版,第 50 页。

下才能向反担保人要求其承担反担保责任,但是如果主债务人顺利地向担保人履行自己的债务(即担保人对主债务人的追偿权得以完全实现),此时反担保就因为主债权的实现而归于消灭;由此可见,反担保中反担保人的负债不是既成负债,而是或有负债。

2. 担保的方式

普通担保中,担保方式有保证、抵押、质押、留置和定金;那么在反担保中,能否采用这些担保方式?

毫无疑问,留置不能成为反担保的担保方式。因为反担保是约定担保,必须由当事人设立,而留置是法定担保,所以不行。更何况,被留置的动产与追偿权不属于同一法律关系。还有,留置中的担保人是债务人自己,而非第三人。

反担保的担保方式也不能是定金。因为定金具有双向性,定金罚则对合同双方当事人都能适用;而反担保只需要担保本担保中的担保人,并不需要担保反担保中的担保人。[1]

因此,反担保的担保方式只能是保证、抵押、质押。关于这点,《担保法司法解释》第 2 条也作出了规定。

需要注意的是,如果反担保的担保方式是保证的话,保证人只能是第四人而不能是主债务人自己;就像本担保中的担保方式是保证的话,保证人只能是第三人而不能是主债务人自己一样。

如果反担保的担保方式是抵押或质押的话,抵押人或者质押人一般是第四人,但是主债务人也可以自己为担保人提供抵押或质押。"既然债务人可以用自己的财产为担保人设定抵押或质押,为什么不直接就此向主债权人设定担保呢"[2]的诘问也没有说服力,因为被担保人认可的抵押或者质押未必就会被主债权人认可;还有,本担保设定时主债务人可能没有可供抵押的财产,尔后取得了一些财产,自然只能在本担保设立后再向担保人设立反担保了。

(三)反担保合同的形式

普通的担保合同应该采用书面形式,反担保合同也应当采用书面合同的形式,不论担保方式是保证、抵押还是质押。这也是《担保法》第 13 条、第 38 条、第 64 条和《物权法》第 185 条第 1 款、第 210 条第 1 款的规定。

(四)交付或登记

普通物的担保不仅需要当事人订立担保合同,还需要把该物权变动进行公

---

[1] 有学者认为定金不行的原因在于,"根据《担保法》第 91 条规定,定金数额由当事人约定,但不得超过主合同标的额的 20%。那么,如由债务人向原担保人支付定金,往往形成原担保与反担保不成比例的情况"。参见车辉:《对反担保法律适用问题的思考》,载《法律适用》2006 年第 8 期。笔者不赞同这种观点。反担保的数额、本担保与反担保成不成比例,是当事人意思自治的产物,不应为法律所关注。试想一下,如果反担保是抵押,抵押物的价值难道不能低于追偿权的数额?

[2] 陈小君、樊梵:《论反担保》,载《法商研究》1997 年第 1 期。

示；反担保采用物的担保时亦然。

当反担保采用的担保方式为抵押时，如果抵押物是不动产的，需要进行抵押权登记，否则该抵押权不成立。如果抵押物是动产的，虽然抵押权自抵押合同生效之日就生效，但该抵押权要想具有对抗力、能够对抗善意第三人，还应该进行抵押权登记。如果抵押物是权利的，需要进行抵押权登记，否则该抵押权不成立。

当反担保采用的担保方式为质押时，如果质押物是动产的，质押权的生效不仅需要质押合同的成立，还要出质人将质押物交付质权人。如果质押物是权利的，双方当事人要订立质押合同，还要根据不同种类的权利进行物权公示。

例题：甲公司为乙公司向银行贷款 100 万元提供保证，乙公司将其基于与丙公司签订的供货合同而对丙公司享有的 100 万元债权出质给甲公司作反担保。下列哪一表述是正确的？（2013 年司法考试第三卷第 7 题）

A. 如乙公司依约向银行清偿了贷款，甲公司的债权质权仍未消灭

B. 如甲公司、乙公司将出质债权转让给丁公司但未通知丙公司，则丁公司可向丙公司主张该债权

C. 甲公司在设立债权质权时可与乙公司约定，如乙公司届期不清偿银行贷款，则出质债权归甲公司所有

D. 如乙公司将债权出质的事实通知了丙公司，则丙公司可向甲公司主张其基于供货合同而对乙公司享有的抗辩

解析：本题考点是反担保。本题中，甲公司为乙公司向银行贷款提供了保证，甲对乙享有追偿权，这个追偿权是主权利，反担保的债权质权是从权利；如果乙公司依约向银行清偿了贷款，银行对乙的债权消灭，甲的保证责任消灭，追偿权也就不可能存在，反担保的债权质权自然消灭；所以 A 错误。质权出质对于债务人来说类似于质权让与；《合同法》第 80 条第 1 款规定："债权人转让权利的，应当通知债务人。未经通知，该转让对债务人不发生效力。"本题中，甲将债权质押给乙公司未通知丙公司的，该质押对于丙公司不发生效力，乙公司自然不能直接向丙主张权利；所以 B 错误。《合同法》第 82 条规定："债务人接到债权转让通知后，债务人对让与人的抗辩，可以向受让人主张。"本题中，债务人丙公司基于供货合同向原债权人乙公司享有的抗辩可以向甲公司主张；所以 D 正确。《物权法》第 211 条规定："质权人在债务履行期届满前，不得与出质人约定债务人不履行到期债务时质押财产归债权人所有。"第 229 条规定："权利质权除适用本节规定外，适用本章第一节动产质权的规定。"本题中，甲乙的约定属于流质契约，为法律所禁止；所以 C 错误。由此可见，本题应当选 D。

五、反担保的实现

（一）实现的条件

反担保若要实现，必须满足下列条件。

1. 存在有效的反担保

反担保的实现，其实是反担保中的担保权人实现其担保权，所以，首要的条件就是存在有效的反担保，或是保证、或是抵押或是质押。

2. 履行期限届满追偿权并未获得完全实现

本担保的实现导致担保人的追偿权现实地出现存在，但是，如果主债务人按照约定主动向担保人清偿致使该追偿权获得完全实现的，该追偿权消灭，反担保也不会实现。因此，只有担保人因本担保的实现而遭受的损失届期并未获得完全弥补，即担保人的追偿权并未完全实现时，才应该实现反担保来保障担保人追偿权的完全实现。

当然，这里涉及担保人追偿权的履行期限问题，因为在追偿权的履行期限届满前，即使担保人的追偿权未获完全清偿，也不能实现反担保。该履行期限取决于本担保合同的约定，如果没有约定或者约定不明的，则按照《合同法》第62条第4项的规定处理，即担保人随时有权向主债务人要求履行；在必要的准备时间届满后主债务人仍然不履行的，可以实现反担保。

3. 担保人无抗辩权

不论反担保采用保证、抵押还是质押，担保人都无抗辩权，这样才能实现反担保。担保人如果享有抗辩权，其行使抗辩权就会阻止反担保的实现。

4. 在合理期限内行使

不论反担保采用保证、抵押还是质押，担保权人都应当在合理期限内行使自己的担保权。

如果反担保方式为保证的，如前所述，债权人必须在保证期间内向保证人主张权利，否则，保证人的保证责任就归于消灭；债权人向保证人主张权利后，他还应当在保证债务的诉讼时效内行使保证权，否则人民法院不予保护。

如果反担保方式为抵押的，如前所述，抵押权人应当在主债权诉讼时效期间内行使抵押权，否则人民法院不予保护。

如果反担保方式为质押的，如前所述，质押权担保的债权诉讼时效结束后，质权人应当在诉讼时效结束后的2年内不行使质权的，否则人民法院不予保护。

（二）实现的后果

反担保的实现意味着担保权人将反担保中保证人的一般责任财产、抵押物或者质押物进行出售，然后将变价所得价款用于清偿自己的追偿权；在变价所得价款的分配上，仍然遵循多退少补的规则；如果变价所得价款大于追偿权数额，反担保的担保权人应当将多余部分返还给反担保的担保人;如果变价所得价款小于追偿权数额,反担保权因为实现而消灭,未获清偿的那部分追偿权就变成没有担保的普通债权,主债务人仍然应当用自己的一般责任财产向担保人清偿。

第三节 混合共同担保

物的担保和人的担保都可以用来担保特定主债权的实现,所以,为了保障自己的权益,债权人很可能要求债务人既提供物保也提供人保,债务人为了获得融资很可能会满足债权人的这个要求;如此一来,同一债权就出现了物保与人保的竞合,即混合共同担保。

物保与人保的竞合作为共同担保的一种,与共同保证、共同抵押、共同质押等单纯共同担保不同,它是一种混合共同担保;它既涉及债权人与数个担保人之间的法律关系,又涉及数个担保人之间的法律关系。由于物保与人保在很多方面都有差异,而数个担保人之间法律关系又比较复杂;所以,如何协调好三个当事人之间的关系,需要法律作统一安排。

在混合共同担保中,需要解决的主要就是三个问题:第一,当主债权未获完全清偿需要实现担保时,到底是先实现物的担保还是先实现人的担保? 第二,其中一个担保人承担担保责任后能否向其他担保人追偿? 第三,债权人放弃物的担保的会对人的担保产生什么影响?

一、混同共同担保的责任顺序

物的担保和人的担保可以同时存在,互不冲突,然而,当主债权未获完全清偿需要实现担保时,到底是先实现物的担保还是先实现人的担保?

对于这个问题,理论界有三种观点。第一,是物的担保责任绝对优先说。此说认为,债权人应先向物上保证人主张权利,在其不受清偿的范围内,再向保证人主张权利,保证人仅对物的担保以外的债权额承担保证责任。第二,是物的担保责任相对优先说。此说认为,债权人可以选择人保或者物保行使担保权利,但是保证人在承担保证责任后可以向债务人求偿,并代位行使债权人享有的担保物权,债权人致使保证人可代位行使的担保物权消灭的,保证责任相应消灭。第三,是物的担保责任与人的担保责任平等说。该说认为,债权人选择人保或者物保行使担保权利,已承担担保责任的担保人可以向其他担保人追偿其应承担的份额。[1]

对于这个问题,《担保法》第 28 条第 1 款规定"同一债权既有保证又有物的

---

[1] 参见高圣平:《担保法论》,法律出版社 2009 年版,第 69—70 页。

担保的,保证人对物的担保以外的债权承担保证责任",似采物的担保责任绝对优先说。《担保法司法解释》第38条第1款规定:"同一债权既有保证又有第三人提供物的担保的,债权人可以请求保证人或者物的担保人承担担保责任。当事人对保证担保的范围或者物的担保的范围没有约定或者约定不明的,承担了担保责任的担保人,可以向债务人追偿,也可以要求其他担保人清偿其应当分担的份额。"该规定与《担保法》第28条前段不同,同时其规定又不全面,这致使学界的争论一直不休。直到《物权法》的通过,这种局面有所改观,因为《物权法》第176条明确对这种情况进行了规定:"被担保的债权既有物的担保又有人的担保的,债务人不履行到期债务或者发生当事人约定的实现担保物权的情形,债权人应当按照约定实现债权;没有约定或者约定不明确,债务人自己提供物的担保的,债权人应当先就该物的担保实现债权;第三人提供物的担保的,债权人可以就物的担保实现债权,也可以要求保证人承担保证责任。提供担保的第三人承担担保责任后,有权向债务人追偿。"此外,《物权法》第194条第2款和第218条也有相关的规定。

根据《物权法》第176条,当物的担保和人的担保同时存在且主债权需要实现担保时,责任顺序如下:

(1) 如果债权人、保证人、物上保证人等相关当事人对物的担保和人的担保的关系有约定(即或者先实现物保,或者先实现人保,或者物保的范围、或者人保的范围等等),应当按照当事人的约定来处理。因为这并不涉及公共利益,应当尊重当事人的意思自治。

(2) 如果当事人对物的担保和人的担保的关系没有约定或者约定不明时,只有按照法律的规定来处理;其中,法律的规定又分以下两种情况。

第一,如果物的担保是债务人自己提供的,则采物的担保责任绝对优先说,债权人必须先就物的担保实现,不足部分才能向保证人主张权利。之所以这样处理,是因为"如果债权人先行使人的担保,保证人在履行保证责任后,还需要向最终的还债义务人——债务人进行追索。如果担保权人先行使物的担保,就可以避免保证人日后再向债务人行使追索权的繁琐,减少实现的成本和费用。而且,在债务人自己提供物的担保的情况下,要求保证人先承担保证责任,对保证人也是不公平的"①。

第二,如果物的担保是第四人提供的,则采物的担保责任与人的担保责任平等说,债权人既可以先就物的担保实现债权,也可以先要求保证人承担保证责任,担保权人对此享有选择权。之所以这样处理,是因为"在没有约定或者约定

---

① 全国人大常委会法制工作委员会民法室编:《中华人民共和国物权法条文说明、立法理由及相关规定》,北京大学出版社2007年版,第312页。

不明确,第三人提供物的担保,又有人的担保的情况下,第三人与保证人处于担保人的平等地位,都不是还债的最终义务人,债务人才是最终义务人。因此,债权人无论是先实现物的担保还是先实现人的担保,物的担保人或者保证人都存在向债务人追索的问题。为了保障债权人的正确得以充分实现,法律应当尊重债权人的意愿,允许担保权人在这种情况下享有选择权。"①

例题:甲向乙借款20万元,以其价值10万元的房屋、5万元的汽车作为抵押担保,以1万元的音响设备作质押担保,同时还由丙为其提供保证担保。其间汽车遇车祸损毁,获保险赔偿金3万元。如果上述担保均有效,丙应对借款本金在多大数额内承担保证责任?(2004年司法考试第三卷第6题)

A. 7万元　　　B. 6万元　　　C. 5万元　　　D. 4万元

解析:本题考点是物保与人保竞合时的责任顺序。《担保法》第28条规定:"同一债权既有保证又有物的担保的,保证人对物的担保以外的债权承担保证责任。债权人放弃物的担保的,保证人在债权人放弃权利的范围内免除保证责任。"本题中,物的担保的范围是10+5+1=16万元;但由于汽车毁损,基于担保物权的物上代位性,物的担保的范围是10+3+1=14万元;那么人保的范围是20-14=6万元;所以B正确,A、C、D错误。由此可见,本题应当选B。

需要指出的是,本题是2004年的司法考试题,只能依据《担保法》《担保法司法解释》来处理;如果按照《物权法》,得到的答案也是相同的。《物权法》第176条规定:"被担保的债权既有物的担保又有人的担保的,债务人不履行到期债务或者发生当事人约定的实现担保物权的情形,债权人应当按照约定实现债权;没有约定或者约定不明确,债务人自己提供物的担保的,债权人应当先就该物的担保实现债权……"本题中,三个物保都是由债务人甲自己提供的,应当先实现这三个担保物权然后才实现人保。

二、混同共同担保的追偿

当物的担保和人的担保同时存在时,不仅需要明确到底是先实现物的担保还是先实现人的担保,还要明确其中一个担保人承担担保责任后能否向其他担保人追偿。就像有的学者所言,对于二者竞合时承担责任的顺序不同回答,直接影响到该问题的解决。② 如果是物的担保责任绝对优先模式,物上保证人承担担保责任后不能向保证人追偿,保证人承担责任后也不能向物上保证人追偿。

---

① 全国人大常委会法制工作委员会民法室编:《中华人民共和国物权法条文说明、立法理由及相关规定》,北京大学出版社2007年版,第312—313页。
② 参见高圣平:《担保法论》,法律出版社2009年版,第72页。

这就意味着,在物的担保责任绝对优先模式下,不存在"一个担保人承担担保责任后,能否向其他担保人追偿"问题,该问题只能存在于物的担保责任与人的担保责任的平等模式中。上文已述,如果是债务人提供的物的担保,则采物的担保责任绝对优先说,如果是第四人提供的物的担保,则采物的担保责任与人的担保责任平等说;所以,接下来论述在物的担保是第四人提供的情况下"一个担保人承担担保责任后,能否向其他担保人追偿"问题。

理论争鸣 一个担保人承担担保责任后,他能否向其他担保人追偿?

对于这个问题,《担保法》第 28 条没有回答[①],《担保法司法解释》第 38 条第 1 款规定"承担了担保责任的担保人……也可以要求其他担保人清偿其应当分担的份额。"《物权法》第 176 条规定"提供担保的第三人承担担保责任后,有权向债务人追偿";根据反面解释,可以理解为其没有权利向其他担保人追偿。事实上立法者也是这样理解的,即:"但我们研究认为,在当事人没有明确约定承担连带担保责任的情况下,规定各担保人之间相互追偿是不妥的,主要理由是:第一,理论上讲不通。除非当事人另有约定,各担保人之间没有任何法律关系的存在,要求各担保人之间相互追偿,实质是法律强行在各担保人之间设定相互担保。这意味着,没有履行担保义务的担保人除了为债务人提供担保外,还必须为其他担保人提供担保,这既违背担保人的初衷,也不合法理。第二,从程序上讲费力费时、不经济。在存在多个担保人时,债务人既是最终责任人,担保人在承担担保责任后,应当直接向债务人追偿,如果可以向其他担保人追偿,意味着其他担保人承担责任后,还必须向最终责任人——债务人追偿,从程序上讲,这是不经济的。第三,履行了担保责任的担保人不能向其他担保人追偿恰恰是公平原则的体现。除非当事人之间另有约定,每个担保人在设定担保时,都明白自己面临的风险:即在承担担保责任后,只能向债务人追偿。如果债务人没有能力偿还,自己就会受到损失。这种风险是担保人设定担保时最为正常的风险且可以预见到的风险,必须由自己承担。担保人希望避免这种风险,就应当在设定担保时进行特别约定。第四,向其他担保人追偿可操作性很差。向其他担保人追偿,首先面临的一个问题就是如何确定追偿的份额。在保证与物的担保并存的情况下确定份额是很难的。"[②]

笔者对此不敢苟同。笔者认为,在物的担保责任与人的担保责任平等模式中,上述四个理由都经不起推敲:第一,数个担保人尽管事先没有约定,但是并不意味着他们之间没有任何法律关系的存在;他们共同地担保着同一个主债权的

[①] 《担保法》第 28 条之所以没有回答,是因为其采"物的担保责任绝对优先说"立场。
[②] 胡康生主编:《中华人民共和国物权法释义》,法律出版社 2007 年版,第 381—382 页。

完全实现,共同的任务已经将他们的命运深深地拴在一起。其中一个担保人承担担保责任可能会使另外的担保人免责,另外的担保人就因此而受益,这也是他们之间的联系的一个具体体现。它们之间到底是什么联系呢?就像有的学者所言,此时两者之间的关系与连带共同保证人之间的关系相似,可以认定构成连带关系。① 所以,追偿并没有违背担保人的初衷,也符合法理。第二,认可各个保证人之间的追偿权利,尽管从程序上不经济,但是更公平。在效率与公平之间,应该选择公平。第三,尽管每个担保人在设定担保时,都知道或者应当知道自己承担担保责任后有向债务人追偿不能的风险;但是,他们同时应该知道自己承担担保责任只能使债务人解脱而不会使其他人受益,只有债务人的完全履行债务行为会让自己解脱、而其他人的行为不会让自己受益。但是,在物保和人保竞合时,一个担保人承担担保责任后都会让其他担保人受益,而这种受益没有法律依据,也是不公平的,法理应当采取一定的措施矫正;矫正的最好措施就是向其他未承担担保责任的担保人追偿。第四,很难确定追偿的份额就不承认追偿,这是鸵鸟政策,不足为取;更何况,追偿的份额也不难确定。

所以,在物的担保责任与人的担保责任平等模式中,其中一个担保人承担担保责任后,有权向其他担保人追偿。由此看来,《担保法司法解释》第 38 条第 1 款的规定更为妥当。

那么,让《物权法》立法者感到头痛的追偿份额是多少呢?这取决于在当事人没有约定担保份额的情况下物的担保和人的担保二者之间的担保比例是多少。常见的观点有二:一是保证人与物上保证人平均承担②,二是以保证人应当承担的保证责任与担保物的价值比例来决定③。

本书不赞同第一种观点,因为物上保证人与保证人平等是指他们的法律地位平等,并不是承担相同的担保责任,第一种观点是狭义地理解了平等这个概念。第二种观点也不妥当。保证人担保的是债权人全部债权的实现,用自己的全部一般责任财产来担保;物上保证人担保的范围虽然也是债权人的全部债权,但是仅仅以担保物为限。易言之,两者承担担保责任的财产范围不同;因此,两者具体的担保责任份额不应该相同。具体的份额就应该根据保证人与物上保证人承担担保责任的财产范围来确定,即保证人全部一般责任财产价值与担保物的价值比例。

例题:甲公司向乙银行借款 100 万元,丙、丁以各自房产分别向乙银行设定

---

① 参见程啸:《保证合同研究》,法律出版社 2006 年版,第 608 页。
② 参见史尚宽:《债法总论》,中国政法大学出版社 2000 年版,第 811 页。
③ 参见程啸:《保证合同研究》,法律出版社 2006 年版,第 632 页。

抵押,戊、己分别向乙银行出具承担全部责任的担保函,承担保证责任。下列哪些表述是正确的?(2012年司法考试第三卷第55题)

A. 乙银行可以就丙或者丁的房产行使抵押权

B. 丙承担担保责任后,可向甲公司追偿,也可要求丁清偿其应承担的份额

C. 乙银行可以要求戊或者己承担全部保证责任

D. 戊承担保证责任后,可向甲公司追偿,也可要求己清偿其应承担的份额

解析:本题考点是物保与人保的竞合。《担保法司法解释》第75条第2款规定:"同一债权有两个以上抵押人的,当事人对其提供的抵押财产所担保的债权份额或者顺序没有约定或者约定不明的,抵押权人可以就其中任一或者各个财产行使抵押权。"本题中,丙丁以各自房产分别向乙银行设定抵押,构成共同抵押权,但并没有约定彼此的份额,乙银行可以就丙或者丁的房产行使抵押权;所以A正确。

《担保法司法解释》第75条第3款规定:"抵押人承担担保责任后,可以向债务人追偿,也可以要求其他抵押人清偿其应当承担的份额。"可见B正确。

《担保法司法解释》第19条第1款规定:"两个以上保证人对同一债务同时或者分别提供保证时,各保证人与债权人没有约定保证份额的,应当认定为连带共同保证。"本题中,戊、己分别向乙银行出具承担全部责任的担保函,他们并没有约定保证份额,因此是连带共同保证。《担保法司法解释》第20条规定:"连带共同保证的债务人在主合同规定的债务履行期届满没有履行债务的,债权人可以要求债务人履行债务,也可以要求任何一个保证人承担全部保证责任。连带共同保证的保证人承担保证责任后,向债务人不能追偿的部分,由各连带保证人按其内部约定的比例分担。没有约定的,平均分担。"本题中,乙银行可以要求戊或者己承担全部保证责任;所以C正确。

戊承担保证责任后,当然有权向甲公司追偿;此外,就向债务人甲不能追偿的部分,他有权要求己清偿;所以D错误。

由此可见,本题应当选A、B、C。

例题:甲公司欠乙公司货款100万元,先由甲公司提供机器设备设定抵押权、丙公司担任保证人,后由丁公司提供房屋设定抵押权并办理了抵押登记。甲公司届期不支付货款,下列哪一表述是正确的?(2014年司法考试第三卷第8题)

A. 乙公司应先行使机器设备抵押权

B. 乙公司应先行使房屋抵押权

C. 乙公司应先行请求丙公司承担保证责任

D. 丙公司和丁公司可相互追偿

解析:本题考点是物保与人保的竞合。《物权法》第176条规定:"被担保的

债权既有物的担保又有人的担保的,债务人不履行到期债务或者发生当事人约定的实现担保物权的情形,债权人应当按照约定实现债权;没有约定或者约定不明确,债务人自己提供物的担保的,债权人应当先就该物的担保实现债权;第三人提供物的担保的,债权人可以就物的担保实现债权,也可以要求保证人承担保证责任。提供担保的第三人承担担保责任后,有权向债务人追偿。"本题中,人保是丙公司,物保有两个(一个是甲公司自己提供机器设备的抵押权,一个是丁公司提供房屋的抵押权),乙公司应先行使机器设备抵押权;所以,A 正确B、C 错误。追偿权发生在承担担保责任的担保人与债务人之间,物保与人保之间不可以相互追偿;所以 D 错误。由此可见,本题应当选 A。

三、物保放弃后的人保责任

当物保与人保竞合时,如果债权人放弃物的担保,那么会对人保产生什么样的影响?

(一)保证人的责任承担

物的担保可能是由债务人自己提供的,也可能是由第四人提供的,两种情形下保证人的责任承担有所不同。

1. 物保的担保人是债务人

如果物的担保是由债务人提供的,如前所述,则采物的担保责任绝对优先说;债权人应当先行使物的担保,余下部分才能向保证人主张权利,保证人也仅仅对这部分债权承担保证责任。那么对于保证人来说,他所担保的债权额表面上是全部债权,其实是全部债权减去担保物价值后的债权。比如甲向乙借款 160 万,甲用自己价值 100 万元的房屋向乙提供抵押担保,丙向乙提供保证;丙的担保范围仅仅是 60 万。因此,物保与人保竞合时债权人放弃物保的,由于债权人放弃的那部分对应的债权(即上例中的 100 万元债权)本来就不是保证人的担保范围,所以该放弃对于保证人来说并未造成任何影响,保证人的责任承担不变(即上例中丙担保范围仍然是 60 万)。

2. 物保的担保人是第四人

如果物的担保是由第四人提供的,如前所述,则采物的担保责任与人的担保责任平等说;保证人与物上保证人是平等的,都担保着全部债权的实现,并且没有实现上的先后顺序;如此一来,其中一个担保人是否承担担保责任及承担多少担保责任对另外一个担保人都有直接的影响。比如甲向乙借款 160 万,丙用自己价值 100 万元的房屋向乙提供抵押担保,丁向乙提供保证。如果甲先行使房屋抵押权,那么丙的担保范围仅仅是 60 万;如果房屋仅出售 90 万元,那么丙的担保范围仅仅是 60 万。因此,债权人放弃物的担保,物上保证人固然因此而受益,但是却加重了保证人的担保责任(上例中如果丙不承担担保责任,那么丙的担保范围就是160万)。易言之,债权人放弃物的担保给保证人造成了损害。此时应借鉴共同侵权行为中受害人对某一侵权行为人的责任免除做法:将物上保证人应当承担的担保责任份额①从全部担保数额中扣除,保证人还是承担他应当承担的担保责任份额。② 这样的安排既尊重了债权人的意志,又没有损害保证人的利益。

《物权法》第194条第2款、第218条仅仅规定的是债务人提供物的担保的情形而没有规定第四人提供物的担保的情形,不周延;就其本身规定而言,也不甚合理。

(二) 放弃的认定

上面讨论的情形是债权人放弃物的担保,然而,债权人的哪些行为可以被认定为放弃物的担保呢?

《担保法司法解释》的制定者认为下列情形都属于债权人放弃物的担保:第一,债权人明确表示放弃担保物权的,这是最典型的放弃物的担保行为。第二,债权人虽然没有放弃担保物权的意思表示,但是过失地怠于行使担保物权致使其消灭。第三,债权人虽然没有明确的放弃的意思表示,因为债权人的行为导致实现担保物权较为困难。第四,债权人虽然没有明确的放弃的意思表示,但是因为债权人的原因导致担保物权的实际财产内容减少。③

本书对此有不同意见。第一种情况中如果债权人通过书面形式或者行为明确表示放弃物的担保,由于存在明确的意思表示,认定债权人放弃物的担保没有任何问题。但是,后面三种情况中债权人并没有作出明确的意思表示,只能根据其行为推定其有抛弃物的担保意思表示。既然是推定,那么在推定时就应当尽可能地探求行为人真实意思,否则可能就会南辕北辙、误解行为人的意思。笔者认为,后面三种情况推定债权人有放弃物的担保的意思表示并不妥当。债权人怠于行使担保物权致使物的担保消灭、因为债权人的行为导致实现担保物权较为困难、因为债权人的原因导致担保物权的实际财产内容减少等情形大都是由于债权人的过失,无法认定他是在追求或者放任物的担保消灭,不能推定他有抛弃物的担保的意思表示。

---

① 物上保证人应当承担的担保责任份额取决于保证人全部一般责任财产价值与担保物的价值比例。对此,本节第二部分已经做出论述。

② 参见杨会:《从绝对主义到相对主义:共同加害行为连带责任的承担》,载《吉首大学学报(社科版)》2013年第6期。

③ 参见李国光等:《〈关于适用《中华人民共和国担保法》若干问题的解释〉理解与适用》,吉林人民出版社2000年版,第162—163页。

思 考 题

1. 让与担保和所有权保留哪个更不利于担保权人？
2. 反担保到底能够起到多大作用？

延 伸 阅 读

1. 王闯:《让与担保法律制度研究》,法律出版社2000年版。
2. 向逢春:《让与担保制度研究》,法律出版社2014年版。
3. 王轶:《所有权保留制度研究》,载梁慧星主编:《民商法论丛》(第6卷),法律出版社1997年版。
4. 张淑隽、潘皞宇:《论反担保制度的形成原理及其立法、司法层面的操作理念》,载《法学评论》2010年第2期。
5. 程啸:《保证与担保物权并存之研究》,载《法学家》2005年第6期。

主要参考文献

1. 曹士兵：《中国担保制度与担保方法》，中国法制出版社2015年版。
2. 陈本寒主编：《担保法通论》，武汉大学出版社1998年版。
3. 陈祥健：《担保物权研究》，中国检察出版社2004年版。
4. 程啸：《物权法·担保物权》，中国法制出版社2005年版。
5. 程啸：《保证合同研究》，法律出版社2006年版。
6. 崔建远、韩世远：《债权保障法律制度研究》，清华大学出版社2004年版。
7. 丁南：《担保物权释论》，中国政法大学出版社2013年版。
8. 高圣平：《担保法论》，法律出版社2009年版。
9. 郭明瑞：《担保法》，法律出版社2010年版。
10. 郭明瑞、房绍坤、张平华编著：《担保法》，中国人民大学出版社2014年版。
11. 何志：《担保法疑难问题阐释》，中国法制出版社2011年版。
12. 蒋新苗等：《留置权制度比较研究》，知识产权出版社2007年版。
13. 李国光等：《〈关于适用《中华人民共和国担保法》若干问题的解释〉理解与适用》，吉林人民出版社2000年版。
14. 李明发：《保证责任研究》，法律出版社2006年版。
15. 毛亚敏：《担保法论》，中国法制出版社1997年版。
16. 全国人大常委会法制工作委员会民法室编著：《中华人民共和国担保法释义》，法律出版社1995年版。
17. 全国人大常委会法制工作委员会民法室编：《中华人民共和国物权法条文说明、立法理由及相关规定》，北京大学出版社2007年版。
18. 孙鹏、肖厚国：《担保法律制度研究》，法律出版社1998年版。
19. 孙鹏、王勤劳、范雪飞：《担保物权法原理》，中国人民大学出版社2009年版。
20. 唐义虎：《担保物权制度研究》，北京大学出版社2011年版。
21. 徐洁：《抵押权论》，法律出版社2003年版。
22. 许明月：《抵押权制度研究》，法律出版社1998年版。
23. 叶金强：《担保法原理》，科学出版社2002年版。
24. 邹海林、常敏：《债权担保的理论与实务》，社会科学文献出版社2005年版。

后 记

一

2008年秋的某一天,南开大学法学院陈耀东教授告诉我他计划给他们学院本科生编写一本《物权法》教材,问我是否愿意承担其中的一部分。我仔细考虑后选择了担保物权这一编,然后认真撰写,并按期交稿。2010年秋的某一天,我无意中看到一本质量不高的《担保法》教材,想到自己写过的那一部分,竟然不知天高地厚地萌发自己写一本的念头,并且在接下来的几个月把另外几章写了出来;写完后20万字的书稿就一直放在抽屉里,虽然多次看到它有些着急甚至心疼,但各种杂事缠身也无暇顾及。2015年秋的某一天,我又一次看到了它,心想尽管写得不好,但这样一直放着也挺浪费的,干脆出版吧;于是我鼓足勇气,买了很多新资料,对其进行大规模的修改①,一直忙到2016年春,然后就联系出版社出版了。

与"本书既适用于高等院校法学专业的本科生、硕士生,也可供从事相关法律工作的人士或银行工作人员使用,还可供自学法律者使用,甚至可以供某某使用"的通用型教材不同,我的这本教材是写给法学专业本科生看的,并且是学过民法的本科生。这一点是从写作之初到最后,特别是最后修改时,我所坚持的。所以:(1)本书的注释非常多。有些术语怕学生不清楚,通过注释予以说明;有些不便于在正文中详细论述的观点,通过注释让学生可以查阅资料了解更多;甚至有些注释是这样表述的,"详细论述参见某某,更详细的论述参见某某"。(2)本书把历年司法考试中担保法的题目全部放在书中,并且做出解析。有的题目我经过了详细的分析,得出的结论与司法部公布的答案并不相同;有的题目基于年代的原因,我不仅用当时的法律进行分析,还用新的法律进行分析。作为一名高校教师,我深知司法考试对于本科生的重要性,希望这样的安排能够对他们准备司法考试有所裨益。(3)本书在论述时尽量讲通说,让学生理解学界的主流观点。当然,我的观点与通说不同时,我就会表达出我的观点;如果不是重要问题,则稍加阐释;如果是重要问题,则设"理论争鸣"板块加以论述。(4)本书依据现行法律规定展开写作,总体上属于解释论。当然,在一些问题上也对现

---

① 因为距离第一次动笔已经六年多了,再加上为了减少与担保物权四章的重合,这次修改的力度较大。

行法律规定提出了批评,有涉及立法论的探讨。(5)本书对于国外的知识介绍很少,很多时候只是一笔带过,有的地方连一笔都没有。之所以这样"下里巴人",是因为我觉得对于本科生来说,重要的还是掌握理论知识和本国法律的规定。(6)本书每章开始都有本章导读,包括本章的内容简介和重点内容两部分。内容简介是对本章一个简单而概括的介绍,让学生在正式阅读本章之前对于本章内容有个大致了解;重点内容是作一个提醒,让学生在学习阅读中有所注意,把握重要内容。(7)本书每章最后都有思考题和延伸阅读。思考题是让学生阅读完本章进行思考,避免阅读时的囫囵吞枣和不加理解;延伸阅读是为了让学有余力的学生了解更多的相关知识而推荐阅读的著述,有的是专著,有的是论文。

本书分为八章,清晰地呈现出担保法的骨架,这也是遵循担保法内在的逻辑体系的结果,与其他教材并没有什么区别。非要说创新,那就是"担保法尾论"这一章,目前的教材尚无这样的安排。本书之所以这样设计,是因为非典型担保、反担保、混合共同担保等都属于特殊的担保,介绍一般的担保后再介绍特殊的担保(连保证都不知道的情况下,学生如何理解保证与物保竞合的处理?),这样的安排才符合认识上的逻辑顺序。

担保法内容博大精深、研究者无数,本书只是为这浩瀚的海洋添加一粟。尽管我在写作和修改时都很认真,但囿于能力所限,本书仍然存有很多不足,比如表述论文化、异见理由的不充分。不过让我感觉最遗憾的是书中没有实例,现实生活中发生了很多担保方面的案件,由于种种原因,本书没有写,我想只有等到修订时再弥补这个缺憾吧。

本书能够出版,首先要感谢陈耀东教授。如果没有他的邀请、没有担保物权这一编的10万字,断然不可能有本书的出现;也正是担保物权这编,给了我写这本书的底气。除此之外,他还邀请我参与《房地产法》[①]、《房地产法案例与实务》[②]等书的编写。这些年陈耀东教授对我关爱有加,提携我的成长,谢谢陈老师。

我的学生天津师范大学法学院本科生柴恭宇、上海海事大学法学院硕士生王玥及天津师范大学法学院硕士生赵远池、崔龙芳、方丽,我的好友重庆理工大学知识产权学院胡海容副教授、南开大学法学院张志坡副教授、天津轻工职业技术学院王芸惠老师阅读了本书的全部或部分章节,并且提出了一些修改意见。对于他们的帮助,我深表谢意。

本书的出版还要感谢北京大学出版社和周菲编辑。在中国当下大学里,核心论文、课题项目与获奖的数量直接决定了教师的命运;所以,就像程啸教授所

[①] 陈耀东主编:《房地产法》,清华大学出版社2012年版。
[②] 陈耀东主编:《房地产法案例与实务》,南开大学出版社即将出版。

言,"花费大量时间撰写或修订教科书,简直是'愚不可及'!"①客观而言,这本教材花费了我大量的时间和精力,对我来说不如写论文划算;但是,本书的出版仍然让我感到惬意:第一,我印象中一般都是教授才写教材,而我只是学界的一个无名小卒;第二,这本书入选了北京大学出版社"21世纪法学系列教材·民商法系列",与很多大牌教授的教材并列(当然,水平与它们差距甚远)。感谢北京大学出版社的厚爱。周菲作为这本书的责任编辑,为了这本书的出版做了很多工作;对于她的辛勤劳动,我很感谢。

行文至此,我不禁想起我的硕士生导师孙鹏教授。近几年我的学术研究主要集中在侵权法领域,其实在硕士期间我对物权法最感兴趣——记得一次师门聚会自我介绍时,我最后一句是"大家以后可以叫我'杨物权'"。物权法恰好是孙老师擅长的领域,特别是担保物权②,他给了我很多指导。在2003年他让我参与《担保法精要与依据指引》③一书的编写,负责其中的第三编"抵押";通过广泛阅读、认真思考、仔细撰写,我的担保法知识得到了很大的提升。④最让我难忘的是2004年冬我将自己刚写好的论文《论动产抵押物的转让》给孙老师看,孙老师说写得不错,估计能够在《现代法学》上发表⑤;如此高的评价是我日后走上学术道路的一个重要动力。由于距离较远,毕业后与孙老师见面的机会较少,但每次见面孙老师都一如既往地关心、教导我。师恩难忘,谢谢孙老师!

本书不论是最初的第三、四、五、六章的初稿,第一、二、七、八章的初稿,还是最后对全书的深度修改,都在我任职于天津师范大学法学院期间;但当本书面世时,我的工作单位却换成了成都理工大学文法学院。⑥硕士毕业就在天津师范大学法学院工作,十一年了,离别之际对其充满了感激和不舍。这份感情,我想得在以后出版的某本书的扉页上写上"谨以此书献给天津师范大学法学院"来体现。新的城市、新的工作单位,我不知道未来会发生什么,但我愿意和家人一起迎接崭新的明天。

---

① 程啸:《侵权责任法教程》,中国人民大学出版社2014年版,第二版前言。
② 孙老师在1998年就和肖厚国老师合作出版了《担保法律制度研究》,在2009年又与王勤劳、范雪飞两位老师合作出版了《担保物权法原理》,并且先后发表了《论担保物权的实行期间》《流质条款效力论》《论抵押物转让的法律规制模式》《抵押权与租赁权的冲突与协调》《担保物权的侵害及其救济——以担保物侵害为中心》《最高额抵押法律适用问题研究》等论文。
③ 孙鹏主编:《担保法精要与依据指引》,人民出版社2005年版、北京大学出版社2011年修订再版。
④ 不仅催生了《论动产抵押物的转让——兼析动产物权公示方式之调整》一文,还包括以后的《动产抵押权不应有追及效力》《动产质权效力不及于质押物保管费用》《利益平衡视野下的责任转质生效研究》等文章。
⑤ 经过孙老师的深度修改(不仅内容、论证、表述都修改,连题目都加了副标题"兼析动产物权公示方式之调整"),该文投给了《现代法学》编辑部,三审都通过,但由于不便明说的原因编辑部不给发表,最后发表在《西南政法大学学报》2005年第2期。
⑥ 当然,本书的修改得到了成都理工大学文法学院的帮助,特别是"成都理工大学环境资源法优秀教学创新团队",本书也是"成都理工大学环境资源法优秀教学创新团队"项目成果之一。

二

我把这本书献给我的父亲母亲。①

我的父母都是农民,大半辈子都生活在皖北的那个村子,他们的生活轨迹是:干农活,养育子女,外出打工,干农活,带孙子孙女……与我有自己的事业不同,在哥哥和我出生之后,他们的生活基本上就是围着两个儿子转:我们哥俩小的时候,他们把我们养大,供我们读书,教育我们成人;我们哥俩长大后,他们又牵挂我们的学习、牵挂我们求职、牵挂我们的婚事、牵挂我们的工作;这些牵挂完了之后又帮我们带孩子,又开始牵挂孙子孙女;现在父亲还出去打工,以减轻我们哥俩的经济负担。和中国千千万万的农民一样,他们辛劳了一生。

知名网友土生阿耿的父亲也是一个农民,他曾经写过一篇《还有多少教授不如我父亲?》②;在我眼里,我的父亲也比很多教授都强。因为"文革",他初二就辍学了,但他从小数学就好,比他小十来岁的叔叔中小学的数学是他辅导的,我们哥俩中小学的数学也是他辅导的③,现在我读小学的侄女的数学还是他在辅导。虽然从小到大数学一直是我的强项,但我现在早就忘记了什么是余弦定理、实数根,但几十年来那些数学知识却一直在他的脑子里,现在聊天偶尔他还问我那些数学题,每次提问都让我这个博士汗颜。受环境影响,他在教育孩子上信奉"棒头下出孝子",我们哥俩从小挨了很多打,特别是调皮的我;但除此之外,他还有其他的教育方式。在玉米需要拔苗的季节,中午十二点母亲在家做饭,他带着我们哥俩去地里给玉米拔苗,拔到一点钟再回家吃饭。那是一天太阳最晒的时候,热得我们难受死了,但是我们哥俩必须得拔。在回家的路上,他告诉我们,以后如果考不上大学就只有当农民,天天就要干这些农活。所以,我不仅耳濡目染还亲身体会了干农活的辛苦,自然从小就立志要认真学习争取考上大学。

由于身处男尊女卑的农村,母亲在家里的地位低于父亲,大部分决定都是由父亲作出,开心不开心母亲都接受,典型的任劳任怨。我的儿子出生后需要母亲前来照顾,那时,她正在给我哥带女儿,而爸在家里也需人做饭洗衣,三件事情发生了冲突;时间的调配都是由我们爷仨商量好通知她去哪里,然后她就去哪里。

---

① 本书的初稿在 2011 年春就完成,那时候我在 2014 年出版的《数人侵权责任研究》一书还没有动笔,我以为本书会是我出版的第一本书,决定把它献给父亲母亲。没想到在出版上,本书成为了第二本,结果出现第一本书献给妻子、第二本书献给父母的"不孝顺"局面。

② 土生阿耿,《还有多少教授不如我父亲?》,http://blog.ifeng.com/article/3396952.html,访问日期:2016 年 3 月 30 日。

③ 我小学期间参加过奥林匹克数学竞赛、华罗庚数学竞赛,根本没有老师进行课外辅导,都是他在家里给我辅导,然后我就被学校派去参加比赛了。此外,我的篮球、乒乓球也都是他教的;遗憾的是,缺乏音乐细胞的我没有从他那里学会吹笛子、拉二胡。

由于小时候家穷,母亲没有上学读书,但凭借善良的人性她从小给我们哥俩良好的教育,通过语言和行为教导我们要诚实、勤劳、自立、助人、孝顺……最近几年,一向挑剔的父亲好多次都说母亲是贤妻良母,这样的评价是公允的。

常言道养儿方知父母恩,实际上并非如此。有了孩子之后,儿女对父母的注意力或关爱就会因为孩子而减少;与此同时,父母对子女的爱一如当初,仍然是无条件、不求回报。儿女大了,有自己的生活了,做父母的只有接受①;儿女的某些做法,父母无法理解,但也无可奈何;甚至有的时候被儿女伤害了,父母难过一阵子之后又轻易地原谅了。这也许是天底下做父母的宿命。我的父亲和母亲都已经六十多岁了,特别是母亲腰腿又不太好;作为他们的儿子,我只是一个星期给他们打一次电话、一个月给他们寄些钱、一年回去看他们一次,其他的也做不了什么。想到这些,我的耳边又响起那句"谁言寸草心,报得三春晖"。

因此,我将这本书献给他们。

杨 会
2016 年 5 月 8 日

---

① 台湾著名作家龙应台在《目送》一文中写道:"所谓父母子女一场,只不过意味着,你和他的缘分就是今生今世不断在目送他的背影渐行渐远。你站立在小路的这一端,看着他逐渐消失在小路转弯的地方,而且,他用背影默默告诉你:不必追。"每次看到这段话我都感到心痛,因为她道出了一个残酷的事实。